JN091123

移民の衣食住 I
海を渡って何を食べるのか

河原典史・大原関一浩 編著
KAWAHARA Norifumi and OHARAZEKI Kazuhiro

Migration of Clothing,
Food and Housing

文理閣

はじめに

　「食べる」ことは、日常生活の一部であり、多くの人々の関心ごとである。テレビでは話題の食べ物が日々紹介され、書店には料理本から旅行雑誌まで食に関するさまざまな書籍が並ぶ。レストランでは、「インスタ映え」する料理の写真を撮る人を見かける。近年は、世界規模でとり組まなければならない「持続可能な開発目標」（SDGs: Sustainable Development Goals）への関心の高まりから、ハラール・フード、スロー・フード、オーガニック・フード、代替食、フード・マイル、フード・ロスなど、食に関する社会問題をとりあつかう書籍も数多く出版されている。食品の衛生環境を研究する公的な機関、食文化を研究する企業の研究所なども全国各地にある。

　エスニックフードに関しても、社会の関心は高い。数世紀にわたって移民を受け入れてきたアメリカでは、各民族の豊かな食文化に加えて、70年代以降の多文化主義の高まり、日本食や健康食ブーム、地域食の見直しのなかでエスニックフードが注目され、関連する書籍が例年数多く出版されている。日本でも、戦後の洋食の普及、過去30年の移住者・外国人旅行者の増加にともない、外国食への人々の関心は年々高まりつつある。

　食に関する学術研究については、生産・流通・消費などを対象とする経済学・経営学、人間の衣食住への関心が強い人類学、生産・栄養・食生活をあつかう農学・栄養学・家政学などの分野で主に行われてきたが、文学・歴史学・社会学の分野でも食に関する研究は蓄積されてきた。しかし、移民と食の関係をあつかった学術的な論文や書籍は思いのほか少なく、当該テーマについて分野の垣根を超えた研究上の対話もそれほど進んでいない。

　そこで本書は、「移民の食」を共通テーマとして、文学・歴史学・地理学・社会学など多様な専門分野の研究者が、それぞれの関心に基づいてテーマをとりあげ、論文やコラムにまとめたものである。「食」という切り口から移民の生活をよりよく理解する方法を、本書から知ってもらえればと思う。

＊

　本書は特定のテーマを統一した切り口で分析したものではなく、あつかう
内容やアプローチはさまざまだが、大別すると、食べ物の生産・消費・市場
に注目するものと、食の意味や語りに注目するものに分けられる。構成は、
読みやすさを考慮し、時代順に第1部（戦前〜戦中）と第2部（戦後）に分け、
地域は、前半（1〜4章）が北米・ハワイ、後半（5〜6章）がより多様な地域（北
米・ハワイ・日本・ブラジル・フィリピン・ドバイなど）をあつかう。民族は、
戦前〜戦中は日本人移民を中心に、戦後はより多様な集団をあつかう。以下、
各章の内容を簡潔に記す。

　第1章では、論文「醤油と日本人移民」（大原関一浩）が、戦前のハワイと
北米における醤油の輸入・生産・消費を検討し、コラム（デイ多佳子）がシカ
ゴで醤油を製造・販売した企業家・永野新作の活動を紹介する。

　第2章では、論文「胃袋の定住」（徳永悠）が、カリフォルニアにおけるジャ
ポニカ米の栽培に果たした日本人の役割、日本人の米消費と定住の関係を議
論する。そして4つのコラムが、カリフォルニアにおける日本人のレタス生
産・販売（須田満）、カリフォルニア農産市場におけるユダヤ人の祝祭日と日
本人野菜業者の関係（駒込希）、生物学者・政治家の山本宣治がカナダへ渡航
した際に船上で食したもの（河原典史）、カナダ・ビクトリアの日本庭園で白
人が茶室で飲食したもの（河原典史）、などを検討する。

　第3章では、論文「戦時下の食を通じた支配と抵抗」（和泉真澄）が、第二
次世界大戦期、ツールレイク隔離収容所に抑留された帰米二世・井上龍生の
手記を分析し、連邦政府の食を通じた日系人抑留者の生活支配と抑留者によ
る抵抗の形態（ハンガーストライキなど）を考察する。

　第4章では、論文「戦時下のアメリカ抑留所における食事」（尾上貴行）が、
「危険な敵性外国人」として抑留された日本人・橋本正治の手記を分析し、
ローズバーグ・サンタフェ・クリスタルシティーの抑留所における食事の内
容、そして抑留者たちの食環境に対する適応戦略（食の改善要求・和食の調理・
野菜の生産など）を考察する。そして3つのコラムが、厳しい収容所生活で
日系人が楽しんだピーナッツバター＆クラッカーなどの軽食（野崎京子）、ホ
ノルル近郊における沖縄県人を中心とした養豚業の歴史（飯田耕二郎）、ハワ
イにおける日本酒醸造の歴史（秋山かおり・鈴木啓）など、これまでよく知ら

れてこなかった日本人移民の食糧事情を紹介する。

　第5章では、論文「レシピの余白に書き込まれた食物語」（松本ユキ）が、アメリカ西海岸の日系コミュニティで行った参与分析と料理本の分析を通じ、食をめぐる語りの意味を検討する。さらに6つのコラムが、日系カナダ人作家・ヒロミ・ゴトウの小説『コーラス・オブ・マッシュルーム』における食に関する語りの意味（桧原ミエ）、カリフォルニア州サンノゼにおける日本食レストランの過去と現在（松永千紗）、同じくサンノゼの浄土真宗別院で催される行事と食が生み出す「場」の意味（松永千紗）、アメリカ・カナダ西海岸における日本食の歴史とバンクーバーの「あきレストラン」（河原典史）、ブラジル・トメアスー地域の日本人移民による農作物をテーマとする詩歌（半澤典史）、ブラジル日系コロニアで発刊された雑誌『椰子樹』に所収された短歌（金本伊津子）、などを考察する。

　第6章では、論文「異郷に生きるムスリム・ディアスポラ」（桐原翠）が、「生存基盤」としての食という概念に注目し、アフガン人の海外移住地におけるイスラーム食事情を検討する。そして3つのコラムが、在米トルコ人の家庭で催されるコーヒー（カフヴェ）と紅茶（チャイ）の茶会とその役割（志賀恭子）、日本軍占領下のフィリピンにおける連合国人抑留所の食料事情（木下昭）、在日韓国人の伝統行事（チェサ）の実践と供物（チェス）の意味（李裕淑）、などを検討する。

　本書の論文やコラムで示されたように、食は移民にとって生命を維持するための単なる栄養源ではない。それは、移民を故国と結びつける媒介となり、彼／彼女らが現地社会へ適応していくプロセスの一部でもある。また、移民が栽培／製造した飲食物は、移民と現地の市場を結びつけ、移民が料理するものは、彼／彼女らが現地社会の人々と新たな関係を生みだすきっかけにもなる。今後、本書で示されたテーマに関する研究や対話が進むことを期待したい。

大原関 一浩

移民の衣食住　Ⅰ　海を渡って何を食べるのか
目次

トラックがひしめき合うロサンゼルスの市場
(Los Angeles Public Library Photo Collection)

第1部

新しい食との出会い

第1章

醤油と日本人移民
―ハワイ・北米の場合―

大原関一浩

1　はじめに

　1957年に「キッコーマン・インターナショナル社」がサンフランシスコに設立されて以来、同社は「万能調味料」としてアメリカ合衆国における醤油の販路を開拓してきたが、太平洋戦争以前から、ハワイ・北米に住む日本人移民にとって、醤油は日々の食卓に欠かせない調味料であり、現地での生産も行われていた。この論考では、ハワイ・北米で出版された日本語新聞・英語新聞、移民によって著された文献、収容所の記録（新聞、写真、オーラルヒストリーなど）、ハワイ・北米各地の領事報告書、醸造関係の書籍・研究誌などを利用し、戦前・戦中のハワイ・北米における移民と醤油の関係・醤油生産の歴史をふりかえり、移民史とアメリカ食文化の観点から、その意義について検討してみたい[1]。

2　日本人の海外移住と醤油の輸出はじまり

　日本人移民と醤油のかかわりは古く、1868 年にハワイの砂糖農園で働く
ため渡航した「元年者」たちが、米・味噌・醤油の樽を積んで出航した記録
がある[2]。1885 年以降、政府による官約移民が始まるが、当初、みそ・醤油
は腐敗して輸入することがむずかしく、醤油が移民の手に届くのは、日本品
を輸入する商社ができた 1890 年以降のことだったという[3]。ホノルルでは、
1900 年ごろには浅田商店、千屋商店、岩上合名会社などが醤油を扱ってお
り、主な銘柄は亀甲萬だったが[4]、神奈川の「文明醤油」などもあった[5]。神
奈川県内の醤油が扱われていたのは、横浜から北米向けの酒・醤油が荷積み
されていたからだろう[6]。1906 年には、「最上醤油」(江戸末期に指定された優
良 7 銘柄) の一つである銚子の「山サ」、安価な「Ⓑ醤油」の広告も見られ
る[7]。1910 年のホノルル領事報告によれば、同地に輸入される醤油は亀甲萬・
山サなど、関東のものが大半だった[8]。
　アメリカ本土では、1879 年、亀甲萬がカリフォルニアで商標登録し、醤
油の輸出を開始した[9]。1886 年、ロサンゼルスで日本食品を扱う店が現れ、
1906 年までには、市内に 10 軒の和洋食品を扱う商店があり、最大の輸入食
品は醤油と日本米だった[10]。サンフランシスコでは、1888 年に日本食料品店
が現れ、1909 年の『日米年鑑』には、市内で酒・醤油を使う商店が 8 つリ
ストされている[11]。これらが、のちに「タクアン貿易」と呼ばれることにな
る日本食品輸入の始まりである。1910 年のサンフランシスコ領事報告によ
ると、現地に輸入される日本産醤油の 55％が亀甲萬、15％が山サだった[12]。
同年のポートランド領事報告でも、亀甲萬などの千葉県産が大半で、それに
東京産・香川産が続いている[13]。香川県の小豆島は、幕末期から明治期に醤
油の有数な生産地の一つとなり、「最上醤油」にも選ばれた丸金醤油会社の
銘柄「丸金」印は、これ以後も北米・ハワイに輸出された[14]。
　ハワイ・北米への醤油輸出が増えたのは、日本の醤油業界の事情もある。
日本で醤油の製造法が確立し広まったのは 17 世紀後半と言われ、しだいに
利根川の水運を利用し発達した関東醤油が、江戸の市場で最大のシェアを得

た。しかし明治時代になると、蒸気船の登場による交通網の発達により、中国地方で造られる良質の清酒が東京で売られるようになり、関東の清酒業者のなかには醤油醸造に転じるものが増え、価格競争が激化した。こうしたなかで、1882年、野田醤油の茂木佐平治は、千葉・茨城の有力な醸造家たちと「東京醤油会社」を設立し、醤油の流通システムを近代化するとともに、海外販路の開拓を模索した。ヨーロッパやアジア各地には、17世紀後半から、コンプラ瓶（陶器の容器）に詰められた醤油が、長崎出島の商人を通じて輸出されていたが、現地では中国醤油が主であり、大きなシェアを得ることは期待できなかった。そこで亀甲萬は、ウィーン・アムステルダム・パリ・シカゴなどで催された博覧会に自社の製品を出品し、横浜のイギリス・ドイツ・アメリカ人商人たちに醤油の販売を依頼するなど、欧米に対して積極的に売り込んだ。結果として、ヨーロッパ市場ではシェアの高い中国醤油に太刀打ちできなかったが、ハワイ・北米では、1890年代に日本人が増えるにつれ醤油の需要も高まり、20世紀の初頭までに、ハワイ・北米は日本産醤油の最大の輸出先となった[15]。

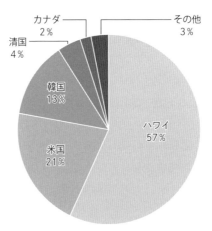

図1　日本産醤油の海外輸出先と輸出金額の割合（1902年）

［出典］『官報』1902年4月8日、176頁

3　醤油とダンゴ汁のおもいで

こうして20世紀初頭、ハワイ・北米向け日本産醤油の輸出は増えていたが、出稼ぎ労働者にとって、醤油は貴重品だった。ロサンゼルス日本人会局長の麻野氏（1941年当時）が、『日米新聞』で渡米当時の思い出を語る：

　　それは四十年も昔モンタナ州の鉄道工事に送られた。一ギャング四十名に唯一樽の醤油なるものが始めて来たので、ボースが希望者へ少しづつ分配するとても当時しかも高価なものだつた。それを古いパンツに巻つけて、枕の下に隠して夜もろくに眠れない有様でね。当時の食料といつたら「ボツテラ」「塩団子汁」「ベーコンと切干し大根とベーコンのフライに醤油を涙ほど落して食ふのは、何とも言えないものだつたよ。実際一滴か、二滴しか使へない醤油だよ「醤油は涙か溜息」と云つたものだよ。（中略）仕事から帰へる醤油を誰かに盗まれないかと調べて見る万一盗まれてゐたらギャング一団大騒ぎとなつて、果ては鉄道のスパイキを打ち込む大形ハンマーで打ち殺す犯人は出て来い。大変なことになる。高が醤油といふけれど、その時代は命にもかかはる大問題でそれ程貴重品であつたよ [16]。

この時期、労働者たちは、請負人によってキャンプに送られたが、英語ができない彼らは、生活を請負人に大きく依存しており、食料雑貨も請負人が仕入れたものをしばしば高値で買わされていた [17]。日本から輸入される醤油もその一つだった。

醤油が手に入りにくいなかで労働者たちが考案したのが、「団子汁」と呼ばれる料理だ [18]。モンタナ州の鉄道で働いた坂本孫三郎によると、日本人ギャングの昼食は「ダンゴ汁といっても、味噌も醤油もつかわない塩汁」で、「ベーコンをフライパンでいため、これを"ダシ"にして、大きな鍋に入れ、水を加えて煮る。それにドライ玉ネギと菜っ葉を加えて塩で味をつける。煮立ったところに、小麦粉をねったダンゴをおとした」 [19]。日本のスイトンや

雑煮のようなものだったと思われる。ワイオミング州の鉄道キャンプで食された団子汁はより簡素なもので、「ミソ汁の中に小麦粉をこねておとすだけ、ナッパもなにも実ははいっていなかった」という[20]。それでも醤油が欲しい時は、「小麦粉を茶色になるまでいり、砂糖と塩を加え、奇妙な自家製醤油をつくりあげた」ということもあった[21]。

　団子汁は、醤油がないので仕方がなく作った料理で、一世の記憶には「美味しいもの」という記憶はない。ワシントン州の鉄道で働いた男性の場合、現地に到着すると「早速、ダンゴ汁で大歓迎をしてくれた。翌日、またダンゴ汁が出た。前日のダンゴ汁とは比較にならぬほどまずい。きいてみたら、前日のは歓迎夕食会のため、とくにベーコンを多く入れたということだった」[22]。アイダホ州で鉄道労働をした田辺卯三郎は、「食料はハワイ米が、十人か十五人あてに週一袋支給されただけで、ほとんどはメリケン粉のダンゴ汁で、それも醤油がないので塩汁ばかり」で、醤油が手に入ると「皆で少量ずつ分けあって、舌鼓をうった」という[23]。内陸部のキャンプでは日本の物資が届かなくなることもあり、時には砂糖を入れたダンゴ汁なども作ったという。しかし、「はじめのうちは旨い思ったが、二日目には、もうのどを通すのが精いっぱいだった」とある一世は回想する[24]。

　ダンゴ汁を含めた食に関する一世の語りの中で、醤油がなかった時代の苦労が強調されるのは、人類学者のメリー・ホワイトが指摘するように、子や孫に、移住初期に経験した苦労を伝える目的があったのだろう[25]。しかし、一世がダンゴ汁をまずいと感じたのは、調味料の醤油が不足したことが根本的な理由だった、ということもまた事実である。だからこそ、醤油は手に入りにくい「貴重品」として一世たちの記憶に刻まれたのだ。1910年代以降、日本人移住が定住期に入ってからも、移民たちは高価な日本産の輸入醤油をたくさん消費し続けたのは、初期に経験した労働の苦労に加えて、醤油のない食生活の記憶が、醤油に対する愛着を強めたからではないだろうか。

4　ハワイにおける醤油醸造のはじまり
安さで日本産醤油に対抗

　ハワイでは、1890 年代から醤油醸造が試みられた記録があるが、本格的な生産は、1905 年、山上信行がホノルルに山上醤油醸造所を設立して始まる。福岡県出身の山岡は、東京やヨーロッパ・オーストラリアなど諸外国を訪れた後、サンフランシスコで海産物の商店を営み、1905 年にホノルル市内のパラマ区で醤油醸造を開始する [26]。州政府の登記記録によれば、1907 年9 月、資本金 21,820 ドルで「ハワイ山上大豆・ソース株式会社」会社が組織された [27]。このころ、日本から輸入される醤油には 40％の関税が課され、日本で 2.5〜2.6 円の醤油 1 樽が 5.0 円以上もした。そのため、コナ島の大豆・カリフォルニアの麦・現地の労働力を活用する同社の醸造計画は、「経済上有望ノモノト言ハサルベカラス」とホノルル領事館官保が評している [28]。1911 年には「布哇醤油会社」として再編され、その銘柄「丸萬」印は「品質優良なるを以て各地小売店及び受負業者の人々より注文多（く）」、「天下一品の精良品にて輸入品と同様に好味有り経済的使用の醤油なりとは一般の好評」、と『日布時事』で評された [29]。会社の滑り出しは好調だったようだ。
　布哇醤油に続き、いくつかの醤油業者が現れた。1906 年に福島醤油製造

図2　布哇醤油株式会社、1914年ごろ
［出典］Photo by Kiyoshi Okubo, Bishop Museum Archives

所が販売を開始し [30]、1912 年、資本金 30,000 ドルで亜米利加醤油株式会社
が設立され [31]、1913 年には寺田醤油店が製造を始めた [32]。亜米利加醤油の銘
柄「大正」印は、「此の際此の高い運賃を要せず安くて滋味豊富お徳用向き
なる弊社の醸造品を御求めください」と割高の輸入醤油に比べてその安さを
強調している [33]。1913 年、ヒロで石津醤油醸造所が製造を始め [34]、1915 年に
はアイエア耕地・山本醤油製造所の広告が出ている [35]。第一次大戦中は、日
本産醤油の値段が高騰し [36]、2 〜 4 割安い現地産醤油の売り上げが伸びた [37]。
1917 年、『布哇報知』によれば、布哇醤油の「丸萬」印が「飛ぶが如き売行き」
で [38]、「品質母国の醤油を凌ぐ計りにて分量の多き上に価格の安き事驚く計
りなる為め非常の売行也」とある [39]。1920 年代には、福原醤油・神田味噌醤
油・丸正醤油などの製造所が設立され [40]、1925 年には、亜米利加醤油と布哇
醤油が合併し「亜米利加布哇醤油会社」となった [41]。

　現地産醤油のシェアはどのくらいだったのか？　1915 年のホノルル領事報
告によると、1914 年 7 月〜 1915 年 6 月の時期、ハワイへの輸入醤油は 85,807
樽、現地の醸造所 4 か所の生産量は 4,200 石（47,250 樽）なので約 36％であ
る [42]。20 年代になるとシェアが減少する。24 年 7 月、現地の醤油製造に関す
る報告会では、ハワイで消費される醤油量は 1 年で 36,000 ガロン、6 つの
製造所が供給するのはその 25％、醤油の輸入は近年減少傾向にあるが、「減
退傾向は極めて遅緩である」とある [43]。日本産醤油が輸入され続けたことは、
日本米との比較で顕著である。1918 年に日本政府が米の輸出を禁止し、ハ
ワイ・北米で大問題になり、これがきっかけでカリフォルニア産米の消費が
本格的に始まった。しかし、戦前を通じて日本産醤油は輸出され続け、ハワ
イ・北米移民の需要を満たし、現地産に依存する必要はなかった。醤油につ
いては「胃袋の定住」は起きなかったようだ [44]。

5　本土における醤油製造
日本人向けとアメリカ人向けの 2 つのマーケット

　本土における醤油醸造の始まりは、1897 年に山森好市が作ったカリフォ
ルニア州サンノゼの製造所が最初で（10 年で廃業）、1905 年には同市に 2 つ

目となる杉田醸造所が設立され、その後に各地で製造が開始された[45]。1907年に同州オークランドで設立された北米醤油株式会社の広告には、「一等国民として此の合衆国に闊歩すべき日本人の家庭には北米醤油なかるべからず」・「十万同胞を後援とする北米醤油は意を強ふして不利益の輸入品を防遏す」という文言がある[46]。このころは、日本人が定住し始める時期で、自給自足的な移民経済を標榜する時代の機運が感じられる。1908年、カナダのバンクーバーに日本醤油製造会社[47]、1909年にはオレゴン州ポートランドに三陽醤油醸造会社が設立された[48]。

　その後に続く醤油醸造会社も、日本の高価な醤油を意識しながら、味の良さを強調し、現地産醤油のシェアを高めることをめざした。ロサンゼルスでは、他の市にやや遅れたが、1920年に安原醤油製造所の広告が『羅府新報』に見られる。「去年の九月から精出して仕込んだ造りの古いこの醤油」は「日本の醤油にまけない味」で[49]、銘柄の「金花」印と「天女」印は「品質優等にて中味多量格安日本醤油よりも味が良くて値段は一樽一弗もお安く」とある[50]。安原氏は、もとはホテル経営と酒醸造をしていたが、禁酒法が施行されたので、味噌・醤油の醸造を始めたという。1921年出版の書籍『*Japanese in America*』には、「ポテト王」として知られる牛島謹爾等とともに、成功した実業家として紹介された（図3）[51]。1920年代にもいくつか醸造所が設立され[52]、いずれも日本の醤油に比べて安く、量が多いことを広告で強調した。

KINZO YASAHARA,
LOS ANGELES, CALIF.

Born in Japan 1867. Came to America 1903. Married, and has two sons and two daughters.

図3　安原金蔵

［出典］Elias Manchester Boddy, *Japanese in America* (E. M. Body, 1921), 176.

　以上述べたのは日本人向けの醤油業者であるが、内陸部には、アメリカ人市場に対して醤油の生産・販売を試みた人もいた。その一人に「オリエンタル醤油」（Oriental Show-You）を創設した大木新造がいる（大木その他のシカゴにおける醤油醸造業者についてはデイ氏の論考を参照されたい[53]）。

　大木新造は、1883年に生まれ、1901年シアトルに渡航。そこで知り合ったアメリカ人夫妻とともにインディアナ州コロ

ンビア市に移住し、ハウスボーイと
して働きながら地元の高校を、11
年にはニューヨーク大学を卒業し
た[54]。1910年代からミシガン州デト
ロイト市で中国から輸入した醤油を
「Oriental Show-You」として売り始
めた（写真の広告は14年の『*Detroit
Times*』から、「オリエンタル醤油を使
うと最高のチャプスイになる」という
ふれこみである[55]）（図4）。その後17
年（22年の記述もある[56]）、おそらく
結婚のため帰国し、千葉県野田市の

図4　オリエンタル醤油の広告
［出典］*Detroit Times*, November 19, 1914, 18

醤油工場を訪れた[57]。神奈川の醸造所も訪問し、「栂野式醤油速醸法」で有
名な栂野明二郎博士の著作を読むなどして醤油醸造を学んだと言われる[58]。
オリエンタル醤油の元従業員エストラ・ケイン氏によれば、大木は1924年
までにコロンビア市で醤油、チョウメン、チャプスイの製造を始めた[59]。し
かしデイ氏によると、22年ごろにシカゴで醤油製造を始め、28年にコロン
ビア市に移転とあるので[60]、2か所で製造が並行していたようだ。コロンビ
ア市の工場では、醤油に加え、もやし、チャウミン（炒麺）、チャプスイ、コー
ンビーフ・キャベツなども製造していた。1920年代にオリエンタル醤油が
出版したレシピ本を見ると、チャプスイなどの料理法とともに、欠かせない
調味料としてオリエンタル醤油を宣伝している[61]。マーケティングに力を入
れ、26年にはワシントンDCで開催された全米食物展示会にも出品した[62]。
　大木のマーケティングにおいて特筆すべき点は、醤油をチャプスイの調味
料としてアメリカ人向けに売り出した、という点だ。チャプスイとは、もや
し・竹の子などの野菜を牛肉・鶏肉・エビなどと炒めてご飯にかけた料理で
ある。チャプスイがいつどのように始まったのかは議論が分かれるが、ゴー
ルドラッシュの時代、中国人コックが労働者向けに適当に肉と野菜をいため
てご飯と出したという説や、白人労働者向けに中国人街のコックが残った野
菜をいためて提供したのが始まりと言われる。そもそも、中国人移民を送り

出した中国広東地方の農村では、ご飯を食べやすくするために細かく刻んだ野菜を肉汁と一緒にかける習慣はあったが、主要な料理ではなかった。これがアメリカでは、牛肉や鶏肉をふんだんに使い、エビやタケノコを加えられ、手ごろな価格で現地の人々に親しまれ、1900年以降、都市部で広まった[63]。エスニック料理が民族の垣根を超えてアメリカ社会に広まっていったこの時代、大木はチャプスイの人気に着目し、重要な調味料として醤油を売り出した。

　戦前のアメリカでは、缶詰食品の普及とともにエスニックフードが広まったが、それを担った企業家たちは、自分の出自をことさら強調することはなく、自分の所属するエスニック集団とかかわりもない場合が多かった。例えば、「イーグル」(Eagle) ブランドのテキサス・チリをアメリカ中に広めたのはヴィルヘルム・ゲブハルトというドイツ生まれの企業家だったし、ドイツ人移民の子であるヘンリー・J・ハインツは、野菜食品の缶詰販売で大成功したが、扱った食材は一般的なもので、ドイツの食材や料理ではなかった[64]。また、チャプスイやチャウミンの缶詰を全国展開した「ラチョイ」(La Choy) 社は、韓国人のイルハン・ニューとミシガン大学のウォリー・スミスによって1920年に設立され、もやしに中国から輸入した醤油で味付けして缶詰を売り出したのが始まりだ[65]。大木も日本出身だが、西海岸の日本人とかかわりは薄く、アメリカ人のなかで教育を受け、仕事を学び、アメリカ市場に向けてマーケティングを展開した。戦後、「キッコーマン・インターナショナル社」が醤油を「万能調味料」として売り出したが、大木は戦前から同じことをしていたのだ。

6　戦時中の醤油不足と現地生産

　ハワイ・北米における醤油の歴史は、日米開戦により大きな転機を迎える。1941年7月、在米日本人の資産凍結と日本向けの石油輸出停止の大統領令が発行されると、醤油の輸入が途絶えるとの噂が移民の間に広がった。『布哇毎日』は、「大抵は米国品で代用出来るし日本人の生活に不便を感ぜしむる様な事はないが、一番困るのは醤油だろう、醤油は日本人の食事には無く

てはならぬ物の様になつてゐる、肉や野菜の醬油煮が出来ず漬物も醬油を掛
なくては、どうしても食べやう？」と指摘[66]。醬油の価格も高騰し、『布哇
報知』は「日用必需品が日と共に天井知らずの高騰を続けて居るのにはホト
ホト困らざるを得ない。何しろ以前1ガロン一弗なにがしだった醬油が3弗
五十仙」と報じた[67]。カリフォルニアでも、商店の棚から醬油の姿が消え[68]、
醬油不足に当て込んで高値で醬油を売る商人が出たり、消費者による醬油の
買い溜めが起こるなど、混乱が起きた。ロサンゼルスの日本人会では、醬油
1樽＄4.50で販売する協定を締結し[69]、同市の食料品小売商組合は公定値段
を決定し、一人が購入できる上限を1ガロンとした[70]。

　ここで注目されたのが、醬油の現地生産である。1941年8月、醬油不足
について『布哇毎日』は、「毎年四百万ギャロンの日本醬油を消費してゐた
のだから需要を充たし得る事は到底不可能であろう」と現在の生産高では対
応できないと予想した[71]。『日布時事』は、日本産醬油の輸入が止まれば「味
噌醬油の自給自足を計らねばならぬ状態に置かれるものと見る外はない」
が、「醬油味噌等の強みは材料たる大豆と麦が米大陸より輸入仰げることで
米布間の輸入が継続する間は材料は切れることが無いわけである」と、原料
の供給については希望的観測である。実際、アメリカでは、飼料用の大豆
ミール（粉）と工業原料としての大豆油の需要が高まるとともに大豆生産が
20年代に本格化し、30年代中ごろには、大豆輸出が輸入量を超えた。こう
したなかで、それまで日本や中国の大豆に依存していた日本人の豆腐・醬
油・味噌の製造業者は、アメリカ産大豆の利用を期待できた[72]。

　しかし、醬油はすぐに量産できるものではない。そこで注目されたのが、
たん白加水分解の技術を利用した促成醬油製法（以下「促成醬油」と記す）で
ある。本来、醬油の醸造では、原料処理と麹作りの後、諸味を作り、かき
混ぜながら熟成・発酵させる。この「仕込み」の過程が最低6か月、通常は
1年〜1年半かかる。促成醬油は、この発酵過程を経ず化学的に作られた醬
油であり、原料から塩酸などを使いタンパク質を分解し、旨味のあるアミノ
酸液を作り、味を調整し完成させる。この方法により、製造期間が数日程度
に短縮された[73]。日本では1930年代にタンパク加水分解の技術利用が始まっ
ていたので[74]、それをハワイ・北米の日本人醬油業者が活用したと思われる。

ハワイでは、1941 年 10 月に「キング醤油」が登場する。「キッコーマン醤油飢饉」が「全同胞家庭のケチーンを脅かしているのを目撃し」た薬剤師・村田寿一が、「促成製造法」によるキング醤油を開発した。試食会では「これならキッコーマンの風味には及ばぬものはあるが在来の俄造りとは遥かに優秀だ」と好評を得た[75]。売行きは良く、「最近製造販売を開始したキング醤油は其の美味と品質

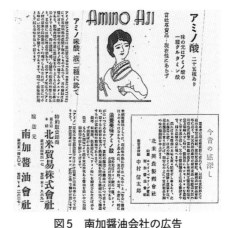

図5　南加醤油会社の広告
［出典］『羅府新報』1941 年 11 月 24 日、6 頁

顔る優良なる為め断然講評を博し工場員は天手古舞」、と『日布時事』は報じた[76]。本土では、1941 年 11 月、ロサンゼルスの南加醤油会社がアミノ酸入り醤油「丸中」・「菅公」を発売した[77]。開発者は北米興農製材会社技師の中村信太朗である。広告には「米国製醤油としては、現在味の点に於ては『丸中』と『菅公』以上のものはなかろうと思ふのは、其の原料、大豆、小麦に、特に滋養美味アミノ酸がはいつてゐるからです」とあり、「味の素」もアミノ酸の一種であると説明し、「薬品ははいつて居りませぬ」と安全性も強調する (図 5)[78]。こうして醤油の現地生産は、一時期活況を呈した[79]。

7　日系人収容と醤油生産

1941 年 12 月 7 日の日本軍によるハワイ真珠湾攻撃は、日系人の生活だけでなく、食にも大きな影響を与えた。42 年にはいり、転住所への移動が始まると、日系人はバッグ 1 つとケース 2 つのみ持参することを許されたが、日系人作家モニカ・ソネの自伝『二世の娘』には、醤油を持参する母の思い出が登場する。モニカの友人が収容所に持参するバッグの中に醤油缶 1 ガロンを見つけた時のことを、著者は以下のように回想する：

　誰もそれがどこから来たのか、どこに行くのかわかりませんでした、母が「気まずそうな顔をして」話し始めるまでは。「あー、それは私が持っていくの。これから行くところには醤油がないと思ってね」

　ヘンリー（モニカの弟）は怒りで爆発しそうな風に見えました。「でもママ、バック1つとスーツケース2つのほかは持っていけないんだよ。（持っていける）その全てのもののなかで、（ママが）持っていきたいのは、醤油なの！」

　私は恥ずかしくなりました。「ママ、みんな私たちを笑うわよ。ピクニックに行くわけじゃないんだから」

　でも母は意思を貫きました。「ナンセンスよ。誰もこんな小さなものに気づかないわ。お酒を持っていこうというわけじゃないのだから！」[80)]

　二世のモニカやヘンリーとちがい、一世の母にとって、醤油のない食生活への不安は大きかった。醤油が日常の食において欠かせない調味料だったことがうかがえる。

　結局のところ、モニカの母の心配は現実のものとなった。収容が始まると、食べ物に違和感を覚えた日系人は多かった。例えばある女性は、最初の夕食で「缶詰のソーセージ、サヤインゲン、炊きすぎたご飯」が陸軍の食器に盛られて出てきたのをうんざりと回想する[81)]。しかし、日本食に慣れた一世に対する配慮から、比較的早くから和食を出していた収容所もあった。例えば、モニカとその家族が収容されたアイダホ州ピュアラップ集合センターの献立には、1週間のうち5日は晩食に和食のおかず（てんぷら×2回・スキヤキ・生魚）があり、「shoyu」の文字もしばしば見られる[82)]。カリフォルニア州のマンザナー収容所でも、アメリカ食に加え、米・スキヤキ・味噌・豆腐・チャプスイ・チョウメン・醤油・漬物など、一世の味覚に配慮された食事も提供されていたようだ[83)]。

　当然、日本食の調理には醤油が必要であり、まもなくその不足が問題になった。マンザナーでは、1942年4月、500ガロンの醤油が到着したが、収容所の新聞『Manzanar Free Press』は、「（それでは）10日間しか賄えない」

と予測した[84]。こうしたなかで、収容者たちは日本食の生産計画を戦時転住局に提出し、醤油・もやし・豆腐の加工所を設置する許可を得た[85]。42年10月、醤油製造の計画が発表され、予定生産量は月に5,000ガロン、「7,500ガロン製造できれば、それは全ての収容所での需要を満たすのに十分」と『*Manzanar Free Press*』が予想している。製造を担当したのは、ロサンゼルスで促成醤油を製造していた中村信太郎技師であり、機器は彼が使用していたものを再利用した[86]。同年11月、洗濯場にガスタンクが設置され[87]、同月21日には「9日間で1,500ガロン」の「記録的な醤油生産高」が報告された。原料は「ひき割り大豆、ひき割り小麦、アミノ『M』、アミノ酸、ナトリウム、安息香酸、キャラメル着色料、砂糖」だった[88]。43年10月までには、月に1,000ガロン製造が可能になり、サンプリングや試行錯誤を経て、「フォーミュラ・ツー」(Formula Two)という銘柄が開発された[89]。42年11月の製造開始から10か月間で12,500ガロンの醤油が製造された、と新聞で報道された (図6)[90]。

　しかし、促成醤油に満足しなかった人もいたようで、醸造醤油の生産は、収容所外でひきつづき行われた。その一つに、アリゾナ州グレンデール市の昭和醤油醸造所がある。遺族へインタビューをしたShurtleff氏によれば、創業者の只野猛は宮城県出身で、1912〜13年ごろに妻・二人の息子とグレンデール市に移住した。当初、農業を営んでいたが、20〜30年代の日本人排斥運動により苦労し、醤油の醸造を思い立った。猛氏は40年の半ばに日本に帰国し、醤油の醸造法を学び、41年にアメリカに帰米した。その秋には木製の家屋を建設し、只野氏は息子二人に醸造法を伝えた。その方法は、木造の桶の中で湿度を管理して麹を作るという伝統的な日本式のものだった

12,500 gallons of shoyu have been produced in the local shoyu project since production started in November. In the photo above Shintaro Nakamura, foreman, poses in the shoyu factory located in block one laundry room.

図6　マンザナー収容所の醤油製造所

［出典］*Manzanar Free Press*, September 10, 1943, 11.

図7　昭和醤油醸造所の広告
［出典］『コロラド時報』1945 年 8 月 14 日、
　　　5 頁

という。真珠湾攻撃の後、只野氏はスパイ容疑で FBI に連行され、ニューメキシコ州ローズバーグ抑留所に収容された。当時、アメリカ本土では醤油が欠乏し、二人の息子が作っていた醤油を求める近隣の日本人に廉価で販売された。43 年 9 月には只野氏が抑留所から帰宅し、昭和醤油醸造所と銘柄「丸昭」印を登録し、サトウキビ工場を買取り、生産施設を拡張した。同年、デンバーに配給支社が設立された [91)]。同社の醤油は、アイダホ州やワイオミング州の収容所新聞に広告が出されていた [92)]。昭和醤油を含め、この時期の業者は、醸造醤油であることを広告で強調しており、促成醤油を好まない一世の間で、醸造醤油に対する需要があったことがうかがえる [93)]。

　特にコロラド州デンバー市は、ラルフ・カー州知事が日系人収容に反対し、日本人の再定住者が増えていたこともあり、いくつかの醤油醸造会社の拠点となっていた [94)]。戦前、ロサンゼルスで羅府醤油会社を経営していたウハチロウ・テシマ氏もその一人だ [95)]。開戦後、テシマ氏はワイオミング州のハートマウンテンに収容されたが、収容所で日本食不足の問題があり、それを改善する条件でデンバーへの移住を許可されたという [96)]。1943 年初頭から製造を始め [97)]、6 月には「日本の亀甲萬醤油に変らぬ風味と味覚の豊潤な優良品」（「米国亀甲萬」）を発売した [98)]。「ABC」・「大黒」印と合わせて、同社の醤油は本土だけでなく、ハワイでも販売されていた [99)]。注目すべきは、同社が「同胞最大唯一の食料品製造工場」と称し、醤油のほかに、味噌・漬け物・甘露煮・のり・紅しょうがなど、さまざまな日本食を製造していたことだ (図8) [100)]。戦前、日本食は貿易会社が缶詰で輸入（いわゆる「タクアン貿易」）していたが、戦中は醤油会社が生産していたようだ。

　また収容を経験しなかったハワイでも、醤油醸造は活況を呈した。特に、

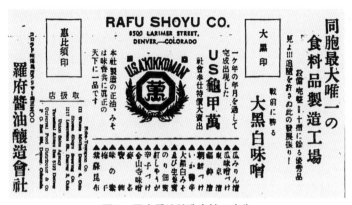

図8　羅府醤油醸造会社の広告
［出典］『布哇タイムス』1945 年 9 月 22 日、6 頁

真珠湾攻撃後、酒の醸造で米の使用が禁止されたことにより、酒醸造会社が
醤油醸造を始めた[101]。ホノルル酒造に勤務していた二瓶氏は、「日本酒の醸
造を中止させられた酒造会社（3 社）は醤油製造業へと転向、それにあまり資
本を要しないこともあって、多くの醤油、味噌会社が雨後の筍のように誕生
した。製造法はまちまちで、品質も優良な品から塩水同様の相当いかがわし
い品もあったが品物は絶対不足とあって飛ぶように売れて巨利を得た者も多
かったという」と書いている[102]。ホノルル酒造が「丸正醤油」の商標使用と
製造権利を引き継ぎ、「ダイヤモンド醤油」の製造を始めたのも太平洋戦争
中のことである[103]。

8　おわりに

　戦後、日系人による醤油醸造業は衰退した。化学的に作られた促成醤油が
普及したことに加え、キッコーマン・インターナショナル社による醤油の販
路拡大、1971 年からウィスコンシン州で始まった現地生産もそれに拍車を
かけた。アリゾナの昭和醤油は日本産醤油との競争に押され経営破綻を申請
した[104]。インディアナのオリエンタル醤油は 63 年にベアトリーチェ・フー
ドに買収された[105]。デンバーの羅府醤油は戦後、中華料理店にワンタンやも
やしなどを供給していたが、その後経営者が変わり現在は中華料理店となっ

ている[106]。ハワイのダイヤモンド醬油は、80年代までハワイで作られていたようだが[107]、現在は見られない。一方、戦中に醬油を製造していたキング醬油からは、分かれて「アロハ醬油株式会社」が設立され、「ALOHA」印の醬油はハワイで今も広く食されている。

　戦前に大木新造がアメリカ市場向けに料理の「万能調味料」として醬油を売り出し、その後、20世紀を通じて醬油は—中華料理からテリヤキまで—さまざまな料理で欠かせない調味料となった。その点では、日本人移民と醬油はアメリカ食文化の発展に貢献したと言えるだろう。しかし、食べ物はしばしば、歴史家ガバッチアが指摘したように、現実の民族関係とはかかわりなく、民族の壁をやすやすと越えて（クロスオーバーし）混じり合う。醬油の場合、当初アメリカ社会で普及する過程においては、大木のような日本人が重要な役割を果たしたが、それがアメリカ市場に浸透するにつれ、日系人による醬油醸造は衰退した。そして戦後、ファストフード・チェーンの拡大とともに「エスニック」料理がさらに広まるが、その過程では、中華料理に見られるように、料理の作り手や消費者とエスニシティの関係が薄れた。こうした食の浸透性は、移民史研究における重要なテーマ（人種問題など）から視点をそらせてしまう傾向があり、この点が、移民史・エスニック研究の分野で食の研究が進みにくい理由なのかもしれない。今後、食に関心を持つ移民史・食文化の研究者たちとの議論を通じて、この点についてさらに考察を深めていきたい。

【注】
1）醬油と日本人移民に関する先行研究としては、①二瓶孝夫「ハワイにおける日本酒・味噌・醬油の歴史」『日本醸造協会雑誌』73巻7号（1978）、542-49頁；② William Shurtleff and Akiko Aoyagi, *How Japanese and Japanese-Americans Brought Soyfoods to the United States and the Hawaiian Islands–A History (1851-2011)* (Lafayette: Soyinfo Center, 2011);　③ *History of Soy Sauce (160 CE To 2012)* (Lafayette: Soyinfo Center, 2012);　④ Takako Day, "The Chicago Shoyu Story--Shinsaku Nagano and the Japanese Entrepreneurs," Part I-III, *Discover Nikkei*, http://www.discovernikkei.org/ja/journal/2020/2/17/chicago-shoyu-1/、2020年8月13日アクセス。
2）ハワイ日本人移民史刊行委員会『ハワイ日本人移民史』（布哇日系人連合協会、1964年）、45頁。
3）前掲1)-①、542頁；飯田耕二郎『ハワイ日系人の歴史地理』（ナカニシヤ出版、2003年）、

69 頁。

4）『やまと新聞』1900 年 7 月 17 日、2、3 頁；8 月 14 日、2 頁；8 月 30 日、6 頁。1906 年発刊の『今日の布哇』には「色澤濃厚ナルヲ可トス下総茂木製○万印最モ声値アリ輸入額モ遥ニ他品ヲ圧倒ス」とあり、ハワイの日本人が食する醤油は亀甲萬が大半だったようだ：満長彰『今日の布哇』（満長商店、1904 年）、160 頁。

5）『やまと新聞』1902 年 6 月 5 日、2 頁；7 月 17 日、3 頁。文明醤油とは、神奈川県橘樹郡の中村清兵衛によって醸造されていた醤油の銘柄である：『やまと新聞』1903 年 10 月 13 日、1 頁；1904 年 10 月 10 日、2 頁。

6）小嶋氏の調べによると、1890 年に渡米した駒田常三郎は、横浜を拠点として北米西海岸の都市に日本の酒・醤油を卸していた：小嶋茂「日本の食をアメリカに伝えた日本人移民（北米編）」、キッコーマン国際食文化センター誌『Food Culture』No.6 (2012)、6 頁。

7）『やまと新聞』1906 年 2 月 2 日、4 頁、1906 年 4 月 14 日、2 頁。

8）在ホノルル総領事上野専一「日本醤油状況取調ノ件」1910 年 9 月 3 日、『食料品関係雑件／調味料ノ部』3-5-9-29、第 1 巻、外交史料館所蔵。

9）W. Mark Fruin, *Kikkoman: Company, Clan, and Community* (Cambridge: Harvard University Press, 1983), 59-60；前掲 1) - ③、9。

10）越智道順『南加州日本人史』（南加日系人商業会議所、1956 年）、38、104 頁；石毛直道『ロサンジェルスの日本料理店—その文化人類学的研究』（ドメス出版、1985 年）、48 頁。

11）日米新聞社、『日米年鑑』第二付録『在米日本人住所姓名録』（日米新聞社、1909 年）、5-6 頁。

12）在桑港総領事代理領事永井松三、「醤油ニ関スル報告提出之件」、1910 年 12 月 5 日、『食料品関係雑件／調味料ノ部』3-5-9-29、第 1 巻、外交史料館所蔵。

13）在ポートランド帝国領事官事務代理大山卯二郎「ポートランドニ於ケル日本醤油」1911 年 8 月 8 日、『食料品関係雑件／調味料ノ部』3-5-9-29、第 1 巻、外交史料館所蔵。

14）香川県の醤油業者は、早くからハワイ・北米における販路開拓の可能性を探っていたようで、例えば1915 年、現地における醤油の普及状況をハワイ領事に問い合わせている：①在ホノルル総領事代理有田八郎「布哇ニ於ケル醤油ノ需要状況ニ関スル件」1915 年 8 月 12 日、『食料品関係雑件／調味料ノ部』3-5-9-29、第 1 巻、外交史料館所蔵。小豆島における醤油生産については、②田中則雄『醤油から世界を見る—野田を中心とした東葛飾地方の対外関係史と醤油』（崙書房出版、1999 年）、183-89 頁。

15）前掲 14) - ②、86-108 頁。1903 年 1〜6 月の時期、合衆国向けの醤油輸出額は、ハワイと北米を合わせて 122,287 円で、ロシア（17,171 円）・韓国（16,397 円）を大きく上回っている。合衆国内では、多い順にホノルル（77,982 円）、サンフランシスコ（34,882 円）、バンクーバー（7,140 円）となっている：大蔵省印刷局『官報』6095 号（1903 年 10 月 24 日）、465 頁。

16）『日米新聞』1941 年 8 月 4 日、6 頁。

17）契約請負人制度については、ユージ・イチオカ『一世—黎明期アメリカ移民の物語り』（刀水書房、1992 年）、第 2 章。沿岸部の食料品店経営者が鉄道労働の請負業を兼ねる

場合がしばしばあった。ポートランドでＳ伴商店を営んだパイオニア移民実業家の伴新三郎も、オレゴン鉄道の労働請負に従事し、内地の労働者に醤油・酒・味噌などを売った：①伊藤一男『北米百年桜』(1)（PMC 出版、1984 年）、915-18 頁。ソルトレークの橋本商会も、鉄道工事に請負と醤油などの輸入品扱いを同時に行っていた：②日米新聞社、『日米年鑑』第 10 号（日米新聞社、1914 年）、頁番号なし（『在米日本人住所姓名録』と後付の間の広告）。

18）団子汁については、Masakazu Iwata, *Planted in Good Soil: A History of the Issei in United States Agriculture* (New York: Peter Lang, 1992), 124, 161, 427; Bill Hosokawa, *Colorado's Japanese Americans* (Boulder: University Press of Colorado, 2005), 32-33.

19）前掲 17)‐①、378-79 頁。

20）前掲 17)‐①、416 頁。

21）前掲 17)‐①、370 頁。

22）前掲 7)‐①、72 頁。

23）伊藤一男『北米百年桜』(4)（PMC 出版、1984）、187-88 頁。

24）前掲 17)‐①、392 頁。

25）Merry White, "Japanese American Food," in *The Oxford Encyclopedia of Food and Drink in America*, ed. Andrew F. Smith (New York: Oxford University Press, 2005), 362, 364.

26）①森田栄『布哇日本人発展史』（真栄館、1915 年）、263-64 頁；②藤井秀五郎『大日本海外移住民史・第 1 編』中巻（海外調査会、1937）、21 頁；前掲書、人物編、95 頁：『やまと新聞』1905 年 12 月 26 日、3 頁；『馬哇レコード』1941 年 8 月 12 日、3 頁。

27）Dept. of Commerce & Consumer Affairs, "Articles of Incorporation," December 10, 1906-May 14, 1908," Hawaii State Archives.

28）大蔵省印刷局『官報』6836 号（1906 年 4 月 17 日）、530 頁。その後醤油の関税は、1915 年に 15%に下がり、1918 年に 25%に上がる："Latest Customs Rulings," *New York Times*, July 15, 1915, 14；『朝日新聞』1918 年 5 月 14 日、4 頁。

29）『布哇報知』1916 年 4 月 5 日、5 頁。

30）銘柄は「亀甲福」：『やまと新聞』1906 年 5 月 26 日、1 頁。同製造所がいつまで存続したかは不明だが、1938 年にも広告を出している：『布哇報知』1938 年 1 月 1 日、18 頁。

31）前掲 26)‐①、264 頁；前景 26)‐②、21 頁。

32）『日布時事』1913 年 8 月 20 日、7 頁。銘柄は「亀甲喜」：『布哇報知』1913 年 9 月 17 日、8 頁。1917 年までには、「寺田醤油製造所」の名前に変更した：『実業之布哇』1917 年 1 月 1 日、22J-Ads。

33）『布哇報知』1916 年 3 月 18 日、5 頁。「大正印」はさらに、「産出額に於て価格の最も経済的な点において布哇第一位」と広告された：『実業之布哇』1916 年 8 月 1 日、32J-Ads。

34）『布哇殖民新聞』1913 年 7 月 10 日、6 頁。

35）『布哇報知』1915 年 2 月 1 日、7 頁。

36）『日布時事』1915 年 4 月 5 日、1 頁。

37）領事報告によれば、1915 年、ホノルルにおける醤油の卸値は、亀甲萬が＄2.20/ 樽に

対しハワイ産は上等が＄1.80/樽、並が＄1.40/樽なので、2〜4割安い：前掲14)-①。

38)『布哇報知』1917年6月12日、5頁。

39)『布哇報知』1917年9月17日、5頁。1918年、布哇醤油は各株主に2割5分の配当を行うことができたとある：『布哇報知』1918年7月23日、5頁。

40)『布哇報知』1922年3月27日、7頁；1924年6月1日、3頁；1925年6月18日、7頁；1925年9月4日、6頁。

41)『布哇報知』1925年3月20日、4頁。

42) 前掲14)-①。1石は180リットルなので、4,200石は756,000リットルになる。1樽には9升(16リットル)入っていたので、4,200石は47,250樽の換算になる。1910年代、ハワイの醤油輸入高は、年60,000〜90,000樽(972,000〜1,458,000リットル)で推移していた：日布時事社『布哇同胞発展回顧誌』(日布時事社、1921年)、81-82頁。『布哇報知』によれば、1915年の時点で、「布哇に醤油会社の設置されしに拘らず(輸入醤油は)年々数量を増加して居る」のが実情であり、その7割は亀甲萬醤油だったという：『布哇報知』1915年6月17日、1頁。

43)『日布時事』1924年7月26日、1頁。

44) 1918年の米輸出禁止とその影響については、徳永悠「胃袋の定住―日本人移民と米食―」(マイグレーション研究会2018年12月例会報告)、および本書所収の徳永論文を参照いただきたい。

45) 鷲津尺魔『在米日本人史観』附録『在米在市日本人歴史の源』(羅府新報社、1930年)、38頁；前掲1)-②、5；前掲1)-③、9、431。1907年に、野田醤油の醸造家・茂木新三郎がコロラド州デンバーとカナダのトロントに醸造工場を建設したと伝えられてきた：松本延昌『醤油物語』(キッコーマン株式会社、1976年)、79-80頁；前掲14)-②、328頁。しかし、Shurtleff氏は、創立したと言われる人物の子孫(茂木健三郎氏)や関係者にインタビューを行ってきた結果、デンバーで醤油生産が行われた証拠を見つけることができなかった、と報告している：前掲1)-③、1393、2199。

46)『新世界』1907年9月19日、10頁。同社の英語名は「North American Soy Brewing Company」：*San Francisco Call*, July 31, 1907, 4。

47) 在晩香坡領事矢田長之助「醤油状況取調ノ件」1910年9月13日、『食料品関係雑件／調味料ノ部』3-5-9-29、第1巻、外交史料館所蔵。

48) 前掲1)-②、6；前掲6)-①、10頁。

49) 銘柄は「金花印」と「天女印」：『羅府新報』1920年9月12日、5頁。

50)『羅府新報』1921年12月14日、7頁。

51) Elias Manchester Boddy, *Japanese in America* (E. M. Body, 1921), 176.

52) 1921年に、同市の山泉醤油製造所の広告が見られる：『羅府新報』1921年9月6日、6頁。1926年にはロサンゼルス近郊に所在する東洋醤油製造会社(銘柄は「亀甲鶴」)の広告が見られる：『日米新聞』1926年10月2日、8頁。1930年にはサンフランシスコの藤本商会が、醤油の製造元として広告を出した：『日米新聞』1930年2月18日、3頁。

53) 前掲1)-④.

54) "Shinzo Ohki: Whitley County resident shares her discovery of a local legend," http://

talkofthetownwc.com/blog/2009/10/shinzo_ohki_whitley_county_res.html, 2020 年 8 月 13 日アクセス；前掲 1）- ③、2153; Whitley County Historical Society, *Whitley County and Its Families, 1835-1995* (Paducah, Ky.: Turner Publishing, 1995), 21.

55) *Detroit Times*, November 19, 1914, 18；デトロイト市のディレクトリには、大木の職業は "mgr"（manager［経営者］?）、住所は "181Bethune av. e"、と記されている：*Polk's Detroit City Directory. 1914-15* (Detroit: R. L. Polk & company), 2062.

56) 前掲 1）- ②、103；前掲 1）- ③、1600。

57) Shurtleff 氏が利用した Dorsett Morse 資料によると、大木は野田の工場を訪問し、「工場の大きさに驚いた」という：前掲 1）- ③、807。

58) 深井生「米國生れの醤油の話」『日本醸造協會雜誌』33-7 (1938)、834-36 頁。栬野は発酵期間を短縮する「栬野式醤油速醸法」の考案者である：日本醸造工業株式会社ホームページ、http://www.nihonjouzou.co.jp/marujyo/index.html、2020 年 8 月 13 日アクセス。

59) 前掲 1）- ②、103；前掲 1）- ③、1600。

60) 前掲 1）- ④、Part II.

61) 1922 年出版のオリエンタル醤油のレシピ本には、チャプスイだけでなく、さまざまなアメリカ家庭料理のレシピが紹介されており、オリエンタル醤油が味を引き立てる重要な調味料として宣伝されている：*Oriental "Show-You" Recipes* (Columbia City, Indiana: Oriental Show-You Company, 1922) , 1. その他のオリエンタル醤油が出版したレシピ本については以下参照：MSU Campus Archaeology Program, "Oriental Show-You Bottle: Soy Sauce from the Brody/Emmons Dump," http://campusarch.msu.edu/?p=5523、2020 年 8 月 13 日アクセス。

62) *Evening Star*, January 16, 1926, 2; November 20, 1928, 38.

63) Haiming Liu, *From Canton Restaurant to Panda Express: A History of Chinese Food in the United States* (New Brunswick, NJ: Rutgers University Press, 2015), 49-70.

64) ダナ・R. ガバッチア『アメリカ食文化：味覚の境界線を越えて』（青土社、2003 年）、254-69 頁。

65) 前掲 1）- ③、738。

66) 『布哇毎日』1941 年 8 月 8 日、8 頁。

67) 『布哇報知』1941 年 9 月 27 日、3 頁。

68) 『日米新聞』1941 年 8 月 1 日、5 頁。

69) 『日米新聞』1941 年 8 月 1 日、6 頁。

70) 各商店で扱う醤油の量は、通常取引量に合わせて組合から一定量を「配給」することになったという：『日米新聞』1941 年 8 月 3 日、6 頁。

71) 『布哇毎日』1941 年 8 月 8 日、4 頁。

72) 醤油とともに、味噌・豆腐の製造は、本土では 20 世紀初頭から始まっており（ハワイの豆腐生産は遅れて 1920 年代初頭から）、ハワイと本土の豆腐店は、1920 年に 166 軒、1930 年に 293 軒、1940 年には少なくとも 392 軒あった：前掲 1）- ②、6-7. 1940 年には、「布哇でも以前は日本から大豆を取つてゐたがここ十年間は、米国はヴァジニア州産の

大豆が盛んに移入されるようになり、自然に本物の大豆は姿は見せなくなつてゐる」と
『日布時事』が報じている：『日布時事』1941年7月11日、8頁。

73）例えば、処理した原料からタンパク加水分解する場合、合成塩酸と20時間ほど加熱
する方法があり、以下の論文で紹介されている：奈良原半兵衛「人工醤油（非醸酵醤油）
に就て：醤油醸造上より観たる蛋白質」、『醸造學雜誌』、11-2（1933）、1121頁。

74）日本アミノ酸液工業会、「たん白加水分解とは」https://www.aminosaneki.gr.jp/about.
html、2020年6月5日アクセス。

75）『日布時事』1941年10月29日、4頁。「キッコ（一）マン醤油と大差無き味を有する
促成製造法」で「在来の麦、大豆、塩に依る醸造法以外に更に短期間な製造の可能が明
らかになり」製品化したという：『布哇サンデーニュース』1941年11月2日、2頁。二
瓶氏によれば、キング醤油は「小麦粉よりグルテンを抽出、塩酸分解後苛性ソーダーで
中和したアミノ酸液醤油であるが、戦時中は簡単に短時間で製造できるので大いに伸び
現在に至る」とある：二瓶、「ハワイにおける日本酒・味噌・醤油の歴史」、543頁。

76）『日布時事』1941年11月7日、6頁。

77）『羅府新報』1941年11月22日、3頁。

78）『羅府新報』1941年11月24日、6頁。

79）『羅府新報』は「米日間の航路が遮断して一挙にノシあがつた商売に醤油製造業があ
る」、と現地の醤油製造の活況を報じている：『羅府新報』1942年2月14日、3頁。

80）Monica Sone, *Nisei Daughter* (Seattle: University of Washington Press, 2000[1953]), 255.

81）Diane Yancey, *The Internment of the Japanese* (San Diego: Lucent Books, 2001), 51.

82）Louis Fiset, *Camp Harmony: Seattle's Japanese Americans and the Puyallup Assembly Center* (Urbana: University of Illinois Press, 2009), 123.

83）Harlan D. Unrau, *Evacuation and Relocation of Persons of Japanese Ancestry during World War II: A Historical Study of the Manzanar War Relocation Center* (U.S. Dept of Interior, National Park Service, 1996), 399-400。収容が始まったころは、収容者の間で食べ物に対する不満が多く、ソーセージやサヤインゲンの缶詰などアメリカの一般食が出されたようだ。そうしたなかで、自分たちで食べ物を栽培し、味覚に合った料理をしようという動きが高まったと言う：前掲81）、51-52.

84）*Manzanar Free Press*, April 22, 1942, 2.

85）加工所設置については、申請から6か月で許可が与えられ、その目的は「常食を補完するためにメスホール（食堂）で使われる」ためだったという：前掲83）270, 436.

86）Manzanar Free Press, October 10, 1942, 1。戦前、中村氏は「米国陸軍省御用達」の北米興農製材会社で技師をしており、南加醤油会社のアミノ酸入り醤油「丸中」・「菅公」の醸造を引受けていた。つまり、収容前から中村氏は米陸軍省と関係があったと推測される：『日米新聞』1942年5月16日、3頁。中村氏はその後、南加醤油会社の「丸中」・「菅公」の銘柄を引き継ぐかたちで、カリフォルニア州バイセリア市で自ら醤油醸造会社の経営を行ったが、1942年6月、収容・立退きに際して在庫処分の広告を出している：『ロッキー新報』1942年6月26日、3頁。

87）*Manzanar Free Press*, November 7, 1942, 1.

88）*Manzanar Free Press* によれば、「戦前は、醤油の大半が日本で作られていた。我が国と日本の貿易が停止すると、（米国）現地の醤油専門家が初めて醤油生産を実験し始めた。収容が始まった当時、多くの日本人の会社が相当量の醤油を供給しており、その後、収容所での利用のために（米国）政府に売られた」；マンザナーは「醤油製造する最初の転住センター」で「生産が同収容所での需要を超えたら、他の収容所にも送られる」予定だったという：*Manzanar Free Press*, November 21, 1942, 1.

89）*Manzanar Free Press*, October 16, 1943, 3.

90）*Manzanar Free Press*, September 10, 1943, 11. 中村氏はこの後、ユタ州ソルトレーク市へ転住し、「ユタ食料及化学製造会社」の担当技師として、アミノ酸の調味料・醤油を含む食料品・化学製品を製造発売した：『ユタ日報』1944 年 4 月 12 日、4 頁。

91）只野家の歴史は、Soy Food Center の Shurtleff 氏が 2002 年に只野氏の息子（タダシ）の妻ミチコ氏と息子（ジョン）の妻メアリー氏へ行ったインタビューによる：前掲 1)-②、291-92。1941 年 9 月、アリゾナ州の只野猛が醤油製造工場を完成させた記事がある：『羅府新報』1941 年 9 月 20 日、5 頁。1943 年には、丸昭醤油がデンバーで広告を出している：『ロッキー日本』1943 年 3 月 19 日、3 頁。

92）*Minidoka Irrigator*, June 26, 1943, 7; *Heart Mountain Sentinel*, June 24, 1944, 6.

93）インディアナ州コロンビア市のオリエンタル醤油も、デンバー・ミニドカ・ハートマウンテン・マンザナーの新聞に広告を出している。『ロッキー日本』1943 年 3 月 24 日、3 頁：*Minidoka Irrigator*, September 25, 1943, 5; *Heart Mountain Sentinel*, June 24, 1944, Japanese section, 6; *Manzanar Free Press*, April 21, 1945, 3. ユタ州にも収容時、いくつかの醤油会社が存在した。戦前ロサンゼルスで営業していたソーヤビーンプロダクト会社（Soy Bean Products Co.）（銘柄「花紫」）は、ユタ州ガーランド市に移動し花紫醤油株式会社として製造を続けた：『羅府新報』1942 年 1 月 8 日、Edition 02、2 頁；『ユタ日報』1944 年 3 月 29 日、4 頁。ソルトレーク市には、1944 年にユタ醤油醸造会社（銘柄「ユタ」印）が設立された：『ユタ日報』1944 年 5 月 10 日、2 頁。

94）戦時中のデンバー日系社会については、以下の記事を参照：Daryl J. Maeda, "Enduring Communities: Japanese Americans in Colorado," *Discover Nikkei*, 30 Jan 2008, http://www.discovernikkei.org/en/journal/2008/1/30/enduring-communities/、2020 年 8 月 13 日参照。同市には、伝馬醤油会社（「カーネーション印」）、フード・エッセンス製造会社（「ツル印」）などがあった：『ロッキー新報』1943 年 8 月 2 日、4 頁；1943 年 10 月 13 日、4 頁。

95）戦前、羅府醤油醸造会社はロサンゼルスで「エビス」と「大黒」印の醤油を販売：『羅府新報』1941 年 9 月 24 日、2 頁；『新世界朝日新聞』1941 年 10 月 10 日、4 頁。

96）Matthew Hedgpeth, "Hop Alley Part I-The Serendipitous Evolution of 3500 Larimer," *303 Magazine*, https://303magazine.com/2016/02/hop-alley-china-town-denver/、2020 年 8 月 13 日アクセス。

97）『ロッキー新報』1943 年 4 月 12 日、3 頁。

98）『ロッキー新報』1943 年 6 月 7 日、4 頁。

99）『布哇タイムス』1945 年 9 月 22 日、6 頁。

100）『ロッキー新報』1943 年 12 月 8 日、4 頁；1944 年 3 月 31 日、2 頁。

101）John Snell, "Territorial Government at War," in *Hawaii Chronicles Three: World War Two in Hawaii, from the Pages of Paradise of the Pacific*, ed. Boy Dye (Honolulu: University of Hawaii Press, 2000), 91.

102）前掲1)‐①、543頁。

103）前掲1)‐①、543頁。丸正醤油製造所は戦前からの醸造業者である：『日布時事』1929年1月1日、37頁。戦時中、ホノルル酒造が商標使用と製造の権利を引き継ぎ、1945年10月には「ダイヤモンド醤油醸造元」としてホノルル酒造の広告が見られる：『布哇タイムス』1945年10月29日、2頁。

104）前掲1)‐②、292。

105）前掲1)‐②、103；前掲1)‐③、850.

106）前掲96)。

107）二瓶氏からShurtleff氏への手紙によれば、1988年の時点で、ダイヤモンド醤油はまだ存在していた、とある：前掲1)‐③、986.

【参考文献】

石毛直道（1985）『ロサンジェルスの日本料理店—その文化人類学的研究』ドメス出版

飯田耕二郎（2003）『ハワイ日系人の歴史地理』ナカニシヤ出版

伊藤一男（1984）『北米百年桜』(1) PMC出版

伊藤一男（1984）『北米百年桜』(4) PMC出版

越智道順（1956）『南加州日本人史』南加日系人商業会議所

ガバッチア、ダナ・R（2003年）『アメリカ食文化：味覚の境界線を越えて』青土社

小嶋茂（2012）「日本の食をアメリカに伝えた日本人移民（北米編）」キッコーマン国際食文化センター誌『Food Culture』No.6、4-11

田中則雄（1999）『醤油から世界を見る—野田を中心とした東葛飾地方の対外関係史と醤油』崙書房出版

奈良原半兵衛（1933）「人工醤油（非醗酵醤油）に就て：醤油醸造上より観たる蛋白質」『醸造學雑誌』11-2、1115-25

日布時事社（1921）『布哇同胞発展回顧誌』日布時事社

日米新聞社（1909）『日米年鑑』第二付録『在米日本人住所姓名録』日米新聞社

日米新聞社（1914）『日米年鑑』第10号、日米新聞社

二瓶孝夫（1978）「ハワイにおける日本酒・味噌・醤油の歴史」『日本醸造協会雑誌』73巻7号、542-549

日本アミノ酸液工業会、「たん白加水分解とは」https://www.aminosaneki.gr.jp/about.html、2020年6月5日閲覧

日本醸造工業株式会社ホームページ、http://www.nihonjouzou.co.jp/marujyo/index.html、2020年8月13日閲覧

ハワイ日本人移民史刊行委員会（1964）『ハワイ日本人移民史』布哇日系人連合協会

深井生（1938）「米國生れの醤油の話」『日本醸造協會雑誌』33-7、834-36

藤井秀五郎（1937）『大日本海外移住民史・第1編』中巻、海外調査会

松本延昌（1976）『醤油物語』キッコーマン株式会社
森田栄（1915）『布哇日本人発展史』真栄館
鷲津尺魔（1930）『在米日本人史観』附録『在米在市日本人歴史の源』羅府新報社

Boddy, Elias Manchester. (1921). *Japanese in America*. E. M. Body.
Day, Takako. (2017, February). "The Chicago shoyu story–Shinsaku Nagano and the Japanese entrepreneurs," Part I-III, *Discover Nikkei*. Retrieved August 13, 2020, http://www.discovernikkei.org/ja/journal/2020/2/17/chicago-shoyu-1/
Fiset, Louis (2009). *Camp Harmony: Seattle's Japanese Americans and the Puyallup Assembly Center*. Urbana: University of Illinois Press.
Fruin, W. Mark. (1983). *Kikkoman: Company, Clan, and Community*. Cambridge: Harvard University Press.
Hedgpeth, Matthew. (December 2016). "Hop Alley Part I-The Serendipitous Evolution of 3500 Larimer." *303 Magazine*. Retrived August 13, 2020, from https://303magazine.com/2016/02/hop-alley-china-town-denver/.
Hosokawa, Bill. (2005). *Colorado's Japanese Americans*. Boulder: University Press of Colorado.
Iwata, Masakazu. (1992). *Planted in Good Soil: A History of the Issei in United States Agriculture*. New York: Peter Lang.
Liu, Haiming. (2015). *From Canton Restaurant to Panda Express: A History of Chinese Food in the United States*. New Brunswick, NJ: Rutgers University Press.
Maeda, Daryl J. (January 2008), "Enduring Communities: Japanese Americans in Colorado." *Discover Nikkei*. Retrieved August 13, 2020 from http://www.discovernikkei.org/en/journal/2008/1/30/enduring-communities
Merry White. (2005). "Japanese American Food." In Andrew F. Smith (Ed.), *The Oxford Encyclopedia of Food and Drink in America* (361-368). New York: Oxford University Press.
MSU Campus Archaeology Program. "Oriental Show-You Bottle: Soy Sauce from the Brody/Emmons Dump." (October 2017), Retrieved August 13, 2020 from http://campusarch.msu.edu/?p=5523.
Oriental Show-You Company. (1922). *Oriental "Show-You" Recipes*. Columbia City, Indiana: Oriental Show-You Company.
"Shinzo Ohki: Whitley County resident shares her discovery of a local legend." Retrieved August 13, 2020, from http://talkofthetownwc.com/blog/2009/10/shinzo_ohki_whitley_county_res.html
Shurtleff, William, & Aoyagi, Akiko. (2011). *How Japanese and Japanese-Americans Brought Soyfoods to the United States and the Hawaiian Islands–A History (1851-2011)*. Lafayette: Soyinfo Center.
Shurtleff, William, & Aoyagi, Akiko. (2012). *History of Soy Sauce (160 CE To 2012)*. Lafayette: Soyinfo Center.

Snell, John. (2000). "Territorial Government at War," In Boy Dye (Ed.), *Hawaii Chronicles Three: World War Two in Hawaii, from the Pages of Paradise of the Pacific*. Honolulu: University of Hawaii Press.

Sone, Monica. (2000[1953]). *Nisei Daughter*. Seattle: University of Washington Press.

Unrau, Harlan D. (1996). *Evacuation and Relocation of Persons of Japanese Ancestry during World War II: A Historical Study of the Manzanar War Relocation Center*. U.S. Dept of Interior, National Park Service.

Whitley County Historical Society. (1995). *Whitley County and its Families, 1835-1995*. Paducah, Ky.: Turner Publishing.

Yancey, Diane. (2001). *The Internment of the Japanese*. San Diego: Lucent Books.

シカゴ醤油王物語

―コスモポリタン・永野新作の挑戦―

デイ 多佳子

1　はじめに

　人は、成長とともに自分の身体に刻み込む五感―味覚・聴覚・視覚・嗅覚・触覚―の記憶からは逃れられない。異文化社会で生活する移民の身体には、五感の記憶が不意に、そして鮮やかに脈打つことがある。そうした移民の心に予期せずに蘇る記憶は、しばしば「望郷の念」と呼ばれ、ナショナリスティック、あるいはセンチメンタルな心情として理解されがちである。

　しかし、移民にとって五感の記憶は、「自然」なる所与の身体の一部にすぎない。異郷でふと蘇るその記憶は、彼らに心のやすらぎを与え、生き抜く活力になることもある。そのような五感の一つ、味覚を満足させてくれる日本の代表的な調味料に醤油がある。本稿では、戦前のシカゴで醤油製造・販売を行い、「醤油王」と称されるまでに成功した実業家・永野新作について紹介したい。

　シカゴでは、1870 年ごろに中国人が定住し、中国醤油が扱われていた可能性は高い。一方、日本の醤油がアメリカ中西部で広く紹介されたのは、1893 年にシカゴで開かれたコロンビア博覧会が最初と思われる。農業館の展示には、日本各地の醤油醸造業者 24 名が出品した。千葉県からの出品者が一番多く 11 人、大阪府から 4 人、東京府ならびに群馬・兵庫・熊本県から各 2 人、茨城県 1 人が続いた。博覧会の公式カタログには、千葉県野田のよく知られた醸造家である Fusagoro Mogi、Shichirozaemon Mogi や Heizaemon Takanashi 並びに銚子でヒゲタ醤油を創業した Tsuneemon Tanaka と Gemba Tanaka の名前がみられた。

　シカゴで日本の醤油輸入販売を始めたのは、1904年にジャパン・ショーユ社（Japan Shoyu Company）を設立した森広である。札幌農学校を卒業した森は、1901年に農商務省による最初の海外実業練習生としてシカゴに派遣された。しかし、任期中に自ら貿易会社を設立した彼は、1904年のセントルイス博覧会に向けて輸入貿易業に携わった。この会社は、博覧会会場に設けられた日本レストランで醤油を宣伝し、その注文を受けるために設立された。　しかし、1906年以降の同社に関する記録はない。おそらく会社は解散し、森もシカゴを離れたと思われる。

　このころ、後述する永野新作が静岡県からシカゴにやってきた。当初、醤油業者としてではなく、静岡市茶業組合の研修生として渡米した彼は、茶商として成功することを夢見ていた。そこでまず、シカゴにおける日本茶販売の歴史をふりかえってみたい。

2　シカゴにおける日本茶市場の開拓

　日本の製茶貿易史をみると、1870年代初頭から居留地の外国商館、つまり外商を通さない日本人商人による直接的なアメリカへの輸出が始まった。サンフランシスコに荷揚げされた茶は、そこからアメリカ各地に運ばれ、まもなくシカゴはアメリカ第二の流通拠点となった。1884年には日本雑貨店のNEEBANがシカゴに開店し、着物姿の日本人職人が竹細工や刺繍の実演を行い、客には"He No Cha"と称された日本茶がふるまわれた。このようにシカゴでは、醤油に先立ち、日本茶が輸入販売されていた。

　その10年後の1893年に開催されたコロンビア博覧会でも、多くの日本茶が出品され、茶業者の173名は醤油業者の24名を大きく超えた。醤油業者同様に、茶業者は日本各地から参加したが、なかでも静岡県の茶業者は75名と半分近くを占めた。博覧会会場には、日本館「鳳凰殿」以外に日本家屋の喫茶店が建てられ、そこで茶の紹介および販売が行われた。

　そこで働いた日本人の一人に、水谷友亘がいた。1872年に千葉県に生まれた水谷は、東京高等中学校を卒業後、博覧会見物にシカゴを来訪し、喫茶店で茶の販売を手伝った。帰国した水谷は、1897年に日本中央茶業組合の依頼を受けて再渡米し、日本茶の販売促進のために組合の出張事務所をシカゴに開設した。1899年春には、シカゴ市内の遊園地（Sans Souci Amusement Park）に喫茶店を開いた彼は、煎餅と日本茶を提供し、日本茶を宣伝した。同年9月、この喫茶店を訪れた日本中央茶業組合の大谷嘉平衛は、「数千里外にあって、日本風家屋に座し、日本食を

味わう、また一興」と、感銘を受けたことを書き残している。

　当時、日本茶はアメリカ市場で中国のシナ茶やスリランカのセイロン茶との競争にさらされていた。そうしたなか、1901 年に水谷は、スウェーデン人の N. Gottlieb とともにゴットリーブ・ミズタニ社 (Gottlieb, Mizutany and Co) を設立し、横浜製茶会社、神戸製茶輸出会社や静岡東洋製茶会社の製茶輸入・委託販売を始めた。1906 年に一時帰国した水谷が静岡にゴットリーブ・ミズタニ社の支店を開設すると、後にシカゴで醤油製造業者となる永野は、静岡市茶業組合実業実習生としてシカゴに送られた。研修生としてゴットリーブ・ミズタニ社で働いた永野は、研修後に小さな商店を借り受け、自ら日本茶販売に乗りだした。

　しかし、この事業は長くは続かなかった。1910 年、外国茶やコーヒーといった大きな競争相手を前に、日本茶の将来に不安を感じた永野は醤油の販売に乗り出した。この頃までにアメリカでは、炒めた肉・野菜を米飯にかけて食べるアメリカ式中国料理のチャプスイ (chop suey) などを通じて、醤油はアメリカの人々に親しまれていた。憶測の域を出ないが、チャプスイがアメリカ人に抵抗なく受け入れられているのを見た永野は、おそらくアメリカに日本醤油の新しい市場としての可能性を見出し、販売に乗り出したと考えられる。

3　シカゴにおける醤油製造

　この頃、シカゴの日本人のあいだで、興味深い噂が流れていた。1907 年から 8 年間、シカゴに滞在した日本のプロレタリア作家・前田河広一郎は、小説『大暴風雨時代』で、シカゴで出まわっていた「醤油」と称される混合物について、以下のように記している。

　　木村という男を知ってるかい、下町に事務所をもって食料品の商売をやっている人間さ……このアメリカへはかなり日本製の醤油が入り込んでいる、だが、ここに豆類を使わんでも軽便に醤油を造る方法があるんだ、とかいう話さ……ハワイあたりで日本人がやるそうだが小魚の干物と食塩で、醤油そっくりの色なり苦みなりができるんだそうだ。すこし香の点は怪しいもんだが、それとてももっと試験してみたら、大丈夫素人にはわからぬくらいまでにはこぎつけられそうだということさ……なに本物の醤油を混ぜて売ればいいんだ。

　1980 年代に戦前のシカゴを知る日本人一世を取材したノンフィクション作家・

伊藤一男も、シカゴで63年を過ごした日本人共済会幹事・河野増登から自家製の「シカゴ醤油」と日本からの輸入醤油との混合醤油の話を聞き出している。

　前述のように永野新作は、当初、醤油の輸入販売から事業を始めた。1911年、永野はフジトレーディング社 (The Fuji Trading Co) を設立し、チャプスイ用の醤油として「フジ醤油」(Fuji's Shoyu) の販売を開始した。1912年に作製された同社のレシピには、「レストランで食べるチャプスイを、自分の家で安く作って食べましょう」との呼びかけがある。アメリカの人々に、日本の醤油を手軽に楽しんでもらおうとした様子が伝わってくる。

　一つ注目したいのは、永野の経営した会社名のフジトレーディング社である。以前に彼が研修生として勤めたゴットリーブ・ミズタニ社は、1908年に静岡県の製茶会社・富士商会と取引を始めた。当時、永野はまだ茶商だったが、醤油の輸入販売を始めてからも、故郷の富士商会と何らかのつながりを持ち続けた可能性は充分にある。そうした経緯から、彼は「フジ」を社名と醤油の銘柄に用いたとも考えられる。

　1915年10月、永野のもとに郷里の静岡県から妻となる宮城嶋かく子がやってきた。彼女には、父親と弟・ますが同行していた。結婚した二人は、シカゴでともに醤油会社を切り盛りした。具体的には、永野が店頭で事務・販売・配達を取り仕切り、かく子は地下に設けた作業場で醤油製造に従事した。

　永野の醤油製造・販売事業は第一次大戦中、とりわけ1917年4月にアメリカが参戦すると、着実に成長し始めた。1918年6月には、船舶確保のために日本から米や醤油などの食料品が一時的に輸入禁止となり、価格が暴騰したことも手伝ったのだろう。かく子と一緒に渡米した弟・ますは、1918年末までシカゴに滞在し、永野の仕事を手伝っていたようだ。1919年には、永野は116 East Kinzie通りにある3階建ての工場を買収して移転した。1922年には、彼は近隣の、さらに大きな工場を買収した。このころまでには、永野の弟・伏見じんしちと、ますの弟・二郎が加わり、醤油の販売を手伝っていた。「フジ」(Fuji) という醤油の銘柄は、1919年1月に商標登録された。二郎がシカゴを離れると、1922年に宮城嶋家三男の三郎がシカゴにやってきた。彼はゼネラルマネージャーとなり、永野の事業発展に貢献した。1925年には永野の甥にあたる伏見よしおも渡米し、工場の仕事を手伝った。

4　フジトレーディング社の発展

　その後も永野のフジトレーディング社は順調に発展し、日本食品の輸入業者とし
て醤油以外にも糖蜜や干し椎茸などを扱った。さらに、永野は缶詰製造業にも進出
した。1925年、工場を市内の311-317 West Austin通りに移転させた彼は、
日本や中国から材料を輸入し、アメリカ人向けに中華麺、もやし、たけのこやチャ
プスイ・ミックス・ベジタブル (Chop Suey Mix Vegetables) など、さまざまな野
菜缶詰を製造・販売した。1930年、永野は50万ドルの巨費を投じて新たに441
West Huron通りに広大な土地を購入し、三階建てのビルを新築した。1936年、
この工場を訪問した小泉信三 (当時、慶応義塾大学学長) は、「シナ料理ちゃぷすいが
アメリカ人の志向にかなっている限り、商品の需要は安全だろう」と、希望的な感
想を述べている。

写真1　富士トレーディング社の醤油・缶詰製品 (1927)
[出典] ジョン・ミヤ氏提供

　1921年、会社の従業員は家族の3人だけだったが、1924年には15人、1928年には45人と、その数は増えていった。興味深いのは、日本人従業員は常に家族3人だけで、残りはすべてアメリカ人だったことである。1939年12月末では、アメリカ人53人が工場で雇用されていた。従業員のエスニシティの点では、フジトレーディング社は日本の会社というよりもはやアメリカの会社であった。

　1941年12月に太平洋戦争がはじまると、永野は大きな決断を迫られた。開戦後まもなく、アメリカに残された日本人を帰国させる交換船事業が始まり、1943年9月にニューヨークから出航する第二回交換船・Gripsholmの日本人乗船者リストには、永野新作と宮城島三郎の名前があがっていた。しかし、永野たちは交換船で日本に帰らなかった。彼らは戦後もシカゴに留まり、会社の経営を続けたのである。永野がシカゴの自宅で突然息をひきとったのは、1951年9月15日のことだった。

　従来の日本人移民史の語りのなかでは、戦前のアメリカ西海岸の日本人・日系人は、人種差別により白人経営の会社で採用されず、日本街で生計を立てねばならなかったと描かれてきた。しかし、シカゴにおける永野の事業にみられたように、中西部では、会社を経営して工場を建て、多くのアメリカ人を雇用した日本人も存在した。当初から顧客を日本人移民に限定せず、さまざまな民族的背景を持つアメリカ人をターゲットに醤油を製造・販売するというコスモポリタンな先見性が、永野の事業を成功に導いたのである。

【参考文献】

伊藤一男（1986）『シカゴ日系百年史』PMC出版

岩谷禎次（1916）『腕一本から：成功活歴』東亜堂書房

大谷嘉平衛（1908）『欧米漫遊日誌』大谷嘉平衛

外務省通商局（2006, 2007）『海外日本実業者の調査　復刻版』不二出版

加藤徳三郎（1935）『日本茶貿易概観』茶業組合中央会議所

小泉信三（1938）『アメリカ紀行』岩波書店

藤賀與一（1927）『日米関係在米国日本人発展史要』米国聖書協会日本人部

前田河広一郎（1924）『大暴風雨時代』新詩壇社

Moses P Handy. *The Official Directory of the World's Columbian Exposition May 1 to October 30, 1893*. W.B.Gonkey Company. 1893.

Huping Ling. *Chinese Chicago*. Stanford University Press. 2012.

William H Ukers. *All About Tea*. The Tea and Coffee Trade Journal Company. 1935.

第2章

胃袋の定住

―日本人移民とカリフォルニア米―

徳永　悠

1　はじめに

　アメリカ合衆国（以下、アメリカ）はコメの主要生産国の一つである。2019年のアメリカにおけるコメの生産量は 837 万トンで、日本の生産量（776 万トン）よりも多い。カリフォルニア州の生産量は、アーカンソー州に次いで国内 2 位（全体の 2 割）である。カリフォルニア州産のコメの特徴は、他州でおもに生産されるインディカ系の長粒種と異なり、その 9 割が日本由来のコメから開発されたジャポニカ系の中粒種ということである[1]。同州の日系食料品店に足を運ぶと "NISHIKI" や "BOTAN" といった銘柄のカリフォルニア米が販売されており、家庭であれ飲食店であれ、住民の食生活にしっかりと根付いている。

　カリフォルニア米の歴史は 20 世紀初頭にさかのぼり、アメリカに定住していく日本人移民の経験とも深く関わってきた。在米日本人移民がカリフォルニア米をおもに食べ始める契機は、第一次世界大戦中の日本政府による日本米輸出禁止措置であった。この禁止措置は、それまで日本の内地産のコメ

に物質的にも精神的にも依存してきた日本人移民社会において、日本米のな
いアメリカ生活をめぐる激しい議論をまきおこした[2]。日本人移民が異国の
地で日常的に食べていたジャポニカ米は、彼らがアメリカに定住していった
歴史的過程を理解するうえで重要な要素である。

　先行研究は、カリフォルニア州の稲作黎明期に日本人移民が重要な役割を
果たしたことについて明らかにしてきた[3]。しかし、これらの先行研究は、
日本人移民がどのようにジャポニカ米を栽培したかについて分析する一方、
彼らがいかにジャポニカ米を消費したかについては十分に論じてこなかっ
た。そこで本章は、コメを「作る」ことではなく、主食としてコメを「食べ
る」ことの歴史に光を当て、日本政府による1918年の輸出禁止措置がカリ
フォルニア州の日本人移民社会に与えた影響について検討する。

　本章は第一に、カリフォルニア州の稲作黎明期に刊行された日本人移民に
よる農業雑誌『北米農報』を取り上げ、当時の移民社会において稲作に対し
てどのような期待や懸念があったかについて明らかにする。第二に、日本政
府による1918年の日本米輸出禁止措置が同州の日本人移民社会に与えた動
揺と、それを契機に展開されたアメリカ永住をめぐる議論について論じる。
第三に、日本人移民の輸出解禁に向けた運動について把握したうえで、カリ
フォルニア米が日本人移民の主食になったと同時に、日本にも大量に輸出さ
れた過程について説明する。これらの作業を通して、本章は、日本人移民の
主食であったコメの生産地が日本からカリフォルニア州に切り替わったこと
の意味を考える。日常的に体内に取り込んで味わって消化吸収する作物と、
定住地の土と水で育った作物が一致するという意味において、コメの生産地
の移動は「胃袋の定住」と呼び得る変化であり、日本人移民の定住過程におい
て重要な転換期であった。おもな史料としては、アメリカで発行された日本
語新聞や雑誌、日本で発行された新聞や調査報告、外交史料を利用する[4]。

2　カリフォルニア州における稲作

　アメリカにおける稲作の歴史はイギリス植民地時代にさかのぼる。最初に
稲作の始まった地域はアメリカ東海岸サウスカロライナ州で、アフリカ東海

岸のマダガスカルから取り寄せた品種の栽培が 1685 年頃に始まった。今日まで、収穫したコメの輸出に重点を置いている点がアメリカにおける稲作の特徴の一つである。アメリカから輸出されるコメの量は 18 世紀最初の 10 年間、平均で年間約 300 万ポンドであったが、1835 年には 1 億 2,800 万ポンドに大きく増加した。南北戦争を経て 19 世紀後半には東海岸でコメの生産が減少する一方、新しい農業機械の導入によって南部ルイジアナ州やテキサス州、アーカンソー州で稲作が盛んになった [5]。

　アメリカで一般的に栽培されていたのは長粒種であったが、20 世紀初頭にはジャポニカ系の短粒種の栽培も本格的に始まった。精米機にかけても米粒が砕けたり、ひびが入ったりしにくい品種を探し求めていた農学者シーマン・A・ナップ（Seaman A. Knapp）は、1899 年に農務省の許可を得て日本に向い、1902 年に「神力」と「渡船」という 2 品種（2 トン分）をアメリカに輸入した。アメリカ人稲作関係者の間では、これら 2 品種は一般的に「キュウシュウ・ライス」、もしくは日本人を蔑視する当時の表現をともなった「ジャップ・ライス」と呼ばれるようになった。帰国後、ルイジアナ州で「キュウシュウ」の栽培に成功して評判を呼んだ彼は、1903 年にはテキサス州の農家に稲作の指導を始めた [6]。

　テキサス州ではアメリカ人農家だけでなく、日本人も稲作に挑戦していた。1903 年には日本人 2 人が稲作に取り組んで失敗したものの、その翌年には西原清東と大西理平、西村庄太郎がヒューストン市近郊のウェブスター地域でそれぞれ 300 エーカーの土地を購入し、コメの栽培に成功した。同州で日本人が耕作する農地は 1909 年には 1 万 2,187 エーカーにまで広がり、その約 8 割が稲作のための土地であった [7]。しかし、日本人農家による稲作は 1908 年が最盛期であり、その後は次第に縮小していった。大規模な土地で耕作するための資金が不足したり、ハリケーンなどの自然災害の被害にあったりしたことが原因であった。また、1908 年頃には 1 俵 6 ドル程度であった米価も、供給超過で 1911 年には 1 俵 2 ドル 50 セントほどに下落し、稲作で十分な利益を上げることが難しい状況に陥っていた。日本人農家も日本に帰国したり、カリフォルニア州に転住したりして減少し、1920 年頃には数軒しか残らなかった [8]。

　カリフォルニア州では、アジア人移民が増えた19世紀後半から稲作に対する関心が高まり、1906年からはウィリアム・W・マーキー（William W. Mackie）という人物がサンホアキン・バレーでハワイから取り寄せたジャポニカ米の品種や、ルイジアナ州で手に入れた「キュウシュウ」の栽培実験を行っていた。その後、カリフォルニア州北部ビュート郡ビッグス（Biggs）で土地会社バルフォア・ガスリー（Balfour-Guthrie）の支配人を務めていたウィリアム・グラント（William Grant）がマーキーの事業を引き継ぎ、アメリカ農務省の支援を受けながらジャポニカ米の栽培に取り掛かった。グラントは日本人やインド人、またカリフォルニア大学で農業を学んだアメリカ人を雇って水稲の栽培に取り組んだものの、収穫には至らなかった。そこでグラントは1909年、すでにテキサス州やルイジアナ州などで稲作の状況を視察してきた日本人農業技術者の安岡徳禰に栽培を任せた。安岡は日本人の協力者とともに灌漑設備を整えて、約200種のコメを試験的に栽培した。苗代を作らないで種をまき散らして植えるなど日本の稲作とは異なる方法が採用されたものの、約60種のコメが成熟し、同州で初めて水稲の栽培が成功した。ジャポニカ米としては1917年までは「渡船」が主流になるが、安岡の取り組みでは、「神力」もカリフォルニア州の土地と相性が良いことがわかった。安岡による水稲栽培の成功を受けて水田は拡大し、1912年からは商業的な稲作が本格化していった。長粒種や中粒種の稲作が盛んな南部諸州と異なり、同州は短粒種のジャポニカ米に特化した産地として確固たる立場を築いたのである[9]。

　カリフォルニア州の排日運動を背景として1907年から1908年にかけて合意に至った日米紳士協定によって、日本人移民のアメリカ入国には制限がかかっていた。しかし、同州には1910年までに日系人4万1,356人（本土在住日系人全体の約6割）が住み、アメリカ本土最大の日系人集住地となっていた[10]。同州在住の日本人移民は、安岡がコメの栽培に成功したことについて早い段階から把握していた。1909年に同州で発刊された農業雑誌『北米農報』の1910年10月号では、ユバ郡メリスビル（Marysville）在住日本人移民の田中賢治が、同州で稲作が始まった過程と日本人移民の貢献について詳しく説明している。田中は「我が農科大学実科の卒業生たる安岡氏」が「全く失敗

と悲観断念した印度人の跡を引受けて、立派な成跡を挙げることが出来た」
と記している（原文は旧字体で書かれているが、引用にあたっては新字体に改め
た。以下の引用も同様である）。さらに彼は、「兎に角加州の米作が日本人の手
によつて、日本の種類によつて〔1909年に〕最初の成功を見るを得たるは、
大に祝すべきことと云はねばならぬ」と栽培の成功を祝福した。同時に「馬
鹿の様な印度人に米作に関する智識などのあらふ筈なく、種子を播いたが何
方にも手入の方法も知ら」なかったため、グラントは「日本人に頼み込んで
来た」と書いているように、稲作の成功は、インド人よりも日本人が優れて
いるという人種主義的な優越感にも結び付けられていた。そして、「昨年来
の経験により、加州に於ては其耕種の方法だに宜しきを得れば、米作の頗る
有望である事を確く信ずる」と田中は期待を膨らませていた[11]。同号には、
ビッグスの稲作地を撮影した写真も掲載していた（図1）。

　安岡が水稲栽培に成功したことは、他のアメリカ人地主や日本人移民が稲
作を開始する契機にもなっていた。田中は「年々失敗に終つてあつた米作が、
日本人の手によつて成功したので、俄然此地方の米作熱は一時に勃興して来
た」と期待を込め、安岡とともに稲作に取り組む計画を立てていた。グラン
トは1910年も数百エーカーの土地でコメを栽培するため、収穫の7割を地
主に、3割を耕作者に分配する契約書を田中らに示してきた。しかし、田中
らは「こんな割の悪い契約を以て先例とするは後々の為めでない」という考
えから、この契約を受け入れなかった。そのような状況で、田中らはビュー
ト郡チーコ（Chico）で別の地
主から、よりよい条件でコメ
の栽培契約を持ち掛けられ
た。チーコの土地は「グラン
ト氏農園の比でなく、甚だ米
に適当した土地」であったた
め、田中は安岡とともに1911
年から「此方に愈々営利的耕
作を初むることにした」と報
告している[12]。

**図1　1910年当時のカリフォルニア州
ビュート郡ビッグスの稲作地**
［出典］『北米農報』1910年10月号

　こうした海外産のジャポニカ米の増産に期待を寄せる学者の論考も、『北
米農報』に掲載された。1911年2月号には京都帝国大学教授の戸田海市が
寄稿し、ヨーロッパ諸国の発展の背景には食物の充分な供給があったという
考えをもとに、日本の発展には主食であるコメの供給が重要であり、そのた
めには日本列島と朝鮮半島におけるコメの生産増大を促す必要があると論じ
た。コメはアジア各地で生産されていたが、戸田は「この朝鮮米を除くの外
其他は南京米と称ふるものであつて、日本人に適せぬ劣等品」であり、「今
日迄には朝鮮、北米テキサス州以外に日本米と同様なものが出来ぬ」とし、
テキサス州産のジャポニカ米の生産量が増加すれば、「巴奈馬を通過して廉
価に輸入し得る様になれば宜しく之を歓迎すべきであつて、決して保護税を
かけて排斥すべきものでない」と主張していた。カリフォルニア州産のコメ
については言及しなかったものの、彼は「若し日本人の嗜好に適した米を外
国から輸入し得ればドシ〔ドシ〕之を輸入してよろしい」と海外産ジャポニ
カ米の増産に期待を込めていた[13]。

　一方、日本人移民社会には、カリフォルニア州における稲作の将来につい
て悲観的な意見もあった。1910年頃、同州で暮らす日本人移民は日本やテ
キサス州で栽培されたコメを食べていたが、こうした米食が多数派のアメリ
カ人の食生活に定着するかは明らかではなかった[14]。『北米農報』の1911年
1月号では、テキサス州の稲作を視察した農商務省農事試験場技師の安藤廣
太郎が、米価の下落を背景として「あれ丈け評判であつたテキサスの米作熱
も、今や全く火が消えた様になつて、漸々に米田が密柑畑と変りつゝあると
云ふわけ、日本人経営の米田も此処二三年内には大半密柑畑となつて了ふた
らう」と報告している。そのうえで、彼は「加州でも米作を初めて居る所が
あると云ふことですが、これも当分この地方で珍らしがる位の産額の間は、
見込がありませうが、沢山の耕作となつて来ると、テキサスの二の舞ひをせ
ぬとも限らぬ」と危惧した。「元来米国の常食は小麦でありますから、米が
小麦の地位を幾部分なり侵蝕して行くでなければ、需用が著しく増加すると
云ふ〔こと〕は無からう」と考えていた安藤は、「米国が米食国となる時代な
どは、恐らくはなからうと思はれます」と述べて、カリフォルニア州の稲作
の発展には限界があるという見解を示した[15]。

　カリフォルニア州で稲作に挑戦する移民の意気込みだけでなく、『北米農報』はカリフォルニア米の外国産ジャポニカ米としての可能性や限界についての専門家の意見も当時の日本人移民社会に伝えていた。また、テキサス州におけるジャポニカ米の栽培に関する報告も掲載されていた。このように、農業に従事する日本人移民にとってアメリカにおけるジャポニカ米の栽培は注目に値する出来事であった。第一次世界大戦中、カリフォルニア州での稲作は日本人移民社会でさらに重要な役割を担うことになる。

3　第一次世界大戦と日本米の輸出禁止措置

　安藤が指摘したように、20世紀初頭のアメリカでコメが主食になると考えた日本人は少なかったであろうが、アメリカで暮らす日本人移民にとってそれは主食であった。しかし、カリフォルニア州でジャポニカ米の生産が始まった1909年以降でさえ、日本人移民は日本で生産され、日本から輸入したコメをおもに消費していた。彼らは同州内で暮らしながらも、彼らの舌と胃は日本の土地で育ったコメを求め続けていたのである。

　こうした日本人移民社会の状況は、第一次世界大戦終盤の1918年、日本国内で米価が急激に上がった影響で一変することになる。戦争が引き起こした世界的な食料需要の拡大によって、日本の内地では深刻なコメ不足に陥った。1914年度と1917年度を比べると、海外産米の内地への輸移入量は約4割減少した一方で、日本米の内地外への輸移出量は約3倍に急増した。さらに、内地の経済発展にともなって日本国内のコメの消費は拡大傾向にあった。コメ不足に商機を見出したコメ商人たちが市場に流通するコメの量を抑えて米価を吊り上げたことも影響し、コメの相場は混乱した。こうした1918年の米価の急激な上昇によって、日本各地では多くの人々が困窮し、彼らの怒りはコメ商人や富裕層への暴力をともなう抗議、いわゆる米騒動に発展した[16]。1918年の米騒動は今日では広く知られた歴史的な出来事であるが、日本政府が急激な米価の上昇への対処として採用したコメの輸出入に関する政策が、太平洋の対岸に暮らしていた日本人移民に与えた影響は今日ほとんど知られていない。

　1918年2月、日本政府は米価の上昇を抑え、内地の食糧不足を改善するために、日本米の輸出を禁止することを決定した。当初、日本政府は日本米を好んで消費していた海外在住の日本人移民への配慮から、アメリカなど一部の海外諸国を輸出禁止措置の対象国から除外した[17]。その後、日本政府は日本米を引き続きハワイとカナダに輸出するとした一方、「加州ノ如キハ年産額三十万石〔のコメ〕ヲ産シ他州へ移出ヲ為シツツ」あるほどコメがあるため、アメリカ本土には「内地米ヲ輸出スルノ必要ナシ」という方針を固めて、同年4月にそれを発表した[18]。皮肉にも、9年前に安岡らがカリフォルニア米の栽培に成功したことが、カリフォルニア州在住の日本人移民がその後も好んで消費していた日本米を受け取れなくなる要因となったのであった。

　日本政府による日本米輸出禁止措置は、日本人移民にとって容易に受け入れられることではなかった。当時、アメリカ本土で最大の日本人移民社会を形成していたロサンゼルスでは、主要日本語新聞である『羅府新報』が輸出禁止措置に加え、アメリカ本土で生産されるジャポニカ米の不足についても報じていた。輸出禁止措置を受けてアメリカ本土在住の日本人移民は、アメリカ政府担当者に対してカリフォルニア州とテキサス州で生産されたコメを供給してもらえるように交渉した。しかしながら、アメリカ政府も戦時下の食料不足のなか、小麦粉の代用品として米粉を使う必要があるなどとして、日本人移民社会への供給は難しいと返答していた。このような日本人移民社会におけるコメ不足について、同紙は「内からも外からも米が貰へぬとなつては在米同胞は餓死せねばならぬ」と嘆いた。いつか日本人移民社会から日本米がなくなるかもしれないという問題について、同紙は「在米同胞の間には共通の大問題となつて」おり、「米が無くなつたら何を食はうか何うしやうか抔と盛んに取沙汰して居る今は冗戯半分だが此分では遂に瓢箪から駒が跳ね出すかも知れぬ」と強い懸念を示していた[19]。羅府日本人商業会議所書記長の土屋林平も、日本国内の米価高騰を背景に輸出解禁の見通しが立たないだけに、「在米同胞十万に対する重要食料品の一種たる米供給問題は刻下の一大問題」であるという認識を示した[20]。これらの懸念から、カリフォルニア米の生産が始まってからも長い間、日本人移民が日本米に依存する食生活を送っていたことがわかる。

　日本米輸出禁止措置は日本人移民社会を大きく動揺させた一方、日本語新聞は日本で生産されたコメに執着する日本人移民を批判する声も紹介した。当時、アメリカで在外研究中であった東京帝国大学農科大学助教授の佐藤寛次は、サンフランシスコで発行されていた『日米新聞』の取材に対し、「全体米国に居る日本人が余りに日本食に執着し過ぎてゐる」と指摘し、「何とか工夫して米国の食料品を同胞の口に合ふやう調理の方法を研究して貰ひたい」と述べた。続けて、高値で取引されているシイタケを日本人移民が求めている状況についても言及した彼は、「遠く志を抱いて米国迄来てゐる同胞が何故斯かる高価を払つて迄椎茸を喰はなければならぬか」と疑問を呈した。「在留邦人が自分等使用食料品の製法を研究し米国での自給自足を計らないのは詰り皆に永住的の志が欠けてゐるから」と、佐藤は厳しい評価を加えた [21)]。

　『羅府新報』も 1918 年 4 月の社説で、日本人移民が覚悟を決めて食習慣を根本的に見直す必要があると訴えていた。社説は「吾等が命の親とせる米は斯くして祖国よりの供給を仰ぐ事は甚だ望み少なくなり」、アメリカ産のコメも不足しているため、「吾々は習慣上命の親と離れて生活せざるべからざるに到るやも知れず」とし、そのような生活は「在留同胞に取りても大打撃」とその深刻さを認めた。しかし、食習慣は変えることができるという認識から「嗜好と習慣の奴隷となりて米食に〔執〕着して以て商人の好餌となるは愚の骨頂なり」と注意を促した。さらに、社説は「海外移住者と雖も、食物迄移住地に同化する能はざらんか」と問いかけ、「精神〔が〕漂浪不定」の状況であると、「移住者〔は〕土着的成功の如きも〔最終的には〕得能はざる事ならん」として、アメリカでの定住を確かなものにするためには、食べ物も移住先のものに「同化」していく必要があると訴えた。また、日本人移民が食習慣を変えることは「吾等の発展に資」するだけでなく、それだけ日本米の国外流出の防止にも貢献できるので、「故国の同胞を救ふ」ことにもつながるとして、この社説はコメ不足を引き起こした大戦をむしろ好機ととらえるべきであると論じていた [22)]。こうした意見において、アメリカ食文化への同化に向けた努力は、定住生活を確立して移民社会の基盤を強固にするとともに、日本で暮らす同胞を支える愛国的行為であった。つまり、日本米の確保

をあきらめるということは、日米両国でそれぞれ暮らす日本人を支えるという環太平洋的視点を含んだ移民ナショナリズムの表明でもあったといえよう。

日本米の輸出禁止措置はロサンゼルスで暮らす日本人移民社会の日常生活に直ちに影響を与え、この緊急事態への対策を講じなくてはいけない状況を生み出した。例えば、移民社会内でのコメの消費を抑えるため、「無米日（ライスレスデー）」という日を設けて「米食に対する愛着心を減し代用品に対する嗜好涵養等」を促す呼びかけが一部の移民の間で起きた。『羅府新報』は「狂的」に米価を吊り上げているとカリフォルニア州内のコメ業者を批判すると同時に、移民社会内の自助努力として「無米日」の計画を応援した [23]。コメの代用品として比較的価格が安価であったジャガイモを取り上げた『羅府新報』は、「最も簡易で安価で甘くて日本人に適切なる料理」として「日本のコロッケ」のような料理の調理方法を日本人移民の料理人に取材して紹介した [24]。

一方、『羅府新報』で宣伝されるジャポニカ米の様相も変化していった。コメを販売していた亜細亜商会は、1918 年 2 月段階では「何と言つても米は亜細亜の純良米」と日本米だけを宣伝していたが、米価高騰後の 5 月になると、そうした表現は控えて日本米と「加州米」を紹介するようになった [25]。米は日本産であるという前提が崩れるなかで、日本人移民社会におけるカリフォルニア米の重要性が高まっていった。

アメリカ西海岸で排日運動が拡大していく 1910 年代、日本米輸出禁止措置は、日本米のないアメリカ生活をどのように続けていくべきか、日本米に代わる作物は何か、といった問題について議論を生み出しながら、定住の在り方について日本人移民に問い直しを迫るものであった。

4　日本政府への働きかけ、カリフォルニア米消費への移行

一方、アメリカ西海岸各地の日本人移民社会は協力して、日本米が食べられないという危機の対応に当たっていた。1918 年 4 月上旬、ワシントン州とオレゴン州、カリフォルニア州北部、カリフォルニア州南部の 4 地域で活動する日本人会代表者が「太平洋沿岸四ケ日本人会」（以下、沿岸四日本人会）

の会合をサンフランシスコで開き、日本米の輸出禁止措置に対して協議した
うえで以下の6項を決議した。第一に、日本人移民社会の需要を満たす程度
のアメリカ産米の供給は見込めない。第二に、第一の理由から沿岸四日本人
会は日本政府に日本米の輸出を求め、第三に、在米日系人10万人が一人一
日平均5合を消費すると想定して合計18万2,500石の輸出を要求する。第
四に、同会は輸出された日本米がアメリカで日本人以外に売却されないよう
に日本政府の在米領事らと協議し、第五に、日本の外務省、農商務省、渋沢
栄一、東京商業会議所に電報と書面を通じて輸出解禁に向けて請願する。第
六に、輸出許可総額は前年度のコメ輸入業者の輸入額を参考にして決定し、
各地域に配分されるということであった。沿岸四日本人会は外務省への請願
書で「主食物たる米の供給を遮断せられ全然他に何等の救済方法なき現状」
であるとして、「米を以て主食とする慣例を改めんは事実上不可能なる」と
窮状を訴えた[26]。

　その翌月、沿岸四日本人会の構成組織であり、カリフォルニア州南部を代
表する南加中央日本人会の指導者らは、在ロサンゼルス日本領事の大山卯次
郎の協力を得て「日本米輸入審査会」を設けた。輸入審査会は日本米の輸出
解禁を期待して、日本米購入許可者の認定を行うことを目的としていた[27]。
外務省は沿岸四日本人会からの請願を受けて農商務省に働きかけ、農商務省
も「差支無」として輸出の一部解禁に向けて動き出していた[28]。しかし、同
年8月にアメリカ政府の戦時通商局が戦時中の国内食糧価格の低下を防止す
る政策として外国米の輸入禁止を決定すると、日本米の輸入も不可能とな
り、日本人移民の輸出解禁に向けた取り組みは突如として頓挫した[29]。第一
次世界大戦中、アメリカの農地は急速に拡大すると同時に、アメリカ産作物
の国内外の供給に対するアメリカ政府の権限も強化された。当時、アメリカ
は連合国に対して多くの食料を供給しており、商品作物として重要性を増す
アメリカ産米の価格を慎重に調整する必要があった[30]。日本米輸入の望みが
断たれた在米日本人の窮状は日本にも伝わり、「同情すべき」「何とも救済の
方法なし」と『朝日新聞』が短く報じた[31]。しかし、日本米の国外流出を防ぐ
状況に寄与するという意味で、アメリカ政府の方針は日本政府にとって好都
合であったといえよう。

　在ロサンゼルス日本領事館は日本人移民社会と深く関わっており、日本米をめぐる問題にも対処する姿勢をみせた。日本人移民は常に領事館の方針に従っていたわけではないものの、日本人移民社会を人種差別から守る守護者として領事館を頼りにしていた。1918年夏、大山領事はロサンゼルス市食料官のルイス・M・コール（Louis M. Cole）に、日本人移民を対象としたカリフォルニア米の供給について問い合わせた。コールが大山に対して、カリフォルニア米供給の見込みについて協力的な回答をしたことから、『羅府新報』は「在留日本人が命の親たる米」とコメの重要性を強調したうえで「兎に角米だけは食へる」と安堵する内容の記事を掲載した[32]。1910年代初めにジャポニカ米であるカリフォルニア米が栽培され始めた後でさえ、日本人移民は輸入した日本米を好んで食べていた。しかし、第一次大戦中の深刻な日本米不足は、カリフォルニア米の重要性を認めざるを得ない状況を生み出していた。

　このように日本人移民が消費するコメのおもな産地が、日本からカリフォルニア州に変化したことを明確に示す史料は、鳥取高等農業学校教授であった手島寅雄が1924年に出版した調査報告書『加州に於ける米作』である。手島は1923年、文部省在外研究員として同州内の稲作地を視察し、カリフォルニア大学の研究者や日本人コメ農家から話を聞くなど現地の稲作について調査した。手島は、稲作黎明期に安岡が重要な役割を果たしたこと、同州の稲作地が急速に拡大したこと、栽培されているおもな品種は「渡船」のような日本からもちこまれたジャポニカ米であることなどについて報告した。また彼は、一時的な価格の低下や収量の減少はあったものの、「再び栽培面積増加の傾向を示し依然米作は加州に於ける一つの重要産業たるを失はず」とカリフォルニア米の生産が確立されているという認識を示した。手島は第一次大戦中の日本政府による日本米輸出禁止措置にも言及し、「千九百十八年には日本政府に於て米の輸出を禁止したるを以て沿岸日本人の食米は全部之を加州米に依るの必要に迫られた」と説明した[33]。日本人移民がカリフォルニア米を食べる「必要に迫られた」という表現は、日本人移民の日本米に対する依存が強かったことを手島が現地調査を通して感じ取った結果ともいえよう。アメリカ政府は日本米の輸入を1919年3月に解禁したが、その頃に

は「劣等米として常食に供するを厭うた加州米が今は邦人一般の愛用品」という状況になっていた[34]。

　これまでみてきたように、日本人移民は日本で生産されたジャポニカ米に物質的にも精神的にも依存していたが、彼らが主食としたコメの産地は1918年に日本からカリフォルニア州に転換した。このとき、アメリカに住んでいるという単純な意味だけでなく、同州の土と水で育ったコメを舌で味わい、胃腸で消化吸収していくという意味でも、日本人移民は永住の意思を改めて確認することを迫られた。そして、カリフォルニア米の消費の拡大とともに、日本人移民の食生活と健康は移住先の土と水に深く根差したものに変化していった。その意味で、主食であったコメの産地の転換は「胃袋の定住」とも呼び得る変化であった。さらに、こうしたことが、同州における「スペイン風邪（インフルエンザ）」の感染拡大と同じ時期に起きていたということも付記しておきたい[35]。

　その後、カリフォルニア米はどのような発展を遂げたのであろうか。品種に関しては、早生の「渡船」を改良した短粒種カローロ（Caloro）が1921年に開発された[36]。カリフォルニア州で商業的な稲作が始まった1912年、同州の稲作地面積は約1,400エーカーで生産量（籾）は約1,400トンであったが、1922年には稲作地面積は約14万エーカーにまで広がり、生産量（籾）は約16万8千トンに達した。この生産量はルイジアナ州に次いで2番目に多く、アメリカ本土の生産量合計の2割を占めた。当時、カリフォルニア州で生産されたコメの約95%はジャポニカ米であった。一方、稲作に従事する日本人移民がそれと比例して増えたわけではなかった。日本人農家が稲作黎明期の栽培をけん引していたが、1920年に米価が暴落し、著しい減収につながった際に稲作を諦めるものが続出した。また、1919年から増え始めたインド人稲作農家が日本人農家の手放した水田を借りて耕地を広げていった。1921年には同州内の稲作地13万5千エーカーのうち、日本人経営の稲作地は1万3千エーカーにとどまっていたが、インド人経営の稲作地は4万エーカーに広がっていた[37]。さらに、日本人を含む、法的に帰化不能とされた外国人による土地の貸借を禁止した1920年のカリフォルニア外国人土地法が日本人稲作農家の減少に拍車をかけた。同州コルサ郡では稲作黎明期に日本人農

家が集まって「成金」のような利益を得るものもいたが、上記の理由から彼らのほとんどは没落した。1936 年の時点では生田見壽と山田榮、國府田敬三郎、池田喜平の 4 人が中心となって同州内の計約 9 千エーカーで稲作を続けていた。1940 年頃には、同州で稲作に従事する日本人は、國府田、池田、山田三郎のわずか 3 人であり、その合計耕作地面積も数千エーカーと小規模であった [38]。日本人稲作農家の数は減少したものの、日本が東アジアで軍事的支配を拡大した 1930 年代、在米日本人はカリフォルニア米の栽培を「劣等米」の生産ではなく、むしろ在米日本人移民の優等生を示すものとして愛国主義的な文脈で理解していた。1936 年 7 月に日本の帝国練習艦隊がサンフランシスコに来航すると、現地の日本語新聞『日米新聞』は「世界に強を誇る躍進の新日本を祝福しつゝある在米二十万の同胞は、再び此思ひ出深き珍客を迎へて喜び胸に充ち〔ている〕」と歓迎した。同紙は特集号の紙面に「同胞先覚者に依り加州米作は成功」と見出しを付けて「加州における農産史上に特筆大書すべき」と報じた [39]。

　カリフォルニア米は太平洋を越えて日本在住の消費者との結びつきも強めていった。第一次大戦後はアメリカ本土産のコメの海外輸出は本格化し、1920 年に約 17 万 8 千トンであった輸出量は 1921 年には約 27 万 2 千トンと飛躍的に増えた。カリフォルニア米もヨーロッパやラテンアメリカだけでなく、日本にも輸出されていった。日本は 1920 年にカリフォルニア米を輸入し始め、その量は 498 石（約 75 トン）であった。1921 年度には 11 万 3,625 石（約 1 万 7 千トン）と激増した。「〔インディカ系の〕外米と異り品質内地米に劣らず、価格低廉」と評価されていたカリフォルニア米の 1922 年度の輸入量は、前年度比 4 倍の 45 万 8,812 石（約 6 万 9 千トン）を記録した [40]。サンフランシスコ商業会議所の当時の調査によると、1922 年に輸出されたカリフォルニア米（約 5 万 9 千トン）の 9 割近くがおもに玄米や砕米として日本へ向かった [41]。

　第一次大戦中に急速に産業化したカリフォルニア州の稲作について、手島は前述の報告書で「加州の米作は将来一層発達す可き一つの産業と見るを至当と云ふ可し」と結論付けた。同時にカリフォルニア米が将来の日本の稲作に与えかねない脅威についても言及した彼は、「加州米は其の位置並に生産

費の関係より日本に於ける米作に大なる打撃を与ふるが如きことなく将来永く日本に於ける米価調節米の性質を維持すべし」と注意を促していた[42]。手島の懸念は、今日の日米貿易交渉においてカリフォルニア米の取り扱いが重要議題となっていることを予見したものであったといえよう。

　日本では米騒動を契機に米価騰貴対策がより重視されるとともに、コメの国内供給量が不足した際の外国産米依存が高まった。その結果、国内米価の安定に向けて政府が外米輸入税操作などを行うための米穀法が、1921年に成立する[43]。カリフォルニア米も米穀法の対象となり、「日本ノ米穀需給上関係多キ外国米」の一つに位置付けられた。日本政府が1933年10月に輸入制限を目的とした外国米の輸入許可制を導入すると、翌年度のカリフォルニア米輸入量は皆無になった[44]。とはいえ、日本人移民の技術によって日本米の品種を使って栽培されたカリフォルニア米が、1920年以降に10年以上も日本国内で消費され続けていた事実は、環太平洋地域における人と作物の移動の歴史を理解するための一つの興味深い事例といえよう。

5　おわりに

　本章は、カリフォルニア州の稲作黎明期の状況について概観したうえで、日本政府による1918年の日本米輸出禁止措置が同州在住の日本人移民社会に与えた影響について、以下の2点を明らかにした。第一に、カリフォルニア米の栽培成功後でさえも、日本人移民の生活において日本米は不可欠な主食であったため、1918年の日本米輸出禁止は、日本人移民にアメリカ永住に対する覚悟、永住の意味の問い直しを迫る重大な問題であった。第二に、輸出禁止措置は、在米日本人移民のおもに食べるコメが日本産からカリフォルニア産に切り替わる契機となる出来事であった。これらの点を確認したうえで、本章は、移民が胃腸で消化吸収する主食と定住地の土と水で育った作物を結びつけたという意味で、コメの生産地の切り替わりは「胃袋の定住」と呼び得る変化であり、日本人移民の定住過程において重要な転換期であったと結論付ける。つまり、輸出禁止措置を境目として、アメリカの大地は、定住先の土地としてだけでなく、コメという主要な栄養源を育む土壌としても

重要となり、日本人移民の生
活はそこにより深く根付いて
いくことになったのである。
同時に1920年代、日本はカリ
フォルニア米の主要輸入国に
なっていき、カリフォルニア
米は日本でも消費されていっ
た。

　人の移動にともなう作物生
産地の移動や拡大は、未来の
移民の移動と定住に影響を与
え続けていく。1910年代に

図2　ドイツ・ハイデルベルク市のアジア系食材店で販売されていたカリフォルニア米の "NISHIKI"
[出典] 2019年9月、筆者撮影

日本人移民の技術によって日本由来の品種から発展したカリフォルニア米
は、今日アメリカ各地の日系食料品店や日本食産業だけではなく、日本から
渡米する人々の食生活においても欠かすことのできない作物に成長した。前
述の短粒種カローロをさらに品種改良した中粒種として1948年にカルロー
ズ（Calrose）が開発されて以降、カリフォルニア米の中粒種は「カルローズ」
という総称で呼ばれている[45]。カリフォルニア米は手ごろな価格で世界各地
で販売され、ジャポニカ米を好む人々の定住を胃腸の次元で支えている（図
2）。このような状況において、日本政府は農業保護の観点からカリフォルニ
ア米の輸入を厳しく制限している[46]。本章で指摘した「胃袋の定住」という
視点は、「移民がどこに定住したか」ではなく、移民の主食に焦点を当てて、
「彼らが舌で何を味わい、胃腸で何を消化吸収するか（そして、何を排泄する
か）」という次元で定住過程とその歴史的影響を理解するという点で、今後
の移民研究においても有効であろう。

【注】

1）United States Department of Agriculture, Rice Yearbook, March 30, 2020; 農林水産省、
　作況調査（水陸稲、麦類、豆類、かんしょ、飼料作物、工芸農作物）、2020；USAライス
　連合会、「アメリカ米の種類」2021年6月3日アクセス〈https://www.usarice-jp.com/〉。
2）本章で「日本米」とは、日本の内地産ジャポニカ米を意味する。

3）　立岩寿一は、カリフォルニア州の稲作開始に先駆的な役割を果たした安岡徳禰と生田
見壽を中心に、稲作に従事した日本人やその技術について詳細に説明している。マサカ
ズ・イワタ（Masakazu Iwata）とリチャード・スティーブン・ストリート（Richard Ste-
ven Street）も稲作黎明期の日本人の貢献について言及している。ジゥォン・キム（Jiwon
Kim）は、1912 年以降のカリフォルニア州における稲作の発展は、朝鮮半島出身移民の
定住と社会上昇に大きな役割を果たし、その結果、独立運動を支える財源の一部も供給
したと論じている。飯田耕二郎はテキサス州における日本人移民の稲作についてまとめ
ている。アメリカ稲作史の全体像についてはヘンリー・デスロフ（Henry C. Dethloff）
を参照されたい。立岩寿一①「カリフォルニア商業的稲作の日本人パイオニアをめぐっ
て―『安岡徳彌』と『生田見壽』」『農村研究』99（2004）：174-184 頁；②「カリフォルニ
ア商業的稲作黎明期の移民日本人」『農業経済研究』76、no.4（2005）：222-230 頁；③「カ
リフォルニア州コルサ郡における移民日本人稲作の展開過程」『農村研究』113（2011）：
14-24 頁；④「カリフォルニア州ビュッテ郡における移民日本人稲作の展開過程― 1910
年代前半を中心として―」『農業経済研究』85、no.4（2014）：220-233 頁；Masakazu Iwa-
ta, *Planted in Good Soil: A History of the Issei in United States Agriculture*, 2 vols (New
York: Peter Lang, 1992), 1: 306-308, 2: 717-728; Richard Steven Street, *Beasts of the Field:
A Narrative History of California Farmworkers, 1769-1913* (Stanford: Stanford University
Press, 2004), 518-519；飯田耕二郎「明治期・テキサスにおける日本人の米作者について」
『人文地理学の視圏』（大明堂、1986）：571-580 頁；Jiwon Kim, "Korean Immigrants' So-
cioeconomic Adjustment in California (1905-1920): Participation in Rice Farming and Sub-
sequent Advancement during the World War I Rice Boom," *Korea Journal* 54, no.3 (Au-
tumn 2014): 60-78; Henry C. Dethloff, *A History of the American Rice Industry, 1685-1985*
(College Station: Texas A&M University Press, 1988).

4）　日本米輸出禁止措置は 1919 年にハワイにも適用され、現地の日系人が輸出解禁に向
けた運動を行う。「米輸出禁止は重大問題也」『日布時事』1919 年 8 月 28 日。『羅府新報』
以外の日本人移民新聞はスタンフォード大学フーヴァー研究所のデジタルアーカイブ
「邦字新聞デジタルコレクション」〈https://hojishinbun.hoover.org/?l=ja〉で閲覧した。
本章ではカリフォルニア州の状況に焦点を絞って議論し、ハワイの状況については別の
機会に論じたい。

5）　前掲 3) Dethloff, 3-9.

6）　前掲 3) Dethloff, 63-94.

7）　瀧本鐵石「米國に於ける米作の由來」『北米農報』1910 年 11 月号、1910 年 11 月、22-
23、Folder 4, Box 63, Yuji Ichioka Papers, Special Collections, University of California, Los
Angeles, Los Angeles, California (hereafter as Ichioka Papers).

8）　前掲 3) 飯田、579；安藤廣太郎「帝國平原の棉花とテキサスの米及密柑」『北米農報』
1911 年 1 月号、1911 年 1 月、20-22、Folder 5, Box 63, Ichioka Papers.

9）　田中賢治「加州に於ける米試作の由來及び實驗」『北米農報』1910 年 10 月号、1910 年
10 月、6-9、Folder 3, Box 63, Ichioka Papers；前掲 3) Dethloff、116-119、149；前掲 3)
立岩②、225；手島寅雄『加州に於ける米作』東京印刷、1924 年、45-53 頁、「本邦ニ於ケ

ル輸出入禁止及制限関係雑件／米穀ノ部」第一巻、E-3-7-0-J1-2_001、外交史料館、東京。
本章で引用した外交史料館および国立公文書館の史料は国立公文書館「アジア歴史資料
センター」のデジタルアーカイブで閲覧できる。2020 年 12 月 8 日アクセス〈https://
www.jacar.go.jp/〉。1910 年代にカリフォルニア州に住んでいた田中賢治は、同州の稲作
は 1906 年、連邦政府の補助金で運営されている農業試験場で始まったと記録している。
しかし、稲作黎明期について詳述した手島とデスロフの文献には、そのような説明はな
いため、田中がマーキーとグラントの事業内容を一部混同して記述した可能性があると
考えられる。

10) 南加州日本人七十年史刊行委員会『南加州日本人七十年史』南加州日系人商工会議所、
    1960 年、17 頁。

11) 前掲 9) 田中。『北米農報』は千葉豊治が発刊した。千葉は留学生として 1906 年に渡
    米し、『日米新聞』の出版に関わった。日本人移民のよりよい移住先として満州の重要性
    を訴え、1920 年代から 1944 年に死去するまで南満州鉄道などで働いた。鎌田彌助「略傳」
    『千葉豊治追憶録』、ca.1944, Folder 9, Box 65, Ichioka Papers.

12) 前掲 9) 田中。

13) 戸田海市「日本民族の膨張と食物問題」『北米農報』1911 月 2 月号、1911 年 2 月、14-
    18、Folder 5, Box 63, Ichioka Papers。戸田は 1906 年に京都帝国大学法科大学の教授に
    着任し、1919 年の同大経済学部の創設に貢献した。「京都帝国大学教授戸田海市勲章加
    授ノ件」、叙勲裁可書、1924 年、勲 00618100、国立公文書館、東京。

14) 安藝商會精米所 広告『北米農報』1910 年 10 月号、1910 年 10 月、Folder 3, Box 63,
    Ichioka Papers.

15) 前掲 8) 安藤。

16) 1914 年度と 1917 年度を比べると、特に外国米（朝鮮米と台湾米は含まない）の輸入
    量が約 5 分の 1 に激減している。『米穀要覧』における年度とは、前年 11 月 1 日から当
    年 10 月 31 日を意味する「米穀年度」である。農林省米穀局編『米穀要覧』1935 年 2 月、
    4-5 頁。本章で引用した『米穀要覧』はすべて 国立国会図書館デジタルコレクションか
    ら入手した。2020 年 12 月 10 日アクセス〈https://dl.ndl.go.jp/〉；今井清一『日本の歴史
    〈23〉大正デモクラシー』中央公論新社、2006 年、192-204 頁。

17) 「邦米輸出禁止發布」「日本米輸入依然」『新世界』1918 年 2 月 26 日。

18) 日本政府は在ブラジル日本人移民については「〔元来〕内地米ノブラジル行輸出数量ハ
    極メテ少額」で「在留邦人ハ内地米ヲ必要トセサルカ如シ」と判断していた。農商務次
    官上山満之進 外務次官幣原喜重郎宛、1918 年 3 月 29 日。「欧州戦争ノ経済貿易ニ及ホ
    ス影響報告雑件／本邦輸出禁制品ニ関スル件」第六巻 B-3-4-2-50_6_006 外交史料館 東
    京（以下、「本邦輸出禁制品ニ関スル件」）；「桑港には日本米輸出禁止」『日布時事』1918
    年 4 月 23 日。

19) 「覺束ない米輸出の解禁運動」『羅府新報』1918 年 4 月 18 日。

20) 土屋林平「日本に於る米價騰落の潮勢」『羅府新報』1918 年 4 月 24 日。1905 年設立の
    羅府日本人実業組合が 1917 年に改名して、羅府日本人商業会議所となった。前掲 10)
    南加州日本人七十年史刊行委員会、144-145 頁。

21）「食料は米國品の中から安價に求めよ」『日米新聞』1918 年 4 月 17 日。

22）「食料の米化、米は望み少なく」『羅府新報』1918 年 4 月 23 日。

23）「無米日」「米商人に警告」『羅府新報』1918 年 4 月 24 日。

24）「御飯の節約と芋料理（一）」『羅府新報』1918 年 4 月 26 日。

25）亜細亜商会 広告『羅府新報』1918 年 2 月 26 日、5 月 16 日。

26）「日本米輸出解禁運動、沿岸聯絡四日會蹶起す」『日米新聞』1918 年 4 月 14 日；太平洋沿岸四ケ日本人会（北米連絡日本人会、在米日本人会、南加州中央日本人会、央州日本人会）外務大臣後藤新平宛請願書 1918 年 4 月 28 日。「本邦輸出禁制品ニ関スル件」。

27）「米輸審査會」『羅府新報』1918 年 5 月 31 日。

28）外務次官幣原喜重郎 農商務次官上山満之進宛 1918 年 6 月 22 日、上山満之進 幣原喜重郎宛 1918 年 7 月 4 日。「本邦輸出禁制品ニ関スル件」；「米輸出特許」『羅府新報』1918 年 5 月 24 日。

29）「在留同胞に米國米の供給」『羅府新報』1918 年 8 月 4 日。ハワイやフィリピンなどアメリカの海外領土はコメ禁輸対象地域から除外されていた。「米國米禁入適用範囲」『読売新聞』1918 年 8 月 11 日。

30）前掲 3) Dethloff, 113.

31）「同情すべき在米邦人、米國の米禁輸」『朝日新聞』1918 年 8 月 5 日。

32）「在留同胞に米國米の供給」『羅府新報』1918 年 8 月 4 日。

33）前掲 9) 手島、序言、46-47、50-51 頁。

34）「日本米と加州米（一）」『日米新聞』1919 年 3 月 12 日；「米政府日本米の輸入許可す」『新世界』1919 年 3 月 19 日。

35）カリフォルニア州では 1918 年春からインフルエンザの感染拡大が確認され、同年 10 月までに日系人 162 人を含む 5,381 人が死亡した。『日米新聞』は「マスクを着用し群集を避くる」必要があるという日本人医師の声を伝えている。See Diane M. T. North, "California and the 1918-1920 Influenza Pandemic," *California History* 97, no.3 (2020): 9, 19-20；「桑港市内に再燃の西國感冒、邦人間患者多數」『日米新聞』1918 年 12 月 6 日。

36）C. Wayne Smith and Robert H. Dilday, *Rice: Origin, History, Technology, and Production* (Hoboken: John Wiley & Sons, 2003), 95.

37）前掲 9) 手島、7-8、150-151 頁；"Daily Trade Talk: Rice Industry Grows; Flour and Shoes May Decline; Food Drafts," *Los Angeles Times*, January 29, 1920.

38）在米日本人会事蹟保存部編『在米日本人史』在米日本人会、1940 年、232-234 頁；原田惟一編『北加四郡日本人発展史』メリスビル地方日本人会、1932 年、36 頁、Box 263, Japanese American Research Project, Special Collections, University of California, Los Angeles, Los Angeles, California；「同胞先覺者に依り、加州米作は成功」『日米新聞』1936 年 7 月 10 日。立岩寿一は、商業的稲作会社を設立したという意味で生田見壽を「商業的稲作の真のパイオニア」と位置付けている。前掲 3) 立岩①、174-184 頁。

39）「歡迎之辭」「同胞先覺者に依り、加州米作は成功」『日米新聞』1936 年 7 月 10 日。

40）"Grain Exports Show Increase," *Los Angeles Times*, January 19, 1922；「加州米の輸入」『朝日新聞』1923 年 6 月 22 日。農林省（旧農商務省）の記録によると、日本（内地）が

1922 年度に輸入したコメ（朝鮮米と台湾米は含まない）は前年度比 4.6 倍の 379 万 1,060 石であった。農林省米穀局編『米穀要覧』1935 年 2 月、4-5 頁。

41）前掲 9）手島、145-146 頁。

42）前掲 9）手島、165-166 頁。

43）大豆生田稔「一九二〇年代における食糧政策の展開：米騒動後の増産政策と米穀法」『史学雑誌』91、no.10（1982）：1552-1585 頁。

44）1925 年度から 5 年間に日本が輸入したカリフォルニア米の半分は玄米と精米、残りの半分は砕米であったが、1933 年度はほぼすべてが砕米であった。農林省農務局『米穀要覧』1930 年 4 月、12-13 頁；農林省米穀局『米穀要覧』1934 年 6 月、28-29 頁、1935 年 2 月、28、73、99 頁。

45）前掲 36）Smith and Dilday, 95.

46）ガット・ウルグアイラウンド合意に基づき、1995 年度以降、日本政府は無関税のミニマムアクセス米（MA 米）の輸入を小規模で始めたと同時に、MA 米以外の輸入米には高い関税を課した。2017 年度に日本が輸入した MA 米計約 77 トンのうち、アメリカ産は約 37 万トンであった。MA 米は主に加工用や飼料用などに使われている。農林水産省「食料・農業・農村政策審議会食料部会資料」2018 年 7 月。2020 年 11 月 30 日アクセス〈https://www.maff.go.jp/j/council/seisaku/syokuryo/180727/〉。

【参考文献】

安藝商會精米所（1910）広告『北米農報』1910 年 10 月号、Folder 3, Box 63, Yuji Ichioka Papers, Special Collections, University of California, Los Angeles, Los Angeles, California (hereafter as Ichioka Papers).

『朝日新聞』（1918）「同情すべき在米邦人、米國の米禁輸」8 月 5 日

―――― (1923)「加州米の輸入」6 月 22 日

亜細亜商会（1918）広告『羅府新報』2 月 26 日、5 月 16 日

安藤廣太郎（1911）「帝國平原の棉花とテキサスの米及密柑」『北米農報』1911 年 1 月号、Folder 5, Box 63, Ichioka Papers.

飯田耕二郎（1986）「明治期・テキサスにおける日本人の米作者について」『人文地理学の視圏』大明堂

今井清一（2006）『日本の歴史〈23〉大正デモクラシー』中央公論新社

大豆生田稔（1982）「一九二〇年代における食糧政策の展開：米騒動後の増産政策と米穀法」『史学雑誌』91、no.10、1552-1585 頁

鎌田彌助（ca.1944）「略傳」『千葉豊治追憶録』, Folder 9, Box 65, Ichioka Papers.

上山満之進（1918）幣原喜重郎宛「欧州戦争ノ経済貿易ニ及ホス影響報告雑件／本邦輸出禁制品ニ関スル件」第六巻、3 月 29 日、B-3-4-2-50_6_006 外交史料館 東京（以下、「本邦輸出禁制品ニ関スル件」）

―――― (1918)幣原喜重郎宛、7 月 4 日、「本邦輸出禁制品ニ関スル件」

在米日本人会事蹟保存部編（1940）『在米日本人史』在米日本人会

幣原喜重郎（1918）上山満之進宛、6 月 22 日「本邦輸出禁制品ニ関スル件」

『新世界』(1918)「邦米輸出禁止發布」「日本米輸入依然」2月26日

――――(1919)「米政府日本米の輸入許可す」3月19日

太平洋沿岸四カ日本人会(北米連絡日本人会、央州日本人会、在米日本人会、南加州中央日本人会)(1918)、外務大臣後藤新平宛請願書、4月28日

瀧本鐵石(1910)「米國に於ける米作の由來」『北米農報』1910年11月号、Folder 4, Box 63, Ichioka Papers

立岩寿一(2004)「カリフォルニア商業的稲作の日本人パイオニアをめぐって―『安岡徳彌』と『生田見壽』」『農村研究』99、174-184頁

――――(2005)「カリフォルニア商業的稲作黎明期の移民日本人」『農業経済研究』76、no.4、222-230頁

――――(2011)「カリフォルニア州コルサ郡における移民日本人稲作の展開過程」『農村研究』113、14-24頁

――――(2014)「カリフォルニア州ビュッテ郡における移民日本人稲作の展開過程―1910年代前半を中心として―」『農業経済研究』85、no.4、220-233頁

田中賢治(1910)「加州に於ける米試作の由來及び實驗」『北米農報』1910年10月号、Folder 3, Box 63, Ichioka Papers

土屋林平(1918)「日本に於る米價騰落の潮勢」『羅府新報』4月24日

手島寅雄(1924)『加州に於ける米作』東京印刷、「本邦ニ於ケル輸出入禁止及制限関係雑件／米穀ノ部」第一巻、E-3-7-0-J1-2_001、外交史料館、東京

戸田海市(1911)「日本民族の膨張と食物問題」『北米農報』1911月2月号、Folder 5, Box 63, Ichioka Papers.

内閣(1924)「京都帝国大学教授戸田海市勲章加授ノ件」(叙勲裁可書)、勲00618100、国立公文書館、東京

『日米新聞』(1918)「日本米輸出解禁運動、沿岸聯絡四日会蹶起す」4月14日

――――(1918)「食料は米國品の中から安價に求めよ」4月17日

――――(1918)「桑港市内に再燃の西國感冒、邦人間患者多數」12月6日

――――(1919)「日本米と加州米(一)」3月12日

――――(1936)「歡迎之辭」「同胞先覺者に依り、加州米作は成功」7月10日

『日布時事』(1918)「桑港には日本米輸出禁止」4月23日

――――(1919)「米輸出禁止は重大問題也」8月28日

農林省農務局(1930)『米穀要覧』4月

農林省米穀局(1934)『米穀要覧』6月

――――(1935)『米穀要覧』2月

農林水産省(2018)「食料・農業・農村政策審議会食料部会資料」7月

――――(2020)作況調査(水陸稲、麦類、豆類、かんしょ、飼料作物、工芸農作物)

原田惟一編(1932)『北加四郡日本人発展史』メリスビル地方日本人会、Box 263, Japanese American Research Project, Special Collections, University of California, Los Angeles, Los Angeles, California

南加州日本人七十年史刊行委員会(1960)『南加州日本人七十年史』南加州日系人商工会議

所
USA ライス連合会「アメリカ米の種類」https://www.usarice-jp.com、2021 年 6 月 3 日閲覧
『読売新聞』(1918)「米國米禁入適用範囲」8 月 11 日
『羅府新報』(1918)「覺束ない米輸出の解禁運動」4 月 18 日
───── (1918)「食料の米化、米は望み少なく」4 月 23 日
───── (1918)「無米日」「米商人に警告」4 月 24 日
───── (1918)「御飯の節約と芋料理 (一)」4 月 26 日
───── (1918)「米輸出特許」5 月 24 日
───── (1918)「米輪審査會」5 月 31 日
───── (1918)「在留同胞に米國米の供給」8 月 4 日

Dethloff, Henry C., (1988). *A History of the American Rice Industry, 1685-1985*. College Station: Texas A&M University Press.

Iwata, Masakazu, (1992). *Planted in Good Soil: A History of the Issei in United States Agriculture*, 2 vols. New York: Peter Lang.

Kim, Jiwon, (2014). "Korean Immigrants' Socioeconomic Adjustment in California (1905-1920): Participation in Rice Farming and Subsequent Advancement during the World War I Rice Boom," *Korea Journal* 54, no.3: 60-78.

Los Angeles Times, (1920). "Daily Trade Talk: Rice Industry Grows; Flour and Shoes May Decline; Food Drafts," January 29.

─────, (1922). "Grain Exports Show Increase," January 19.

North, Diane M. T., (2020) "California and the 1918-1920 Influenza Pandemic." *California History* 97, no.3: 3-36.

Smith, C. Wayne and Robert H. Dilday, (2003). *Rice: Origin, History, Technology, and Production*. Hoboken: John Wiley & Sons.

Street, Richard Steven, (2004). *Beasts of the Field: A Narrative History of California Farmworkers, 1769-1913*. Stanford: Stanford University Press.

United States Department of Agriculture, (2020). Rice Yearbook. March 30.

　筆者は 2019 年 11 月、京都大学研究連携基盤次世代研究者支援の旅費支援を受けて、アメリカ・ハワイ州で開催された American Studies Association 年次大会に参加し、本章の内容について報告しました。京都大学研究連携基盤と討論者として助言してくださったロン・クラシゲ先生にお礼申し上げます。

萵苣<ruby>萵苣<rt>ち さ</rt></ruby>からレタスへ

―在米日系人が果たした役割―

須田　満

1　長い歴史をもつ萵苣とレタス

　レタスの原産地は、地中海沿岸から中近東といわれている。エジプト遠征時の食卓でペルシャ王・カンビュセス二世は、離散状態にある王家の比喩として「シャキシャキとした葉を掻いたレタスと葉の付いたレタスとでは、どちらが綺麗に見える？」と妃に質問されたという。これは、ヘロドトス『歴史』に記された紀元前525年の一節である。

　遅くとも8世紀初頭に、この種のレタスは中国経由で日本に伝来したといわれ、『倭名類聚抄』（931〜938）には「苣」「白苣」として登場する。この和名は「知散」、漢語では「萵苣」と書くと記されている。伸びた茎についた葉を下から掻いて食べるレタスは、その時に苦味のある白い汁が出ることから「乳草」と呼ばれたが、後にチサまたは訛ってチシャとなった。

　この野菜は、日本最古の農書『農業全書』（1697）には「苗を食し、いつもやはらかにして腹中をなめらかにし、色々料理に用ゆる物」とある。今日でも、萵苣は茎をアスパラガスのように湯掻いたり、葉を膾としたりして食べるが、和食の素材としての使用頻度は低くなった。しかし江戸時代では、これは俳諧や水墨画の素材になるほど広く栽培され、食されていたらしい。『角川俳句大歳時記　春』によれば「苣」や「萵苣」は春の季語とされ、野々口立圃『はなひ草』（1636）では2月、斎藤徳元『誹諧初学抄』（1641）では3月、山奴『田毎の日』（1799）では1月、油屋与兵衛『俳諧通俗志』（1717）では初春、仲春と晩春を兼ねる三春の季語として

いる。

　京都の青物問屋に生まれた伊藤 若冲（1716〜1800）の晩年の作とされる「果蔬涅槃図」（制作年不明）には、中央に釈迦に見立てた二股大根を配した「青物尽くし」に萵苣が描かれている。伊藤信博によれば、この掛け軸に描かれた 88 種類の野菜や果物は、当時の日本で広く普及しており、野菜の生産量では大根、蕪、里芋、茄子や瓜と同様、萵苣が上位を占めていたという。また平賀源内（1728〜1780）が開催した「薬品会」と称する博物展覧会の出品目録『物類品隲』（1763）には「萵苣」の項目がある。「変種葉細長花又多シ花ハ深碧色ニシテ単弁菊花ノゴトシ朝ニ開テタニシボム和名ヲランダチサ又キクチサ紅毛語アンテイヒト云」という解説が記されている。この時代にオランダ経由で萵苣に似たエンダイブが紹介されていたが、生食野菜としてとして普及することはなかった。

2　明治期以降の萵苣

　明治期以降、多くの外来野菜が入ってきた。『舶来穀菜要覧』（1885）では、アメリカやフランスから輸入されたレタス種子について、イラストに英・仏・独語を添えて「萵苣」、「たちゞしや」、「ちりめんぢしや」、「のぢしや」の4種が紹介されている。「萵苣」を「重葉球状をなし甘藍に似たる者をぼたんぢしや又たまぢしやと云ふ」として、14 品種のレタスが説明されている。

　食生活へ「甘藍」が定着した理由について、清水克志は明治期以降に軍隊や学校給食などでキャベツが利用され、それが都市住民の食習慣に定着したことを指摘している。さらに清水は、長距離輸送の可能なキャベツは、収穫期の異なる複数の生産地域から都市へ周年的に供給されるようになったことや、野菜類が欠乏する冬季において貯蔵可能である点をあげている。常温輸送の可能なキャベツに比ベレタスは、長距離輸送には冷蔵が必要であるため、高度成長期時代まで普及が遅れたと考えられる。

　萵苣の現代語とも言える英語の "lettuce" が「レタス」と表記されるようになったのは、明治末期から昭和初期にかけてである。『家庭応用洋食五百種』（1907）には「レチス」、坎坷山人は高級食料品店・明治屋の雑誌『嗜好』（1918）に「レツチス」と表記し、秋山徳蔵『仏蘭西料理全書』（1923）ではフランス語の "laitue" を「レイチユ」とした。そして、初めて「レタス」と表記されたのは篠原徳之助・金森越『西洋蔬菜の作り方・調理法』（1933）においてである。

3　カリフォルニア州に集中していくアメリカのレタス生産

　D. ジェイセラーと W. ホーワースによれば、1909 年のカリフォルニア州におけるレタス耕作面積は 595 エーカーで、全米の 11％にすぎなかった。しかし、1919 年に 6,100 エーカーになった耕作面積は 1920 年代に飛躍的に伸び、1930 年には 112,000 エーカーに達し、全米の 50％強を占めるようになった。この拡大は、「ニューヨーク・レタス」に代表されるクリスプ・ヘッド（結球）型が冷蔵貨車を使用して長時間輸送が可能になったことによる。袋入りのレタスと砕いた氷を交互に木箱に詰めて出荷したため、この種のものは「アイスバーグ・レタス」とも呼ばれるようになった。

　カリフォルニア州のレタス全耕作面積について郡別占有率をみると、1920 年は春から秋にかけて生産されるロサンゼルス郡は 57％、冬季に砂漠で生産されるインペリアル郡は 43％であった。しかし、急速な都市化の影響を受けたロサンゼルス郡の占有率は、1930 年には 1％を割った。インペリアル郡は主要生産地であり続けたが、1923 年の 55％をピークに 1930 年には 33％まで低下した。それに対して 1920 年代に飛躍的な発展を遂げたのは、サリーナスを中心とするモントレー郡で、1930 年には占有率は 33％に達した。ここには甜菜糖輸送用の鉄道があり、果実輸送用の冷蔵貨車も利用できた。そこで沿線にレタス用のパッキング・ハウスが建設され、需要の急増するアメリカ東部市場へ容易にレタスが出荷されたのである。

4　在米日系人とレタス

　『日米』や『新世界』といった日本語新聞には、カリフォルニア州を中心に発展していくレタス生産と、日本人移民との関係が記録されている。1909 年の『新世界』には、東京帝国大学農科大学実科を卒業し、1902 年にカリフォルニア大学で酪農学を学んだ池田貫道（1875～没年不詳）が、「加州菜園業者年中行事」を掲載した。そこではキャベツ、ニンジンやタマネギなどと一緒にレタスの栽培法が紹介されている。翌年、池田は恩師であるエドワード・J・ウイックソン（1848～1923）の『疏菜栽培篇』を、アメリカでの最初の日系書店であるサンフランシスコの青木大成堂から翻訳出版した。

　1912 年 7 月『新世界』が特集した「農業百人物」の野菜部門で、レタス種苗

業者である山中丈吉と耕作者の小畑寅一が紹介された。またインペリアル郡に移住
した西本菊太郎と吉村亀吉らは、1914年に同郡で初めてレタス栽培を開始した。
1937年には年間200万ドルの事業に成長した功績で、同郡が彼らを表彰したと
『日米』は報じている。1916年には、『新世界』の相場面に定期的にレタス価格情
報が掲載され始めた。その一方で、貨車の遅れによる日系農家の被害が報じられ、
日系農家とレタスとの関わりが徐々に高まっていた。

　1919年2月の『日米』は、インペリアル郡産レタスが東部市場で高値取引さ
れていることや、サンタクルーズ郡ワトソンビルでのレタス耕作面積の拡大を報じ
る。1922年4月の同紙は、「レタース成金続々」と題して、同年1月の寒波で南
カリフォルニア産の葉もの野菜類がほぼ全滅したなかで、凍害に強いレタスを栽培
した日系農家が一儲けしたと記している。ところが同年12月の同紙は、一変して
「レタスは出荷過剰で市価下落」と報じる。

　1922年6月の『新世界』には、「ホリスター在住田島隆之氏事業家として名声
高きは既に定評あるが偶々其ウヱヤハウスを覗きしに広大なる場内余す所なきレ
タースのパツキング最中日白人就働者中白人女性其七部を占む実に盛なるもの哉」
と記事が記されている。農園経営をしていた田島隆之（1890-1933）は、1913年
のカリフォルニア州外国人土地法の施行以降、ホリスターとサリーナスでレタスの
パッキング・ハウス事業を展開して、1927年にはホリスターに事業を集約した（**写
真**）。東部市場へのレタス出荷量は年間500貨車を超えて、売上高は35万ドルに
達したという。

写真1　ホリスターにおける田島パッキング・ハウスの様子
［出典］『在米広島県人史』（1929）口絵

　しかし、1933年9月17日の『日米』は、1931年に事業で失敗した田島はナパに住んでいたが、「事業運用資金調達の為一昨日サリナスに赴き知己を訪問運動中であつたが話が旨く行かないのを悲観し毒薬を仰いで自殺を遂げた」と報じている。大恐慌期でもあるが、この自死は天候要因などで価格変動の激しい市場商品が生んだ悲劇である。上坂冬子は、田島の娘であるユキコ・ルシール・デービスが語ったこととして、ジェームズ・ディーン主演の映画『エデンの東』(1955) の主人公であるキャル・トラスクの父アダムのモデルとなったのは、レタスの冷蔵輸送を発案して失敗した田島ではないかと記している。ユキコの言の真贋はともあれ、サリーナスでのレタス発展史を書いたガブリエラ・M・ペトリクの論文には、田島隆之の名前は見当たらない。

　1933年9月21日〜23日付『日米』には、田島隆之の遺産の整理に関する「謹告」を掲載した友人3人のうち、ひとりはサリーナス在住の谷村栄次郎 (1889〜1935) で、田島と同郷の広島県出身だった。竹田順一によれば、谷口は1928年夏から秋にかけてのレタス価格好況時に「多大な利益を収めた」が、1935年11月に10人の子どもを残して胃がんで死亡した。長男であるジョージ・タニムラ (1915〜2016) は、弟姉妹と協力して農場を切盛りしたが、第二次大戦中にはアリゾナ州ポストン戦争強制収容センターで生活を強いられた。戦後に無一文からサリーナスでのレタス生産を再開した彼は、1940年代終わりには生産者とシッパーを兼ねるバド・アントル社に独占的に供給するようになり事業を拡大した。

5　おわりに

　ルーマニア生まれでアメリカに移住した作家のコンラド・ベルコヴィチ (1882〜1961) は、1925年9月7日の『日米』に、カリフォルニア州における日系二世中心の学校への訪問記を掲載した。そのなかで、彼が「レタスは日本語で何と言うの？」という質問をして、二世たちは「レタスはレタスだよ」と返答した話が残されている。肉食に合う「パリッ」としたレタスは、日本よりも半世紀以上も前にアメリカの日系移民社会で定着していた証かもしれない。

　20世紀初めにアメリカで改良されて氷冷に適したニューヨーク・レタスを日系移民は栽培し、横浜港への船舶で冷蔵輸送して日本へも輸出した。ただし、ホテルニューグランドや帝国ホテルでは、アメリカン・レタスが振る舞われた客のほとんどは欧米人であった。

　1932年6月8日の『加州毎日新聞』によれば、アメリカのレタス・ブームに

便乗しようとした銀座のレストラン経営者は、サンフランシスコから輸入したレタスをショー・ウィンドウに飾って、「レタスを食べてアメリカ人の活力を得よう」と宣伝したという。しかし、モダーニズム全盛期の日本人の口には、レタスはまだ受け容れられなかったようである。

【参考文献】

伊藤信博（2008）「『果蔬涅槃図』と描かれた野菜・果物について」言語文化論集 30-1、3-24

上坂冬子（1996）『三つの祖国―満州に嫁いだ日系アメリカ人―』中央公論社

清水克志（2008）「日本におけるキャベツ生産地域の成立とその背景としてのキャベツ食習慣の定着―明治後期から昭和戦前期を中心として―」地理学評論 81-1、1-24

竹田順一（1929）『在米広島県人史』在米広島県人史発行所

竹中卓郎編（1885）『舶来穀菜要覧』大日本農会三田育種場

Daniel Geisseler and William R. Horwath（2016）："Lettuce Production in California", http://geisseler.ucdavis.edu/Guidelines/Lettuce_Production_CA.pdf 閲覧日 2021/2/20

Hoover Institution Library & Archives: *Hoji Shinbun Digital Collection*, https://hojishinbun.hoover.org/? 閲覧日 2021/2/20

Gabriella M. Petrick："Like Ribbons of Green and Gold": Industrializing Lettuce and the Quest for Quality in the Salinas Valley, 1920-1965, *Agricultural History*, Summer 2006, 80-3, 269-295

入荷量にはご注意を
―在米ユダヤ人の祝祭日と農産市場―

駒込　希

1　ロサンゼルスの農産市場とユダヤ人の祝祭日

　第二次世界大戦前のロサンゼルスには、いくつかの農産市場があり、なかでもホールセールターミナルマーケット（第七街市場）とシティマーケット（第九街市場）は大規模な青果市場であった**（写真1）**。これらの市場で扱われる農産物のうち、日系人の栽培したものの割合は高く、1940年頃の前者では取り扱われる青果物の8割、そして後者の1930年代では大半が日系の農産商店や仲買商人によって扱われていたという。このことから、当時の日系人がロサンゼルスの食を支えていたといっても過言ではないだろう。

写真1　トラックがひしめき合うロサンゼルスの市場
［出典］Los Angeles Public Library Photo Collection

資料1　ヨム・キプールの農産市況に関する記事
［出典］『羅府新報』1920 年 9 月 23 日

　第二次世界大戦前のロサンゼルスで発行されていた日系紙『羅府新報』や『加州毎日新聞』には、ロサンゼルスの農産市況を掲載する欄がある。これらを精査すると、9月〜10月に農産市場における日系人の農産物取引を左右するユダヤ人の祝祭日があったことに気がつく。他の宗教と同様、ユダヤ教にもいくつかの祝祭日がある。その祝祭日は、「ユダヤ人の正月」「ユダヤ人の小正月」「ユダヤ人の断食祭日」などと日系紙で称されていた。これらはユダヤ暦の新年を祝うロシュ・ハシャナ (Rosh Hashanah) と、その9日後のヨム・キプール (Yom Kippur) という贖罪日を指す。これらの祝祭日は、ユダヤ暦に基づくため年によって日付は異なるが、毎年9月〜10月にあたる。ロシュ・ハシャナに開かれる祝宴では、リンゴに蜂蜜をぬって食べるのが定番であり、蜂蜜のケーキ、リンゴやニンジンを用いた甘い料理など、伝統的な料理がふるまわれる。これらの料理には、「新年が幸せな（甘い）1年でありますように」という願いが込められているという。

　一方、ロシュ・ハシャナからヨム・キプールまでは1年の運命を神が決める期間であり、それはヨム・キプールの日に確定する。そのため、ユダヤ人にとってこの日は、最も厳粛な日とされる。彼らはそれまでの罪を悔い改め、断食や祈りを捧げて当日を過ごすのである。

　新聞の農産市況欄によれば、農産市場はロシュ・ハシャナやヨム・キプールに不況に陥ることが多い（**資料1**）。

2　ロサンゼルスの農産市場におけるユダヤ人と日系人

　表1は、ロサンゼルスとニューヨークの総人口に占めるユダヤ人の割合を示して

表1　ロサンゼルスとニューヨークにおけるユダヤ人人口とその割合

年	ロサンゼルス		ニューヨーク	
	総人口	ユダヤ人人口（%）	総人口	ユダヤ人人口（%）
1918	600,000	18,000（3.0）	5,670,167	1,500,000（26.5）
1927	1,300,600	65,000（5.0）	5,970,800	1,765,000（29.6）
1937	1,504,277	82,000（5.5）	7,454,995	2,035,000（27.3）

注：使用した *American Jewish Year Book* には、1918 年の総人口として 1917 年の総人口、また、1937 年の総人口として 1940 年の総人口を用いたという注意書きがある。
［出典］*American Jewish Year Book*. 1920, 373; 1929, 308-309; 1941, 660-661 より作成

いる。前者の総人口に占めるユダヤ人の割合は、後者ほど高くなかったようである。

　そのような状況下で、なぜロシュ・ハシャナやヨム・キプールがロサンゼルスの農産市場における日系人の農産物取引を左右したのであろうか。1923 年のロシュ・ハシャナとヨム・キプールの前後における『羅府新報』の農産市況欄を注意深く読み進めると、不況を報じる記事において「ペトラーの三分の二を占める猶太人」「ペトラーの大部分を占める猶太人」という内容が見られる。具体的な人数は不明であるが、少なくとも 1920 年代前半、農産市場で日系人と農産物取引を行っていたユダヤ人が多くいたようである。

　また、ホールセールターミナルマーケットはサザンパシフィック鉄道の引き込み線が入っていたため鉄道へのアクセスがよかった。よって、ユダヤ人が多く集住していた東部におけるロシュ・ハシャナやヨム・キプールがロサンゼルスにおける日系人の農産物取引に影響を与えたかもしれない。例えば、1939 年 4 月 13 日の『新世界朝日新聞』に掲載されたコラムでは、「アメリカの農産界では、ユダヤ人の祭というものを無視することは出来ない。過日、養鶏業の事を記した時に書き添えた如く、加州又はオレゴン及びワシントンのホワイト・レグホーン種鶏卵が、年々、大量に東部へ輸送されるのは、猶太人の需用を充たす事が最も大きな目的なのである」と当時の状況が語られている（新聞記事の引用については、現代仮名遣いと常用漢字に改めた）。

　このように、ロサンゼルスにおけるユダヤ人人口の割合は高くなかったが、日系人と農産物を取引することの多かった彼らの祝祭日は、日系人の農産物取引に影響を与えたのであろう。

3　ロシュ・ハシャナとヨム・キプール当日の農産市場

　ユダヤ人のいないロシュ・ハシャナとヨム・キプールの農産市場は閑散としている。これらの祝祭日のロサンゼルスにおける農産市場について、1924年10月10日の『羅府新報』では「羅府市場寂寥　唯一の顧客猶太人の休みで」という見出しで、以下のような市況が報告されている（下線と句読点を適宜施した）。

　　　先週月火両日及び本週の火曜日水曜日は、共に<u>猶太人のお正月小正月</u>とあって、同国人種は位置職業の別を問わず挙って太古以来の習慣を墨守し、<u>一日二十四時間断食し祈祷で送る風習</u>あり。羅府市内に在る野菜果物小売人及びペドラアの約三分の二は同国人であるが、これ等が<u>一斉休業し市場に姿を見せない</u>為、両市場は火の消えたような寂れ方、平日の三分の一程の荷動きなく、特に七街市場は九街市場に比し猶太人客筋多い故、火水両日共滞荷山積という有り様である。

　ヨム・キプール当日、あらゆる労働が禁止されるユダヤ人の店はすべて休みとなる。また、賃金労働だけにとどまらず、車の運転や洗濯、洗顔、入浴、髭を剃ることまで労働に含まれ、厳格なユダヤ人はエレベーターのボタンを押すことさえしないという。さらに、贅沢品とみなされる革靴は贖罪日に相応しくないため履くことを禁止されている。そのため、農産市場にユダヤ人が姿を現すことはない。ユダヤ人は前年の罪を悔い改め、断食や祈りを捧げながらヨム・キプールを静かに過ごすのである。

　しかし、ロサンゼルスで農産市場の日系人たちは、ロシュ・ハシャナやヨム・キプールにおける不況に対し、何も対策をとらなかったわけではない。これらの祝祭日を見越して、日系人たちは出荷を調整することもあった。1924年9月26日の『羅府新報』には、翌週のユダヤ人のロシュ・ハシャナに向けて一般の出荷を控えるよう呼びかける記事が見られ、また、1938年9月27日には、ユダヤ人の正月による不況を見越したせいか、平常の約半分の入荷であったとの市況が報告されている。

　ロサンゼルスでは、組織化された日系人の農業協同組合は彼らのコミュニティにおいて重要な役割を果たしていた。農業者大会では、農産物の共同出荷や出荷量の調整などについても話し合いがもたれていた。彼らはユダヤ人の祝祭日を念頭にお

いて出荷量を調整することにより、農産市場の不況を乗り切ろうとしたのであろう。

4　ロシュ・ハシャナとヨム・キプール後の農産市場

　祝祭日明けの農産市場は、活気にあふれている。**資料2**は、ロシュ・ハシャナ明けのロサンゼルスの農産市況を報告したもので、「久し振りに市況フアイフアイ猶太人の祭りあけと昨日の暑さで小売店買い込む」と、その賑わいが描写されている。

　ロシュ・ハシャナ明けからヨム・キプールまで、ユダヤ人は忙しい。なぜなら、多くのユダヤ人家庭では、断食前後の食事の準備に追われるからである。ヨム・キプール当日、ユダヤ人家庭では調理は行われない。そのため、ロシュ・ハシャナ明けから、それぞれの家庭では食材を買い込み、断食明けの食事を用意しておく必要がある。ヨム・キプール前には、スパイスなどの刺激物を控えた食事がとられる。チキンスープや鶏肉料理、アップルパイ、アップルシュトゥールーデル、そしてクレップラックなどが定番である。アップルシュトゥールーデルとは、リンゴをパイのような薄い生地で巻いて作る甘い菓子である。また、クレップラックは、卵と小麦粉で作った生地の中に具剤を入れたもので、その生地はワンタンや餃子の皮のような食感である。これは茹でて食べたり、スープに入れたりもする。

　断食が明けると、それぞれの家庭は好みに合わせた食事をとる。ゲフィルテ・フィッシュやチキン、チキンスープなどが好まれるようである。ゲフィルテ・

資料2　ロシュ・ハシャナ明けの農産市況に関する記事

［出典］『加州毎日新聞』1934年9月17日

フィッシュは、魚の肉をすり身にし、野菜とあわせてつみれ状にして茹でる伝統的なユダヤ料理である。

　このように、第二次世界大戦前のロサンゼルスにおける農産市場ではユダヤ人の祝祭日、特にロシュ・ハシャナとヨム・キプールが日系人の農産物取引の景気を左右する傾向にあった。その根底にあったのは、農産市場における販売者と顧客との関係であった。さらに、ユダヤ人の祝祭日が農産市場にもたらす不況を見越し、出入荷を調整することを試みた日系人の適応力は興味深い。ロサンゼルスの両集団間には居住地区の地理的近接や親睦活動、そして社会活動を通じた接点などがみられた。しかし、両集団の関係については不明な点も多く、農産市場も含めてその実態を調査していく必要があろう。

　それにしても、ヨム・キプールの断食後に口にするチキンスープは、空腹の身体に染み込み、さぞや美味しいに違いない。

【参考文献】

駒込希（2021）「20世紀前半のカリフォルニア州のユダヤ人と日系人—日系新聞を手がかりに—」移民研究年報、27、49-58

新日米新聞社編（1961）『米國日系人百年史—在米日系人発展人士録—』新日米新聞社

滝川義人（1994）『ユダヤを知る事典』東京堂出版

矢ケ﨑典隆（1993）『移民農業—カリフォルニアの日本人移民社会—』古今書院

American Jewish Year Book. vol.22. 1920; vol.31. 1929; vol.43. 1941.

Carr, Bessie, and Phyllis Oberman. *The Gourmet's Guide to Jewish Cooking.* London: Octopus Books. 1973.

Klein, Isaac. *A Guide to Jewish Religious Practice.* New York: Jewish Theological Seminary of America. 1979.

Vorspan, Max, and Lloyd P. Gartner. *History of the Jews of Los Angeles.* San Marino: Huntington Library. 1970.

カナダへの客船における食事

―『山宣日記』の記述から―

河原典史

1　「山宣」の渡航

　生物学者であり、後に政界へ転進した山本宣治 (1889〜1929) は、青年期のカナダ滞在時に日記を書き綴っている。1889 (明治 22) 年 5 月 28 日に京都市新京極でアクセリー店を営む山本亀松・多年の一人息子として生まれた山本は、病弱のため神戸中学校 (現・兵庫県立神戸高等学校) を中退した後、宇治川畔の別荘 (後の料理旅館「花やしき浮舟園」) で園芸に親しんだ。1906 (明治 39) 年、東京の大隈重信邸での園芸見習を経て、遠戚となる眼科医・石原明之助 (京都市出身、京都府立医学専門学校、現・京都府立医科大学卒業) に誘われた彼は、1907 (明治 40) 年に園芸研究のためカナダへ渡った。5 年にわたってハウスボーイ、ガーディナー (庭師) やサケ缶詰産業などに従事した後、1911 (明治 44) 年に山本は父の病気のため帰国した。そして、旧制第三高等学校 (後の京都大学教養部) や東京帝国大学 (現・東京大学) で彼は動物学を学んだ。その後、政治家として活躍した山本は、1929 (昭和 4) 年 3 月 5 日に暗殺された。

　後に「山宣」と呼ばれた彼は、長年に渡って日記を綴っていた。この通称『山宣日記』は、後にキリスト教徒や思想家としての山本の苦悩を読みとることに分析の重点が置かれてきた。それと同様に、後の生物学者の片鱗を窺わせるようなガーディナー (84〜87 頁) や漁場利用についての的確な記述も看過できない。

2　出航後の船酔い

　1907（明治40）年4月24日、神戸港より日本郵船の旅順丸に乗船した山宣は、27日には横浜港から太平洋を渡った。1892年にR.W.Hawthorn社で建造されたこの蒸気船は、ロンドンのAnglo-Australian汽船社で活躍した。1894（明治27）年11月に海軍省により購入されたこの船は、旅順丸と命名された。2年後に日本郵船へ払い下げられた同船は、1910（明治33）年には大阪の原田商行へ売却された。総重量4,794t・船長109.74mのこの船は、1921（大正10）年5月に大連からジャワ島のバタビア（現・ジャカルタ）への航海中、島の北東部に位置するガスパー海峡で難破し、短い船命を終えた。

　それでは、1907年4月27日に横浜を出港した船内における山宣の食事を概説してみよう（**表1**）。出港当日の朝食は昨日の天ぷらで済ませ、昼食を取らなかった彼は、おやつに瓦の形をした焼き菓子を食べている。船内での最初の食事として、彼は夕食にライスカレーを食べた。この料理は4月30日、5月1・4日だけでなく、その後に何度も食卓に現れている。5月7日には3食とも提供され、16日間の航海のうち合計13食も登場している。すでに日本人にも馴染みのあったカレーは、船内食としても重宝されたのであろう。

　ところで、出港して1週間では朝食を抜くことが多く、日記に記載がない箇所でも、食事は取らなかったと思われる。これは、船酔いによる体調不良によるものであろう。5月1日の昼には「昼食も得食はず（ママ）」と記載され、水の他に氷砂糖、みかんが口にされている。さらに、山宣は「夕食だけ嫌々ながら、床の上にてライスカレー」と記している。前日の4月30日の昼食に「1箱大方なくなれり」という記録にもあるように、「みかん」の採食が顕著なのは、長期航路が初体験である多くの日本人乗客も同じ体調であったからと思われる。5月2日と3日の2日間、山宣はほとんど食物を口にしていない。2日の「食事例の如し、大分快くなりし故、洋食も結構なり」、3日の「例に依って例の如し」という日記から、大洋を航海する船旅への苦痛が読み取れる。

　日付変更線を越える5月4日頃から、彼の食欲は回復したようである。同日の昼食では「汁粉3杯」を食し、さらに「白玉入り」という付記にそれがうかがえる。ただし、翌5日には夕食に氷砂糖を口にするだけで、全快にはもう少し時間が要された。

表1　旅順丸における山宣の食事

月/日	朝食	昼食	夕食
4/27	昨日の天ぷら		肉、ライスカレー、みかん
4/28			
4/29			
4/30		肉汁、馬鈴薯、マトンビーフ、茶、みかん、あられ	スープ、肉、ライスカレー、菓子、茶、りんご
5/1			ライスカレー、夏みかん
5/2			
5/3			
5/4	マッシュ（オートミール）、ビーフ、ライスカレー、茶	マトン、コロッケ、ライス、菓子、茶、氷砂糖	

日付変更線を通過

月/日	朝食	昼食	夕食
5/4	マッシュ、ゆで卵	肉、ライスカレー、汁粉3杯、ラムネ、ジンジャーエール	弁当（五目飯、干物の葉）
5/5			氷砂糖
5/6	黄マッシュ、肉	肉、ハム、まめ	ライスカレー、菓子、パイナップル
5/7	マッシュ、ローストミート、ライスカレー、玉子	スープ、ビフテキ、ライスカレー、菓子、納豆	スープ、ライスカレー、コロッケ、チキンカツレツ、菓子、リンゴ、氷砂糖
5/8	黄マッシュ、オムレツ、ニシン、ビフテキ、ライスカレー、菓子	スープ、ビフテキ、ハム、菓子	スープ、カツレツ、ライスカレー、菓子、リンゴ
5/9	麦マッシュ、ゆで卵、肉、ライスカレー、菓子	肉、ハム、菓子、納豆	リンゴ
5/10			ビスケット1箱
5/11	麦マッシュ、肉、ライスカレー、ゆで卵	ハム、鱒、ランチャン	スープ、カツレツ、ポテト、ハム、プリン、コーヒー、プラム、ストロベリー（缶詰）
5/12	米マッシュ、肉、ライスカレー	スープ、タラ、肉、コーヒー	オイスター、スープ、ターキー、肉、ケーキ、茶、オレンジ

注：▨▨▨：食事抜き、▨▨▨：記載無し。
[出典] 山本宣治 (1979)『山本宣治全集　第6巻』、汐文社、209-217 より作成

3　洋食へと移る船内食

　日付変更線を越えた後、5月4日の夕食は日本食の五目飯の弁当だった。翌日の食事はやや少ないものの、体調が整ってきたのか山宣は7日には朝食にローストミート、昼食にビフテキ、夕食にチキンカツレツを食べている。それ以降、明らかに洋食中心のメニューになっている。これは、カナダ上陸後の白人社会への適応

に対する船会社の配慮か、山宣自身の試行なのかはわからない。

　9日の昼食は、石原と同席である。ビフテキやカレーと一緒に納豆も記されているが、これは菓子の甘納豆かもしれない。同日の夕食はリンゴのみであり、「例の如し」に続いて、「真右より横波の極大なるもの襲い来りローリング甚しく（省略）しきりはあれどその中を皿、フォーク、ナイフなどガチャガチャ転げ廻りポテトなど転げ出し大騒又大笑なりき」という記述がある。船舶のローリング（横揺れ）・ピッチング（縦揺れ）によって食器が安定しないため、船内で提供される食事にはいくつもの仕切りのある食膳台が活用される。つまりこの記述は、食物が落下したためであり、とくに船酔いではないと思われる。なお、11日の昼食について「ランチャン」という記述がある。「3時」という付記があるものの、これはいわゆる「ランチ」の意味であろう。

　12日、山宣たちを乗せた旅順丸はビクトリアに到着した。朝食は船内で取ったものの、上陸後の昼食と夕食はドミニオンホテル、その後に日本人ミッションと会談が行われている。1877（明治10）年に日本人で最初のカナダ移民であった永野萬蔵は、サケ缶詰産業の労働を経て、当地で美術商や日本人宿を経営していた。彼の他にも、和歌山県出身者が営む大澤旅館をはじめとする移民宿もあり、ビクトリアでは小さいながらも日本人コミュニティが萌芽していた。翌13日の朝食はホテル、昼食はビクトリア南端のビーコン公園で食事を済ませた後、山宣はバンクーバーへ向けて再び乗船した。夜にチョコレートの軽食で済ませたあと、彼は翌朝6時にバンクーバーに到着した。

　18歳の山宣にとって、旅順丸での船内食はカナダへの希望に満ちた美味しいものだったのだろうか。日記を読む限り、少なくとも前半の船旅では船酔いで「おいしい」とは感じられなかったようである。

【参考文献】

河原典史（2012）「ビクトリアの球戯とバンクーバーの達磨落とし―20世紀初頭のカナダにおける日本庭園の模索―」、マイグレーション研究会編『エスニシティを問いなおす―理論と変容―』関西大学出版会、249-265

河原典史（2021）「第4章―Ⅱ．フレーザー川河口の漁場利用」、河原典史『カナダにおける日本人水産移民の歴史地理学研究』古今書院、98-110

木津重俊編（1984）『日本郵船船舶100年史』海人社

佐々木敏二（1974）『山本宣治』汐文社

佐々木敏二・小田切明徳編（1977）『山本宣治全集：第6巻―日記・書簡集―』汐文社

喫茶室で紅茶を

―カナダ・ビクトリアの日本庭園―

河原典史

1 模索する日本庭園

　1843年、カナダのブリティッシュ・コロンビア州のビクトリアにおいて、西方の水路沿いにハドソン湾会社はゴージ公園を開園した。1906年には、公園内にブリティッシュ・コロンビア電気鉄道会社によりいくつかの娯楽施設が設けられ、広く一般に利用されるようになった。そこへは市街地からトローリーバスが運行し、水路ではボートや水泳が楽しまれ、陸上には園内電車やメリーゴーランドなどの遊戯施設が設置された。広島県仁保島村向灘（現・広島市南区）出身の高田隼人と神奈川県横浜市北方町（現・横浜市中区）出身の岸田芳次郎は、資本金5,000ドルで1.5エーカー（約6,070㎡）を10年契約で借地し、公園の一部に日本庭園の造園を企画した。そして岸田は、大工経験のあった実父・伊三郎（1842年生）を呼び寄せた。1907年2月の着工後、4月に到着した伊三郎の指示のもと、7月に日本庭園は完成した。

　日本庭園には2棟の喫茶室（Tea House）、石灯籠、長椅子や3か所の小池、築山や簾の迷路のほか、"Japanese ball game"と称された球戯場も併設された。それはラケット（羽子板）でボール（球）を打ち、的に当てるゲーム（遊技）であった。伊三郎の日本庭園は評判となり、彼は1908年にブリティッシュ・コロンビア州副総督婦人のバーナード邸、炭鉱業を営むダンスミュアーの邸宅に置かれたハトリー公園も1910年に作庭した。そして、1904年に石灰採掘跡に開園していたブッチャート庭園へ、1910年に日本庭園を造園したのである。伊三郎は出身地で

活躍していた横浜植木会社から、石灯籠や鶴などのモニュメントを取り寄せた。また、段差のある水路を造った彼は、その底に小石を施し、水泡と水音を楽しむ"KISHIDA Design"と呼ばれる工夫を試みたのである。

　伊三郎の他、ゴージ公園では 1908 年に三段の太鼓橋と水上茶室 (Floating Teahouse) も設置された。これを設計・建造したのは、広島県出身の西本善吉である。大工であった西本は、日本庭園の閉鎖後にフレーザー川 (北流) 河口のイーバンにあるサケ缶詰工場へ移っている。当時、漁船の動力化が進展していたため、彼の造船技術が請われたのであろう。彼は屋形船 (Japanese Pleasure Boat：YAKATA) も造り、それは白人に人気を博していた。なお、伊三郎の日本庭園に対して「和洋混合 (折衷にあらず)」と酷評したカナダ滞在中の山本宣治 (1899〜1929：80〜83 頁参照) は、西本の太鼓橋は評価している。帰国後、生物学者・政治家となる山本もまた、バンクーバーで計画されていた日本庭園にはトマト温室や達磨落としという遊技場を企画していた。

　1912 年、72 歳を迎えた伊三郎は帰国を決意した。彼に代わって、1878 (明治11) 年に広島県深安郡加茂村粟根 (現・福山市) で生まれた野田忠一が、ビクトリアにおける 4 か所日本庭園の管理を引継いだ。継承の要因は、彼の先妻・テル (1890年生) が岸田親子と同郷の横浜市元町 (現・横浜市中区) 出身であり、前述した横浜植木商会も近接していた地縁によると思われる。1920 年に芳次郎も帰国し、1925年 8 月 13 日にはゴージ公園が焼失したため、盟友の高田は日本庭園の経営から撤退した。野田もまた、ビクトリアの日本庭園群の管理を離任した。

2 　Teahouse で食されるもの

　バンクーバー沖のボウェン島でも、日本庭園が造園された。1912 年、東岸のフェリー発着場周辺に海運会社のターミナル会社によって、6 か所のピクニック場を中心にテニスコートや屋外ボーリング場などの娯楽施設が設けられた。これらの施設を造ったのは、佐賀県北茂安村 (現・みやき町) 出身の古賀大吉である。彼の最大の業績は、ディープ湾に連なる潟湖に注ぐ小川に沿って"Bridal Path (花嫁の小径)"と呼ばれた遊歩道、その小川を跨ぐ"Bridal Falls (花嫁の滝)"を設けたことである。そして、ここにも Tea House が設置された。史料には"Japanese"の文字がないことから、これは明らかに日本の「茶室」ではなく、白人を顧客とする「喫茶室」であったと思われる。

　ゴージ公園における喫茶室の写真をみると、軒先には提灯 (Paper Lantern) が吊

り下げられている (**写真1**)。窓
のない開放的な建物の内部に
は、畳敷きの伝統的な日本式茶
室ではなく、テーブルとイスに
腰掛けた白人が写っている。料
理内容はよく見えないが、それ
らはメニュー表から知ることが
できる (**表1**)。

　飲料は紅茶、コーヒー、ココ
ア、ソーダやミルクなどで、食
物に目を移すとケーキ、パンや
サンドイッチなどが並んでい

写真1　ゴージ公園の茶室 (Tea house)
［出典］竹安コレクションより

る。その他に卵、ハムやスパゲッティー、そしてチェリーをはじめとする果物もみ
られる。価格も 20〜40c で、肉類のメイン・ディッシュがないことから、日本
庭園で供されるものは軽食であった。それらは、喫茶室に隣接して建てられた公園
内のダンスホールへも配達された。当然ながら、ダンスホールは日本舞踊を前に日

表1　日本庭園で提供されたメニュー表

飲物	食物セットの内容	価格
紅茶、コーヒーまたはココア	ケーキ	20
	バターパン	20
	バタートースト	20
	スペシャルビスケット	20
	パイ	20
	ハムサンドイッチ	25
	たまごサンドイッチ	30
ゆでたまごと紅茶、コーヒーまたはココア	バタートースト	35
	ポーチドエッグ、バタートースト	35
	冷たいハム、バタートースト	35
	ポーク＆豆、バタートースト	35
	ミラノ風スパゲッティ、バタートースト	45
	ハム＆たまご、バタートースト	50
アイスクリームサンデー	チェリー、クルミ、イチゴ、パイナップル	各20
クリームソーダとクリームトマトスープ		20
アイスクリーム		10
アイスクリームソーダ		15
ケーキとアイスクリーム		20
清涼飲料またはミルク		5

価格は c (セント)。当時の 1c は現在約 24 円。つまり最上段のケーキセットは約 480 円である。
［出典］Dennis Minaker *"The Gorge of Summers Gone : A History of Victoria's Inland Waterway"* Desk-
top Publishing Ltd. 1998. 133

本茶を親しむ場所ではなかった。岸田の造園した日本庭園以外にも、ゴージ公園には前述したように西本の造った水上茶室も設置された。そこで提供された食事の詳細は不明であるが、日本食であったとは考えられない。

　ゴージ公園において、いわばパビリオンであった日本庭園で供されたのは、イギリス人が親しむ「アフタヌーン・ティー」であった。19世紀中頃のイギリスでは、午後に軽食と紅茶を楽しむ風習が上流階級に広がった。そして、コーヒーハウスから独立して紅茶とケーキを提供する喫茶店 (Tea House) は19世紀末に増加した。おそらくビクトリアにも、このような風習が持ち込まれたのであろう。そこでは洋服 (これも日本人目線であるが) に身を包んだ白人が、日本「らしい」庭園を前に日本「らしい」遊戯を楽しみ、洋室で洋食を嗜んでいたのである。

　このように、20世紀初頭のカナダでは、アメリカ合衆国を経た一種の日本庭園ブームが訪れていた。排日運動があったものの、日本文化に興味を持つ白人と、その理解を求めようとする日本人の模索が続けられていたのである。当時の博覧会へ出展された日本庭園と同様、"Japanese Garden"、"Japanese Tea House" の実態が検討されねばならないのである。

　それにしても、日本庭園「のようなもの」を前に口にする紅茶やコーヒーは、どのような味なのだろうか。

【参考文献】

河原典史 (2018)「新渡戸庭園の造園とバンクーバー日本人社会の諸相―日本人ガーディナーの活躍―」河原典史・木下昭編『移民が紡ぐ日本―交錯する文化のはざまで―』文理閣、80-102

春山行夫 (2013)『紅茶の文化史』平凡社

Ann-Lee & Gordon Switzer. *Gateway to Promise: Canada's First Japanese Community*. Ti-Jean Press. 2012.

Dennis Minaker. *The Gorge of Summers Gone: A History of Victoria's Inland Waterway*. Desktop Publishing Ltd. 1998.

Irene Howard. *Bowen Island 1872-1972*. Bowen Island , B.C., Bowen Island Historians. 1973.

Takata,T. *Nikkei Legacy: The Story of Japanese Canadians from Settlement to today*. NC Press Limited. 1983.

第3章

戦時下の 食を通じた支配と抵抗

―帰米二世・井上龍生日記に見るツールレイク隔離収容所監房の食―

和 泉 真 澄

1 はじめに

　太平洋戦争中の日本人の記憶において、食べ物に関連する話はその中心を形成している。本土における市民の語りにおいても、海外に派遣された兵士の語りにおいても、食糧不足は必ず言及される事柄だ。戦争文学の最高峰の一つともいわれる大岡昇平作の『野火』には太平洋戦争末期のフィリピンにおける日本軍兵士の体験が綴られているが、その惨状を象徴し、物語の核心となる出来事として描かれるのは、同胞兵士の死体の一部を食するのみならず、生きた同胞を殺して食する欲望である[1]。日本を代表するアニメ制作会社スタジオ・ジブリが太平洋戦争の国内の体験を正面から扱った作品として、戦争末期の食糧難のなかで餓死していった子どもたちを描く『火垂るの墓』がある[2]。同じく日本を代表するアニメといっても良い『アンパンマン』は、原作者やなせたかしの戦時中や戦後の食糧難が原体験となった作品で、空腹な者に自己犠牲を伴いつつ食べ物を提供する弱きヒーローが主人公と

なっている [3]。

　戦争と食との関係を分析した研究は最近増えつつある。評論家の斎藤美奈子が戦時中の婦人雑誌の料理記事を分析して著した『戦下のレシピ』では、配給食材利用上の工夫、コメ不足でも満腹感を覚える食事の作り方、代用食の開発や食糧調達の知恵など、戦時下でもたくましく家族を支える女性たちの努力に光が当てられる一方、戦局の悪化によりどんどんと食糧が乏しくなっていく様子には、戦争が健康な市民生活の維持とは相入れないことが明確に示される [4]。リジー・コリンガム著『戦争と飢餓』は、第二世界大戦中に戦闘で亡くなった軍人の数をしのぐ約2000万人が餓死した事実を受け、国の食糧確保が戦争の大きな動機になったこと、そして国家が戦争を遂行する際に食糧の生産や供給が国民や兵士の生死や戦意を決定的に左右したことを明らかにしている [5]。ナチスドイツや大東亜共栄圏における農業や食に関する研究を重ねてきた藤原辰史は、『ナチスのキッチン』でドイツの台所とレシピの変遷を辿りつつ、科学や国家権力が従来では私的空間であった台所や食に入り込み、戦争への動員と調理場・調理器具の商品化を通じて国家や企業が国民の身体を外側からだけでなく、内側からも支配するようになっていった過程を描いた [6]。藤原はまた、農業機械や農業技術の発達と戦争の関係にも注目している [7]。

　一方、太平洋戦争時におけるアメリカ合衆国における戦争と食との関係には、食糧不足に苦しんだアジアやヨーロッパ、アフリカとは全く違う展開を見ることができる。もちろんアメリカも戦争中には食糧そのものだけでなく、農業生産人口を軍隊に回さねばならなかった。しかし、厭戦気分が充満するアメリカ本土から兵士を動員し、海外派兵するに当たって軍が最も重視したことの一つは、前線へと物資を送る輸送システムの確立、とりわけ戦場で兵士の体力と士気を保つために必要な、質量ともに充実した食糧供給体制であった。武器弾薬どころか十分な食糧補給の算段もなく、難局を精神力で乗り越えるように要求した日本帝国陸軍の兵士に対する処遇と比較したとき、日米戦争は戦う前からすでに結果が決まっていたことは明らかである [8]。

　近年、食と社会や文化の関係に関する研究は急速に進み、アメリカの食文化への移民の影響や、アメリカの食がアメリカ的価値観やライフスタイルの

グローバルな拡散に果たした媒介的役割、そして、戦争と食料の加工技術および科学と食文化の変化の関係、戦時下の食と帝国主義などに関わる分析も進んできてはいるものの、戦争と移民と食をダイレクトに繋いで分析した研究は必ずしも多いとは言えないだろう[9]。そこで本稿では、太平洋戦争中にアメリカで敵性外国人として囚われの身となった日系アメリカ人が収容所で体験した食をめぐる出来事の研究の一環として、ツールレイク隔離収容所のなかでも特に「危険分子」だと疑われた人々が収監された監房（Stockade）で書かれた、帰米二世・井上龍生の日記から食に関わる部分を取り出し、考察する。太平洋戦争において日本とアメリカの食環境は対照的なものであったが、ツールレイクに隔離された日系人は、アメリカへの「忠誠質問」に「イエス」と答えて通常の戦時転住所で過ごした日系人たち以上に、戦時下の国家と国民の関係をより深刻に撹乱する存在であった。本章では、この隔離収容所という文脈に注意しながら、トランスナショナルな存在としての帰米二世の描いた強制収容体験の分析を食に注目して進めたいと思う。

　太平洋戦争において日本とアメリカは敵と味方であったが、日系アメリカ人をそのなかでトランスナショナルな存在と捉える見方は、アメリカにおける日系人史の文脈のなかでは主流なものではない。日系アメリカ人強制収容は「長いアメリカ史のなかで一貫して続いた非白人に対する排除と人種差別」という文脈において解釈されることが主流であり、この見方では強制収容は人種偏見に基づいたアメリカ市民の集団的拘束という公民権侵害として捉えられる。日系人強制収容を「敵性外国人の抑留」と考えるか「アメリカ市民の拘禁」と考えるかは、日系アメリカ人を「移民」と考えるか「人種的マイノリティ市民」と考えるかに関係するが、この問題が生じるのは、1952年までアメリカ合衆国が日本国籍者の移民にアメリカへの帰化を認めていなかったためである。すなわち、移民世代である「一世」は本人の意思やアイデンティティに関わらず大日本帝国臣民であり、彼らの国籍から彼らがどの国により強く帰属意識を感じていたかをはかることができないのである。

　戦時中に利敵行為やスパイをして逮捕された日系人はおらず、数多くの二世がアメリカ軍に従軍して大きな犠牲を払いつつ輝かしい戦果を挙げたという事実は、日系人がアメリカに対して強い忠誠心を抱いていたことの根拠と

して指摘される。しかし、日系人のアメリカに対する忠誠の面のみが強調されることによって、アメリカ政府の立ち退き命令に従わなかった人々や、アメリカへの無条件の忠誠を求められた時に「ノー」と答えた人々、そしてアメリカ軍への従軍を拒否した人々の存在が、日系人の戦時体験の語りから抹消されてきた。ツールレイク隔離収容所の意味に関しても、トランスナショナルな観点から見た戦争と移民、政府の不正義とそれへの抵抗、戦時下の市民権と人権の間の緊張関係をめぐる議論は、まだ始まったばかりである[10]。

　強制収容所のなかで展開されたソーシャルワーカーが行ったフィールド調査の詳細を見ると、日系人が忠誠質問にどのように答えたかは、理念的なアイデンティティよりも、彼らが直面していた状況、例えば家族が健康を害していて別の収容所に移動することができないといった偶然の事情、人種差別が渦巻くアメリカの主流社会に放り出されるより、当面収容所に留まり戦争の趨勢を見守るといった生存戦略、あるいは収容所の衣食住のインフラの整備状況など、さまざまな現実的なファクターに左右されたことがわかる[11]。そこで筆者は、収容所内でさまざまな生存戦略を駆使し、不可能な選択を何度も強制されるなか、それぞれの複雑な局面でそれぞれ苦渋の選択をした日系人の行動を理解するためには、衣食住を含めた戦時収容所における生活実態を地上目線から再考察する必要性を感じてきた。筆者がこれまで発表してきた収容所の教育、食や娯楽などについて論考、そして本章の分析はそのような問題意識から生まれたものである[12]。

　ツールレイクに隔離された人々は、さまざまな事情から忠誠質問の対して「イエス」と答えなかったが、彼らの収容所への拘束が不当であったという事実は変わらない。ツールレイク隔離収容所が言説上アメリカ国境の外に置かれていたという文脈に留意するために、まずは日系アメリカ人強制収容政策の全体像について説明をしてから、収容所の食についての考察に入ることにしよう。

2　太平洋戦争中の日系アメリカ人と
ツールレイク隔離収容所

　1941年12月の日本軍による真珠湾奇襲攻撃により、アメリカに住んでいた日系人は「敵性外国人」となった。本来ならば、日本国籍を保有していた一世とアメリカ国籍を保有していた二世とは処遇が分けられるべきであったが、日米開戦により日系二世はアメリカ軍の兵役上のカテゴリーで「4-C（敵性外国人であるため従軍不可）」とされたのだ。敵性外国人には夜間外出禁止令が出されたが、その対象となるのは日本国籍者、ドイツ国籍者、イタリア国籍者と日本人を祖先にもつアメリカ市民（日系二世・三世）であった。陸軍省西部防衛司令部は、アメリカ西海岸にあるカリフォルニア・オレゴン・ワシントンの三州を本土防衛にとって極めて重要な地域と考え、「移民したからといって人種的な絆が絶たれるわけではない。日本人は敵性人種であり、二世・三世はアメリカ市民ではあるけれども、人種的血統は薄まるわけではない」という論理に基づき、1942年2月に「日本に起源を持つ者全員」を太平洋岸100マイル地域から立ち退かせることを決定した[13]。

　軍にアメリカ市民である二世を含む日系人全員を強制的に西海岸から立ち退かせる権限を与えたのは、大統領行政命令第9066号であった。ところが、この大統領令には「日本」や「日系」という言葉は全く含まれていなかった。命令は、陸軍は「合衆国内のあらゆる地域を防衛地域と指定することができ、そこからいかなる人物を立ち退かせることもできる」という極めて大風呂敷な文言で出来上がっていた。もちろん大統領も、この命令を追認した連邦議会も、実際に陸軍にこのような広範囲な権限を与えるつもりはなかった。この行政命令に反対が出なかったのは、関わったすべての人々が、命令は国籍に関係なく日本人の血を引く者だけに適応されることを暗黙の了解として共有していたからである。

　軍の命令によって、カリフォルニア・オレゴン・ワシントン州の太平洋岸から約12万人の日系人が、ひどいときは24時間、あるいは48時間、72時間以内に手で持てる荷物だけを持って指定場所に集合し、仮収容所という形

で設定された西海岸の100マイル地域内の施設に入れられた。自らも収容体験を持つ画家のミネ・オークボは、立ち退きのためにまとめた荷物に家族ごとに番号が付けられた様子を描いている¹⁴⁾。番号札は荷物だけでなく、人間にもつけられた。仮収容所は競馬場の馬小屋などを掃除して日系人を住まわせたため、部屋には家畜の匂いが残っており、狭くてプライバシーも無かった。多くの人は、何十年も必死に働いて築き上げた財産の大半を失った。

　軍は次に、より長期間の生活に耐えるキャンプである「戦時転住所（War Relocation Camps）」を100マイル地域外の内陸部に建設するよう命じた。キャンプの管理は軍ではなく、行政府のなかに新たに立ち上げられた「戦時転住局（War Relocation Authority：WRA）」が行うこととされた。戦時転住所は鉄条網で囲まれ、銃を持った兵士が銃口を内側に向けて警備していた。住居は大きなバラックで、一つのバラックは4つ、ないし6つに仕切られた部屋で成り立ち、それぞれの部屋に一家族が暮らした。14のバラックが1つのブロックを形成しており、1つのブロックには「メス・ホール（食堂）」と男性用・女性用の共同トイレ、洗濯場とアイロン場が備えられていた。収容所は人里離れた内陸部の砂漠地帯や湿地帯に建設されたため、住人は暑さや寒さ、部屋の中にまで吹き込む砂埃や虫、そして集団生活によるプライバシーの欠如などに苦しんだ。各部屋に台所はなかったので、食事は政府から支給される食べ物を「メス・ホール（大食堂）」で取ることとされた。食糧支給を補うため、各収容所には農場も作られ、野菜などの生産が行われた。収容所の生活に必要な労働は被収容者が担っていたが、労働に払われる賃金は熟練職で1か月19ドル、通常職で16ドルとされ、外の社会の10分の1にも満たなかった。

　軍隊が西海岸に住んでいた日系人を収容所に入れた公式の理由は、「軍事的必要性」とされていた¹⁵⁾。日本と交戦状態になり、日系コミュニティに利敵行為を行うスパイがいるかもしれないというのがその大義名分であった。しかし、軍隊および政府は日系コミュニティを戦争開始以前から詳細に監視しており、西海岸に住む日系人の圧倒的多数は国家安全保障にとって危険ではないと考えていた。それでも日系人は収容された。軍は強制収容を説明するために、日系人の圧倒的多数は安全だが、なかには極少数の危険分子がいて、日本人がアメリカ人とは異人種であるため、その危険な人物の特定を必

要な短時間のうちに行なうことができない、という議論を展開した。この論理に従い、危険な人物と安全な人物との区別を行うため、収容所に閉じ込められた日系人全員に忠誠質問が行われることになった。回答で親米的であると考えられた人々は収容所から解放される許可をもらい、東部や中西部などに再定住していった。一方、忠誠でないと判断された人物は、戦時転住所からツールレイクの「隔離収容所」へ移された。

　親米的か親日的か、アメリカに忠誠か不忠誠かの区別は極めて不合理な要素で判断された。例えば、日本語ができたら不忠誠に近く、英語しか話せない人は忠誠に近いと判断された。宗教では、キリスト教徒であれば忠誠で、仏教徒や神道の信者は親日的で不忠誠とされた。さらに忠誠質問には、日系人に大混乱を引き起す2つの質問が含まれていた。第27問はアメリカ軍に従軍し、命令されればいかなる場所でも戦闘任務につくかどうかを問うており、第28問はアメリカに無条件の忠誠を誓い、日本の天皇への忠誠心を放棄するかを問うていた。この質問に9割以上の人々は「イエス」と答えているが、どちらか、または両方の質問に「ノー」または「中立」と答えた場合、あるいは回答を拒否した場合には、その家族はツールレイクに移住しなければならなかったのだ。「イエス」と答えたら、転住所から解放される可能性ができるが、市民である二世の場合は、それによって徴兵される可能性が生じることとなった[16]。

　ツールレイクは初めから隔離収容所だったわけではない。当初は他と同じように、ここはアメリカに10か所作られた戦時転住所のうちの1つだった。しかし、収容所の管理が強権的で、被収容者の間には強い不満が溜まっており、忠誠質問の行ない方も性急で回答の際にさまざまな憶測や噂が飛び交ったことで被収容者の不安と混乱を増幅した結果、忠誠質問に「ノー」と答えた割合が突出して多くなったのだ[17]。こうして隔離収容所となったツールレイクへ他の転住所から続々と「不忠誠組」とされた人々が移送されてきた。ツールレイクで「イエス」と答えた人は他の転住所へと送られた。この3度目の強制移動（1度目は自宅から仮収容所、2度目は仮収容所から戦時転住所）が完了した1943年11月初旬にツールレイクで「暴動」が発生し、その結果軍隊が介入して、収容所全体が戒厳令下に置かれた。軍隊は騒動の扇動者を捕

まえるためにバラックを捜索し、また密告などを通じて「トラブルメーカー」とされた人々を監房に収監した[18]。監房では、捕らえられた人々に対してFBIによる尋問が執り行われた。監房に収容された者は、全部で400名ほどに上ると考えられている[19]。尋問の結果「危険分子」と認定された者は、ノースダコタ州のフォート・リンカーンやテキサス州のクリスタル・シティなどにあった司法省管轄の敵性外国人抑留所に送られた。

　忠誠質問は、日米開戦以前には日本とアメリカのどちらにも愛着と帰属意識を抱いており、また日本とアメリカという2つの国家に対する関係性のなかで、法的にも意識としても多様なアイデンティティを持っていた日系アメリカ人に二者択一を強要した[20]。この過程を通じ、「イエス」と答えた大多数の日系人は極めて排他的なアメリカ人性、すなわち他の帰属意識を排除した形のアメリカ人アイデンティティを集合的に形成し、それを強調した形で人生を歩んでいくこととなる。戦後の日系人はアメリカの多くの民族になかでも平均年収や学歴が高く、遵法精神に富んだ良き市民「モデルマイノリティ」であると一般に認識されている。一方、ツールレイクに収監された人々は日系コミュニティのなかでもマイノリティとなり、戦後も「不忠誠者」のレッテルを負わされた。ツールレイクの元被収容者が自分たちの体験を公共の場で語り始めるには、21世紀まで待たなければならなかった[21]。本章で取り上げる日記が公開されるに至ったのも、そのような時代の変化を反映しているが、この資料の内容に入る前に、太平洋戦争中のアメリカの食について整理しておく必要がある。

3　太平洋戦争中のアメリカの食と日系人収容所の食環境

　太平洋戦争中、アメリカ軍は兵士への食糧供給に極めて神経を使っていた。軍は国民の厭戦気分に苦悩しており、本土が攻撃されていない状態で自国兵士を危険な戦場に派兵するにあたって、人的犠牲を最小限に抑えることは最重要課題だったからだ。アメリカ兵の食事は、派遣場所や業務の種類によって配給ランクや兵士一人に一日当たりかけられる経費が決まっていたが、健康な男性が激しい身体活動を行うのに十分なカロリーと栄養素を含む

よう考案されていた[22)]。また戦場に栄養価を損なわず、保存状態の良い食料を届けるため、アメリカ軍は軍用携帯食料の開発に巨額の投資を行なった[23)]。現在、私たちが口にするプロセスチーズ、シリアルバー、スナック菓子やレトルトパックなどは、もともと兵士が戦場で常温で携帯できるよう考案された加工食品なのである。戦後に一般化する加工食品のほとんどは軍事用に開発されたものであり、カロリー、栄養素や耐久性などが考え抜かれた食の科学化の産物であった。

　第二次世界大戦は総力戦であったため、兵士や戦場だけでなく、世界の国々の銃後の日常生活にも大きな影響を与えた。藤原辰史は、戦争に強い兵士を育成するために、国家の思惑が国民の健康全般を司る食の全ての体系、すなわち台所の装備、家庭の食事メニューや食を巡るあらゆる言説、そして廃棄物にいたる循環過程にまで浸透していく状況を「ナチスのキッチン」と表現した[24)]。ドイツ民族による民族共同体思想をベースとした国家社会主義（ナチズム）が、資本主義や社会民主主義とは一線を画す極端な人間性の剥奪を明示的理想としていたという点は見逃せない。しかし、総力戦が国民の動員を通じて科学や生産性といった概念を通じて個人の生活内部まで国家が支配を浸透させたという点は、世界の多くの国々に共通して見られた変化だといえるだろう。

　戦時下でも消費文化が衰えなかったアメリカにおいて、一見戦争とは無関係に見える日常品の広告にも戦争が色濃く現れた。1942 年 12 月 8 日の『ニューズウィーク』誌では、フライシュマン社のビタミン B_1 強化イースト入りパンの広告が「アメリカ男性の 10 人に 4 人は兵役に不適格！」というショッキングな事実とともに、栄養強化パンを食べる重要性を訴えている[25)]。ネスレ（Nesslé's）という大手チョコレート会社の広告では、上部に軍用ヘルメットをか

図1　1942年11月の『ライフ』
　　　誌に掲載されたネスレの
　　　広告(Lawrence Wilbur作成)
［出典］Western Connecticut State University Archives, July 9, 2019.

ぶり制服を着た白人男性兵士が片手にチョコレートを持っているイラストがあり、「チョコレートは戦う食品（Chocolate is a Fighting Food!）」というキャッチフレーズが躍っている。広告の中央には肉や卵、パンなどのカロリーとチョコレートの栄養価を比較した表があり、極めて高いチョコレートのエネルギー値が示された。下方には板チョコ、粒チョコやクランチなどのチョコレート商品が並んでいた（図1）[26]。

1943年のケロッグの全粒粉シリアルの広告では、「戦時のための勝者の一皿（A Dish that's a Winner for Wartime!）」という謳い文句のもと、このシリアルの効用について、「時間と労力の節約」「肉と牛乳の長期持続」「貴重なタンパク源」「全粒粉シリアル」というタイトルで挿絵と説明書きがある。これは、戦争中に肉や牛乳が配給制になっていたため、それらに代わるタンパク源としてシリアルが販売促進されたことを示している（図2）[27]。

図3は、アメリカ農務省が作成した菜園を害虫から守る殺虫剤の広告である。戦争中に不足する食料を補うために、家庭菜園が奨励された。この菜園は「勝利の菜園（Victory Garden）」と呼ばれていた。上部には「撃ち殺す！（Shoot to Kill!）」という赤い大きな文字が書かれ、女性が殺虫スプレーを銃のように構え、トマトを荒らす害虫に殺虫剤をかけている。下には「勝利の

図2　1943年6月に『ウーマンズ・デイ』誌に掲載されたケロッグの広告

［出典］TJS Labs, the Gallery of Good Design

図3　1943年にアメリカ農務省から出された殺虫剤の広告（Hubert Morley作成）

［出典］Franklin D. Roosevelt Library and Museum.

菜園を守ろう（Protect your victory garden）」の文字がある。銃を構える女性の姿は、銃後でアメリカ人の食料、すなわち生命を守る国民の心得を示しているとも読み取れる[28]。

　このように、戦争はアメリカ人の生活のあらゆる場面に影を落とし、生存の基盤である食にも当然その影響は及んだ。しかし世界の他の地域に比べ、戦場とならなかったために農地や工場が破壊されなかったアメリカ本土の人々の暮らしは、それほど逼迫することはなかった。むしろ大恐慌で生活に困窮した多くの労働者や農民は、第二次世界大戦の戦争特需で賃金が上昇した。アメリカで「砂糖、砂糖菓子、コーヒー、バター、チーズ、缶詰め食品、冷凍または乾燥させた野菜や果物、赤身肉、これらすべてが1943年までに配給の対象となった」のは、アメリカ人が食費への支出を戦争中に8％も増やしたことから「軍隊や同盟国が必要とする良質の高エネルギー食品を民間人が浪費するのを規制する」ためであった、と『戦争と飢餓』の著者コリンガムは書いている[29]。

　では、戦争中に「敵性人種」として強制収容所に入れられた日系人たちはどのような食事を摂っていたのだろうか。軍による民間人の強制排除を許可した大統領行政命令9066号には、排除に必要な輸送手段、医学的補助、食事、衣料品や宿泊所、その他の備品を供給する権限を軍に与えている。その後、戦時転住所を管理するために被軍事部門の戦時転住局（WRA）が創設されたが、基本的に日系人の戦争中の強制移動と収容は軍の指針に基づいて遂行されていた。司法省管轄の抑留所の食について考察した尾上貴行は、戦時転住所の食事についてもまとめている[30]。WRAの報告書によると、当局の基本方針では収容所の食事はアメリカ市民一般と同等な基準とすることになっており、食材運営や管理は連邦政府レベルで厳格に管理していた[31]。当初、軍によって防衛地域内の仮収容所に移された際の食事では軍用のものが支給されたが、日系人の口には合わず、食事を摂れない者や体調を壊す者も続出した[32]。長期滞在の戦時転住所に移ってからは、より計画的に食糧生産が促進され、野菜の栽培や家畜の飼育が進み、収容所の食事は大幅に改善した。筆者が調査したヒラリバー収容所では、1942年夏の開所からの9か月で大根、かぶ、レタス、人参、ほうれん草などが大量に生産され、新鮮野菜が1,464

トンが消費されたのに加え、1,341 トンが残りの 9 つの収容所へと移出された ³³⁾。続く 1943 年 7 月から 1944 年 6 月では全農産物収穫高は 4,804 トンで、収穫物は一般市場や軍に回されることはなく、すべて収容所の食を補充するために使われた。収穫高のうち、ヒラリバー収容所で消費されたのが 1,777 トン、他の収容所へ移送された食糧が 3,027 トンで、WRA の報告書によれば、一般市場に出ていれば、野菜の市場価値は 32 万ドルに上る計算となった ³⁴⁾。収容所で作付された野菜の種は戦前から野菜作りに活躍していた日系人たち自身が提供したものも多く、メスホールの調理なども被収容者自身の労働で賄われていた。ヒラリバー以外の収容所でも、野菜や食肉のみならず、豆腐や醤油なども収容所内で生産されるようになっていった。

　このように、戦時中の日系人強制収容所の食環境は、当初の軍用の粗末な食事から日系人自身が生産した野菜や果物、肉の豊富な供給へと大きく変化した。WRA は日系人を優遇しすぎているという排日政治家からの圧力を交わしつつ、「ファシズムから民主主義を守る戦い」という戦争の大義名分を揺るがしかねない自国民の収監（政府は「避難」という婉曲表現を使っていた）の正当性を PR し、さらに被収容者の不満を緩和してキャンプの平穏を保たねばならなかった。収容所の食はそのバランスの要となるファクターであったため、食環境について当局がどのような政策を取ったか、また被収容者たちがどのように収容所の食の問題と向き合ったのかを記述することは極めて重要なのである。

4　ツールレイク隔離収容所監房日記
(Tule Lake Stockade Diary)

　一般の戦時転住所の記述に比べ、ツールレイク隔離収容所の生活実態に関する記述は少なく、ましてや収容所内の「トラブルメーカー」が収監された監房のなかの状況について、ごく一部の当事者の証言によって部分的にしかわかっていなかったが、近年一つの貴重な資料が発見された。それが本章で紹介する新たな一次資料、すなわちツールレイク隔離収容所で監房に投獄された帰米二世・井上龍生によって日本語で書かれた日記である。本資料は、

筆者が2013年にシアトルで行われた「リドレス（強制収容に対する政府による公式謝罪と補償）25周年」を記念した会議に参加した際に、偶然、井上の二人の娘アーニー・ジェイン・征子・ニシイとナンシー・協子・オダに出会ったことから入手に至ったものである[35]。

　日記はポストン収容所分（1942年6月3日から1943年8月23日）が1冊、ツールレイク収容所分が1943年10月6日から1945年1月17日までの8冊あり、うち、3か月に渡る監房収監時（1943年11月13日から1944年2月14日）の日記が5冊あった。この5冊分の日記を和泉が英訳したものが、カリフォルニア大学ロサンゼルス校（UCLA）のアジア系アメリカ研究センターが管理する"SUYAMA Project"というデジタルアーカイブで"Tule Lake Stockade Diary"として一般に閲覧できるようになっている[36]。

　井上龍生は1910年にロサンゼルスで生まれ、1999年に亡くなった日系二世である[37]。3歳の時に両親の故郷の熊本に送られ、18歳で帰国している。彼は、日系二世であるが母語は日本語、日本で育ち小学校から高校までの日本の教育を受けた、典型的な帰米二世である。遺族から提供されたFBIファイルの記録によると、彼は二重国籍者であり、軍事教練を含む日本の高校の教育を終えた後、1928年にアメリカに戻り、ランカスターでジュニア・カレッジを卒業し、同市で日本語教師となった。日本語学校の元生徒であった二世のリリー・百合子・スギモトと結婚し、彼女を連れて故郷の熊本や日本各地、満州などをハネムーンで旅行している。その後、ロサンゼルスに移り、ダウンタウンの近くでリリー・イノウエの名義で青果店を営んだ。日米戦争開始時点では、二人には長女のフランシス・小百合と次女のアーニー・ジェーン・征子の二人の娘がいた。

　井上龍生は日本で柔道を習い、5段を習得していた。カリフォルニアでも柔道の指南をしていた彼は、1932年のロサンゼルス・オリンピックで講道館南加柔道有段者会を代表して、柔道の演武にも加わっている。信仰する宗教は、FBIファイルによれば「無」となっている。

　ポストン収容所で忠誠質問を受けた井上は、質問27（米国陸軍での兵役に応じる意思の有無）に「ノー」、質問28（米国への無条件の忠誠を誓う意思の有無）に「中立（neutral）」と答えている。そして、1943年7月20日に彼は、一

家の日本への送還申請に署名
を行なった。こうして、井上
一家はポストンからツールレ
イクに移動した。ポストンで
一緒だったリリーの実家のス
ギモト家の人々は、このとき
井上に「イエス」と答えるよ
う泣いて頼んだという。しか
し、井上の意思は固かった。
ツールレイク収容所で他の

写真1　戦後間もないロサンゼルスでの井上一家
［出典］ナンシー・協子・オダ所蔵

被収容者からの密告を受け、井上は 1943 年 11 月 13 日に突然、監房に連行さ
れた。監房で FBI の尋問などを受けた結果、彼は 1944 年 2 月 14 日に、これ
また突然釈放されて家族のバラックに戻った。彼の連行・収監・釈放の理由
は、当時もその後も一切説明されなかった。井上が監房にいた当時、長女の
小百合は 6 歳くらい、次女の征子は 4 歳くらいの幼子であった。家族によれ
ば、この時に父親が突然連行されたことは、征子の精神的安定を一生涯にわ
たって損なったという。征子は成人して結婚し、三人の息子を持つセラミッ
ク・アーティストとなった。彼女は自分のアートのなかで、強制収容所のモ
チーフを何度も描いている。三女の協子はツールレイク収容所生まれで、戦
後はロサンゼルスで教職に就き、公立学校の校長を長年にわたって勤めた。
つまり戦争中に井上は送還申請はしたものの、戦争が終わると一家はロサン
ゼルスに戻り、そこで生活を再建したのである（**写真 1**）。

　さて、ツールレイク隔離収容所のイメージといえば、「報国青年団」をは
じめとする親日派の集団がハチマキをして朝礼で「天皇陛下万歳！」と叫び、
「わっしょい、わっしょい」と軍隊式の行進をして、坊主頭で日本への愛国心
を他の被収容者にも強要していた、というものである（**写真 2**）。実際にツー
ルレイクの住人の中には親日派からかなりのプレッシャーをかけられたとい
う証言もある一方で、親日派の行為については、戦後にアメリカに残った日
系人のイメージを良くするために、暴力的なイメージを一部の親日派に押し
付けたという説もある[38]。このような親日派は被収容者のごく一部であった

事実が、今日の研究では指摘されているが、このようなイメージが流布した
ことで、ツールレイクの元被収容者は「不忠誠」の烙印を今日までも払拭で
きていないといえるだろう。隔離収容所の中で親日派になった人々や、そう
はならずにツールレイクで暮らした人々がどのようなアイデンティティを
持っていたのかは、非常に複雑な問いである[39]。アメリカに裏切られたこと
で親日派になったという解釈もあれば、もともと日本人移民は日本国や天皇
に対して忠誠心を持った存在であったという解釈もある[40]。ピークには
18,000人もいたツールレイク隔離収容所の被収容者のアイデンティティは、
極めて複雑で多様なものだったと考えるのが正解であろう。

　井上一家がツールレイクに到着したのは、1943年10月初旬である。その
後まもなく、収容所を戒厳令へと導く事件が起こった。収容所の農場から
キャンプに帰る途中で労働者を運んでいたトラックがスリップ事故を起こし
て、一人が車から投げ出されて死亡した。遺族への不誠実な対応に抗議した
キャンプ住人たちが農場での労働を集団で拒否すると、ツールレイクの
WRA当局は他の収容所から労働者を動員、基準とされていた給料の10倍の
賃金を与えて農作業をさせた。当然、キャンプ住人は当局への反感を強めた。
管理当局の対応のまずさは、すでに疑心暗鬼になっていたキャンプ住人の間
に、兵士が食料を盗んで外で売っているといった、さまざまな噂が飛び交う

写真2　ツールレイク隔離収容所からサンタフェの捕虜収
　　　　容所に移送される仲間を送り出す奉仕団団員たち
[出典] R. H. Ross（戦時転住局）撮影

原因ともなった。被収容者は、質の悪く量も少ないキャンプの食物の改善を要求した。10月15日の井上の日記にも、ファーム（農場）でつくっているベジタブル（野菜）が同胞のためならば喜んで働くけれども、「米軍食糧補戦に立たされるのは真平である」と記述されている[41]。

　各日系人収容所で生産された野菜などの食糧は、その収容所で消費されたほか、食糧の足りない他のキャンプに送られており、米軍への供給はされていなかった[42]。しかし、井上らにそのことがわかるはずもなく、不確かな情報や当局への不満は、上のような憶測を呼ぶ大きな要因であった。10月19日の日記には、キャンプ内のあちこちで被収容者同士の暴力沙汰が発生したため、井上が代表する柔道部も治安維持に協力するよう当局や住人を代表する委員会から要請があったことが記録されている[43]。これに対し井上は、柔道は健全な青少年を育成するために教えるもので、用心棒になるためのものではない、と心の内を明かしている。

　農場のストライキが続くなか、10か所の収容所全体の管理責任者であるディロン・マイヤーWRA局長が11月1日にツールレイクを訪れた。収容所のレイモンド・ベスト所長と会談中に、日系人の住人を代表する「代表者会」が収容所の状況の改善要求書を提出した。所長のいる建物前の広場には5,000名の被収容者が集まり、当局がどう答えるかを見守っていた。要求は拒否された。3日後、やはり広場に多くの人が集まっていたところ、兵士たちがトラックで野菜を大量に運び出しているのを見たという話が人々の口に登り、食物が盗まれているという噂となって、場が騒然とした。慌てたベスト所長は軍隊の救援を要請し、装甲車と銃を持った兵士が続々と収容所内に踏み込んだ。これが、のちに「暴動」と記録されることとなる1943年11月4日の事件である[44]。この日からキャンプのなかを兵士が銃を持って巡回するようになり、当局がいわゆる「トラブルメーカー」の拘束を開始した。

　ここで特に注意しておきたいのは、ツールレイク隔離収容所の騒乱の原因が、親日派によるプロパガンダやアメリカに対する不忠誠というよりも、食糧が盗まれたという噂であったことである。同じような現象は、有名なマンザナー収容所でも起こっている。カリフォルニア州のマンザナー収容所で1942年11月に起こった「暴動」の引き金となったのは、「当局への協力者（イ

ヌ）」と他の被収容者たちから考えられていたフレッド・タヤマという二世
の集団殴打事件の容疑者として、ハリー・ウエノが逮捕されたことであった。
被収容者のために保管されていた肉と砂糖が、支給されるはずの量よりかな
り少なかったので、ウエノは密かに調査していた。ウエノの釈放を要求して
集まっていた2,000名ほどの入所者に軍隊が発砲し、二人の死者と多数の怪
我人が出た。この事件は、親日派と親米派の対立の構図で捉えられることが
多いが、劣悪な食糧事情が被収容者の不満や怒りを極端に高めていたことが
大きく関わっていたことはまちがいない。
　ツールレイクにおいて、突然、井上が居住区から監房へと連行されたのは

写真3　監房の中の部屋
［出典］R. H. Ross（戦時転住局）撮影

写真4　監房収監者を強制的に動かす警備隊員
［出典］R. H. Ross（戦時転住局）撮影

11月13日、すなわち収容所に戒厳令が敷かれる1日前のことである（写真3）。井上の監房日記には、監房が銃剣を持った兵士によってものものしく警備されていること、毎日霜が降りる寒い屋外に整列して点呼をさせられたこと、収監者の一部が護衛兵によってひどく殴られていたことなどが書かれている（写真4）。キャンプ全体はWRAの管理下にあるが、戒厳令下の収容所では軍の存在感が極めて大きくなった。そして、監房は完全に軍の管理下に置かれていた。炊事は当番制であったが、配給される食糧の質と量が急速に劣化していった様子も、読んでいくとよくわかる。

　また、井上がいた頃は200名余の収監者がいたにも関わらず、トイレは8つしかなく、食べ物が足りないために皆が便秘していて、長蛇の列ができていたといった記述もある。その他、病人が出たのに病院に移してもらえず、医者が来るのも極めて遅かったこと、ストーブがなかなかつかなかったこと、狭い部屋にたくさんの人が収容されているなか風邪が流行ったこと、若者たちが下世話な話や賭博などをして時間を過ごしていたことなども、日記には記録されている。これまで、監房の内部の写真は何枚かあり、収監者の証言もわずかにはあったが、ここまで詳細に内部の様子が記述された資料は初めてである。

5　ツールレイク隔離収容所での食と支配

　では、井上龍生監房日記のなかで、食についてはどのように書かれているだろうか。この日記の1つの特徴は、井上が毎日日記をつけており、その日毎に食べた食事が全て書かれていることである。

11月14日
　朝　卵三個、コーヒー、パン、コーンフレーク
　昼　レタス、レーズン、コーヒー、ケーキ、スペアリブ、ビスケット、パン
　夜　マカロニ、トマトソース、マッシュポテト、コーヒー、パン、桃

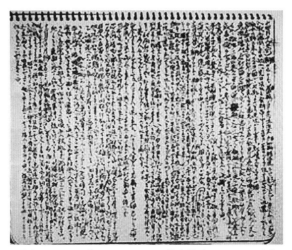

**写真5　1943年12月18日の井上龍生ツールレイク
　　　　　監房日記のページ**

[出典] ナンシー・協子・オダ所蔵、筆者撮影

　これは監房に入った当初の記述である。家を追われて以来最も豪勢な食事
を「子どもに食べさせてやりたいと思うと涙が出た」と反応をしている。ま
た「新鮮な野菜はいつから食べていないか」といった記述もあり、キャンプ
の食事が極めて貧弱であったことを思わせる。

　ところが、監房に毎日次々と人が運ばれてくることにより、状況は急速に
悪くなった。11月19日にはすでに食糧が足りず、鍋釜もないので、自炊す
るよう命令されたが、食糧を全員分十分に用意することができない旨が書か
れている。11月19日には新しい入所者にキャンプの様子を聞いたところ、
キャンプの食糧も悪化していることを知る。それでも11月23日には、たば
こ、菓子、おはぎ、柿、ぶどうがキャンプからの差し入れとして届けられた。
キャンプの食物はメス・ホールで被収容者全員に決まった時間に供給されて
いたが、この時点で、多くの人々が売店から食糧を買っていたことがわかる。

　11月27日にはキャンプのバラックを兵士たちが家宅捜索し、各家庭が売
店で購入したり、通信販売で買って備蓄しておいた食糧を大量に没収した。
29日には、一度に81人が監房に搬送されてきた。収監者は200名を超え、
食糧供給は危機的状況を迎える。醤油、塩や米がないという苦情を当局に訴

えるも、却下され、収監者の不満は溜まっていく一方であった。

　　　12月2日　　朝　パンケーキ、コーヒー
　　　　　　　　　昼　米、スクランブル・エッグ（大さじ1）、茶
　　　　　　　　　夕　米、マカロニ（人参入り）、ビーツ（酢なし）、茶

　12月に入り、スクランブル・エッグは大さじ1杯のみ、マカロニには人参しか入っておらず、ビーツは酢漬けでないなど、井上の記述は食に関して、ますます詳細になっていく。

　　　12月15日㈬　朝　トースト、コーヒ、
　　　　　　　　　昼　御飯、鰯、キャベツ、酸物
　　　　　　　　　夕　御飯　煮物（キャベツ、キャロツ、牛肉）、茶

　このような毎日の三食の献立に加えて、井上日記には極めて詳細な食事に関する記述がある。鰯は出たものの前日からのもので食べられないとか、「マカロニは塩味だけ」といったものである。また当局から被収容者がゴミを出すように命令を受けたが、集めたゴミは極めて重いこと、命令に従わなければ脅しとして「食糧を減らす」という文句が使われたことなども書かれている。
　以上のことから、食はツールレイクの監房に収監された人々を制御し、支配する道具であったとみることができる。監房だけでなくキャンプの方でも、「暴動」への対応として軍隊が収容所内部に踏み込む形で管理の強権性をエスカレートさせた後、全てのバラックを捜索して食糧を没収したということは、食が収容所という閉鎖空間において支配の道具として使われたことを意味している。自分で買った食糧を取り上げられ、入所者たちはますます軍隊とWRA当局、ひいてはアメリカ政府に対して不満を募らせた。ツールレイクの元被収容者で帰米二世のジミー・ヤマイチはインタビューのなかで、収容所の食物が足りなかったことで親日派の人数が急増し、その影響力が大きく増したことを語っている[45]。
　ツールレイク以外の収容所においても、食糧は当初不足していた。ヒラリ

バー戦時転住所の場合、オープンした当初の 1942 年夏から秋にかけて食糧が不足したため、ツールレイク収容所から野菜などが届けられている。逆に、ヒラリバーは夏には酷暑であるが、冬に温暖な気候なため、それを利用して 1942 年冬から大量の野菜の生産に成功し、他の 9 か所の収容所に食糧が送られたのである [46]。ヒラリバーでは収容所の管理当局は、戦争中でいろいろな制限があるなか、入所者の要望にはなるべく穏便に対応しており、その結果、入所者は農業やその他の労働にも協力的な態度を保った。ヒラリバーの食糧事情は 10 か所の収容所のなかで最も充実したものとなり、その他の騒乱も最小限にくい留められた。これはある意味、ヒラリバーの方では「胃袋から支配する」ことに WRA が成功したのに対し、ツールレイクは WRA の管理が強権的であったうえに軍隊を導入したという、最も酷い失敗例と解釈することもできる。食を通じて強権的な支配を行おうとした収容所の管理当局と、彼らが招き入れた軍隊のさらに暴力的な対応によって、ツールレイク隔離収容所のインフラと社会秩序は完全なる崩壊に向かったといえるだろう。

6　隔離収容所の監房における食を通じた抵抗

　1943 年 12 月、ツールレイク収容所の監房では、入所者と軍当局との間の緊張がさらに高まっていた。井上日記によれば、食糧が少なく（「パンとシチュー3さじ」などの記述あり）、体力消耗を避けるために多くの収監者は一日中寝ているようになった。

　　12 月 5 日　　朝　ホットケーキ二枚、コーヒー
　　　　　　　　　昼　米、イカ、茶、ビーツ
　　　　　　　　　夜　米、人参、ラード、塩、ビーツ、茶

　食糧改善の要求に対して軍が応じようとしないのに対し、井上は「監房に拘束したものの、（「暴動」を扇動した）犯人を見つけられないので、無理やり反抗するよう仕向けているのだろう〔（　）内は筆者補足、以下同〕」と推察している。監房の入所者たちは話し合い、食糧改善の要求だけでなく、収監理

由の説明と収監者の即時釈放を求める交渉を行うことにした。食糧に関する
噂は相変わらず続き、キャンプでは「150頭の豚が病気で死んだ（と報告さ
れた）が、（埋めたとされる場所を）FBIが掘ってみると、見つかった死体は6
頭であった」といった流言飛語が飛び交った。つまり、残りの豚は兵士たち
が盗んだのだろう、という憶測の噂である。風邪が流行し、身体の弱い者は
病気で倒れ始めた。

　クリスマスが近づくと、キャンプから驚くほど大量の食べ物が監房に届け
られた。キャンプの婦人会からの差し入れであった。

　12月20日
　　（第二区画分）
　　　　握り飯　800個
　　　　ゆで卵　300個
　　　　なっぱの漬物　　大箱
　　　　オレンジ　53個
　　　　塩

　ツールレイク収容所は、72のブロックが大きく8つの区画（ward：1区画
は9ブロック）に分けられていた[47]。上の日記の記述は、第二区画の婦人会が
区画内の各ブロックから寄付と人手を集めて、監房用に握り飯などの食糧を
用意したことを示している。

　他の区画からも、饅頭、寿司、卵巻き、おはぎ、チキン、ごぼう、柿や握
り飯などの食糧が差し入れされ、監房の入所者たちはそれを全員で分け合っ
て堪能した。ところが、12月23日に監房で入所者同士での暴力沙汰が生じ、
関係者数名が逮捕される事態になった。監房内の騒動と当局への抵抗に対
し、軍当局はクリスマスの日には「パンと水だけ」しか支給しなかった。

　12月26日、ハワイから集団で移送されてきていた人々のうちの一人で、
かねてから体調が悪かったハヤシ・タモツという25歳の青年が死亡した。
ハワイから来た集団はツールレイクには知り合いがおらず、ハヤシの友人は
彼と一緒に監房に収監されていたため、本人も友人たちも葬儀は監房のなか

で執り行うことを希望していた。しかし、軍はその要望も却下した。

　12月31日の点呼の際、ついに収監者全員が外に出ることを拒否した。監房にいた200名前後のメンバーが、全員一致でハンガーストライキに入ることを決めたのだ。ストライキは、6日間にわたって決行された。ハンガーストライキ中の日記の記述を見てみよう。

　　一月四日　曇天、絶食、粉吹雪
　　絶食五日目、毎朝満員の大便所に人影なし。今朝十時獄番長、獄卒三名に桟銃（ママ）を持たせてケッチンに来り。食料の検査をなせるが如し。やうやう体力衰へをり。
　　「さあ、朝飯だ」の声に例の如くオレンヂの皮と海草を煎じた黄色の湯に塩を投じて「バイタミンは充分だ」と苦々しく笑ふ。
　　毎朝他のバラックから我々のヘッドクオーターに遊びに来るのであるが、今朝は誰も来ない。来る元氣がないのだ。死ぬのが忠義かと言ふ人あり。然り我々は日本人の面目を保って生きんがために闘っているのだ。
　　粉吹雪、部屋の隙間より吹き込んで、真白く積んでいる。窓際にもうず高く雪が積んでいる。
　　猛烈な吹雪。今日の点呼はさむいと思い、パンヅを二重に靴下も二重。毛布をかぶって出る用意をしているが、軍医大尉、獄番長、及獄卒五名（武装）をつれて、各ルームを巡視した。

　1月1日の日記には、極寒のなか屋外で点呼する様子などが記述されているが、4日の記述から、この日には屋外での点呼は行われなかったことがわかる。体力が限界に近づき、ハンガーストライキを諦める声も始めるなか、井上は続行を支持した。支配に屈しない姿勢を、井上は日記のなかで「武士は食わねど高楊枝」という日本の諺で表現している。日記にも書いてあるが、ツールレイク収容所の状況は実は日本政府も注目していた。すでに長期にわたってアメリカに住み、永住するつもりであるとはいえ、一世は法律上は日本国籍者であり、自国民に対する迫害は日本政府がアメリカ政府の非人道的

写真6　1944年1月4日の井上龍生ツールレイク監房日記のページ
［出典］ナンシー・協子・オダ所蔵、筆者撮影

政策としてプロパガンダに利用する可能性もあった。また、日本に足止めに
なっているアメリカ国民は一種の捕虜状態にあったわけで、日本国民をアメ
リカ政府が死なせてしまった場合には、彼らに危害が及ぶことも考えられな
くはなかった。このことから、井上は何度も「アメリカ政府が我々を殺すこ
とはできないのだから、もう少し頑張れば必ず軍隊は折れて、我々の要求を
入れる」旨の記述をしている。しかし、1944年1月6日、収監者全員の多数
決（157対45）の結果、ハンガーストライキの中止が決定された。この日の
日記には、ストライキを継続するかどうかに関する緊迫した会話が書き留め
られており、その詳細は"SUYAMA Project"の英訳で読むことができる。

　食べ物が山積みにされているキッチンに駆け込んで、兵士たちがあざ笑う
なかパンにむしゃぶりつく若者たちを、井上は屈辱を噛み締めながら見つめ
た。もちろん12月の日記では、食糧が不足していくなか若者たちがお腹を
空かせて苦しんでいることに同情的な記述をしているので、彼らへの憐憫の
情はあったのだろう。しかし、一度決意を固めてストライキに入った以上、
軍隊に屈服して食べ物を食べてしまうことで、今後一切の交渉の道は失われ
るだろうと彼は嘆いた。この後、日記はどちらかというと内省的な傾向を帯
び始める。『菜根譚』を読み、家族に思いを馳せ、心の平穏を保とうとする
日々が1か月半近く続いたのち、彼は突如釈放され、家族の住むキャンプの

バラックに戻ったのだった。"SUYAMA Project" の翻訳された日記は、ここで終わっている。原文の日記はこの後も続くのだが、その分析は別稿に譲ることとする。

7　おわりに

　ツールレイク隔離収容所は、アメリカと日本とが戦火を交えるなか、人種的系譜から敵と決めつけられて理不尽な集団的排除と移動を体験した日系人のなかで、さまざまな理由によってアメリカへの無条件の忠誠を誓わなかった人々を収容した施設である。井上龍生は日本で育った帰米二世であり、家族の事情というより自身の信念からアメリカ軍への従軍には「ノー」と答え、アメリカへの無条件の忠誠と日本の天皇への忠誠の放棄への要求には「中立」と答えた。日記には、監房で粗末な食事や寒さに耐えつつ日本の兵士の苦境に思いを寄せており、自分たちも困難に耐えなければならないと何度も自分に言い聞かせ、日記には直接書かれていないが周囲にもそのように話していたと思われる。ハンガーストライキには積極的に賛成しなかったが、実行すると決まってからは、監房から全員を解放し、収容所全体の環境を改善する要求をしっかりと保持して団結すべきだと考えた。「自分たちを死なせたらアメリカ政府も困るのだから、軍は必ず交渉にのぞむはずだ」とくり返していることから、自分たちのことをアメリカ市民というより敵性の捕虜のような立場として考えていたことが伺える。

　一方、監房で収監者を弾圧していた軍隊の方も、彼らの国籍に関わらず「不忠誠者」すなわち敵として収監者を見ており、食を通して彼らを屈服させようとしていた意図が読み取れる。ツールレイク収容所の監房における抑圧者と被抑圧者との関係は、食事を十分に与えないことで敵を飢えさせて制圧するという、第二次世界大戦で日本やナチスが採用した極めて非人道的な方策と共通性を見出すことができる。このやり方は、豊富な物資を見せつけることで、逆に敵を屈服させる、他の場所のアメリカ軍の戦略や、アメリカ社会の豊かさを背景に戦時転住所をどちらかといえば生権力で支配したWRAの方針とは対照的な印象を受ける[48]。このことは、収容所でストライキ

が起きたときに軍隊の介入を断固として拒んだボストンの WRA のリーダー
の判断などと比較して、ツールレイクの統治者たちが被収容者たちに対する
人道的共感および文化的理解を欠いており、軍隊の介入に頼ったことで、統
治を完全に崩壊させてしまっていたことを示すものだろう。

　ツールレイク隔離収容所の監房で被収容者の食事を懲罰的に制限して権力
を振りかざす軍隊に対して、井上が見せている抵抗が「臥薪嘗胆」「武士は
食わねど高楊枝」と、精神性をもって物質的窮乏に打ち勝とうとする日本の
戦中の文化にも相通じる言葉で綴られていることは興味深い。もちろん、兵
士に対する物質的補給を無視して戦いに勝利できるはずはなく、コリンガム
が著したように「天皇のために飢える日本」は悲惨な終戦を迎えるわけだが、
井上の抵抗の文化的表現からは、ツールレイク隔離収容所が、日米の境界を
撹乱するトランスナショナルな空間であったことが明らかに見て取れる[49]。

　ハンガーストライキは、圧倒的に不均衡な権力関係のなかでサバルタン
（弱者）が取りうる究極的かつ絶望的な抵抗手段である。ハンガーストライキ
が成功し、サバルタン側が権力者に対して要求を通すことができたという例
は歴史上かなり限られていると思われる。しかし、敵国日本との繋がりのみ
を理由として、何の法も犯していない日系人たちを家から追放して収容所に
閉じ込め、さらに何の嫌疑の説明もなく「監獄の中の監獄」ともいえる監房
に家族から引き離して収監したアメリカ政府に対し、「トラブルメーカー」
のレッテルを貼られた被収監者たちが自分たちへの支配と抑圧の手段とされ
た食を断つことで、その支配を拒否する姿勢を見せたという点は考察に値す
るだろう。ハンガーストライキが挫折した後、井上が内省的になりつつも状
況を冷静に分析し、親米派にも過激な親日派にも与することなく平常心を保
とうとしたのも、軍や WRA 当局、ひいては排他的帰属を強要する国家から
の支配を拒否する一つの抵抗の形であったと考えられるかもしれない。

　井上のアイデンティティにおける、祖先の国であり育った国でもある日本
の位置付けについては、より深い考察が必要であり、今後の研究課題とせざ
るを得ない。しかし、日系アメリカ人の強制収容から、戦争、移民、食の関
わりを考えるという目的が、新たに発見された資料紹介を通じて少しでも果
たされたとしたら、筆者としては幸いに思う。

【注】

1）　大岡昇平（1954）『野火』新潮社

2）　高畑勲（監督）『火垂るの墓』（スタジオジブリ、1988年）。原作は野坂昭如による同名の短編小説で、1968年に文藝春秋から出版された。

3）　アンパンの顔をしたキャラクターとして「アンパンマン」が初めて登場したのは、1973年にフレーベル館の物語絵本においてであった。

4）　斎藤美奈子（2015）『戦下のレシピ―太平洋戦争下の食を知る』岩波現代文庫

5）　リジー・コリンガム著、宇丹貴代実・黒輪篤嗣訳（2012）『戦争と飢餓』河出書房新社

6）　藤原辰史（2016）『決定版　ナチスのキッチン―「食べること」の環境史』共和国

7）　①藤原辰史（2017）『戦争と農業』集英社インターナショナル。②藤原辰史（2012）『稲の大東亜共栄圏―帝国日本の「緑の革命」』吉川弘文館

8）　吉田裕（2017）『日本軍兵士―アジア・太平洋戦争の現実』中央公論新社

9）　多様なエスニシティの観点からアメリカの食について分析した初期の研究としては、ダナ・R・ガバッチア著、伊藤茂訳（2003）『アメリカ食文化―味覚の境界線を越えて』青土社、がある。本書はその後のさまざまなエスニック・フードの研究の起爆剤となった。

10）　①村川庸子（2007）『境界線上の市民権―日米戦争と日系アメリカ人』御茶の水書房。② Barbara Takei, "Legalizing Detention: Segregated Japanese Americans and the Justice Department's Renunciation Program," *Journal of the Shaw Historical Library* 19 (2005): 75-105.

11）　Yoosun Park, *Facilitating Injustice: The Complicity of Social Workers in the Forced Removal and Incarceration of Japanese Americans, 1941-1946* (Oxford University Press, 2019).

12）　①和泉真澄（2016）「メディアとしての卒業アルバム―ヒラリバー日系アメリカ人収容所における高校生活の表象分析」河原典史・日比嘉高編『メディア―移民をつなぐ・移民がつなぐ』クロスカルチャー出版、13-38。②和泉真澄（2016）「ヒラリバー強制収容所の農業活動に見る日系アメリカ人の生存戦略―戦時中の一世の活動再考に向けて」移民研究年報22号、3-21。③ Masumi Izumi, "Gila River Concentration Camp and the Historical Memory of Japanese American Mass Incarceration," *Japanese Journal of American Studies* 29 (2018): 67-87.

13）　Peter Irons, *Justice at War: The Story of the Japanese American Internment Cases* (Berkeley: University of California Press, 1983). 山倉明宏（2011）『市的自由―アメリカ日系人戦時強制収容のリーガルヒストリー』彩流社

14）　ミネ・オークボ画・著（1984）『市民13660号―日系女性画家による戦時強制収容所の記録』御茶の水書房

15）　日系人強制収容が、戦後のアメリカの市民的自由と人種の概念、軍と国家の非常事態に関わる法制度にどのような影響を与えたかについては、拙著を参照されたい。①和泉真澄（2009）『日系アメリカ人強制収容と緊急拘禁法―人種・治安・自由をめぐる記憶と葛藤』明石書店。② Masumi Izumi, *The Rise and Fall of America's Concentration Camp Law: Civil Liberties Debates from the Internment to McCarthyism and the Radical 1960s*

(Temple University Press, 2019).

16）①柳田由紀子（2012）『二世兵士　激戦の記録—日系アメリカ人の第二次大戦』新潮新書。②E・L・ミューラー著、飯野正子監訳（2004）『祖国のために死ぬ自由—徴兵拒否の日系アメリカ人たち』刀水書房

17）ツールレイクに関しての研究は、1990年代頃より日本人の移民研究者が何人か行っている他、アメリカではツールレイクの元被収容者が手記などを刊行している。①篠田左多江（1989）「日系アメリカ文学—強制収容所内の文学活動（2）トゥーリレイク収容所」東京家政大学研究紀要29号、11-21。② Hiroshi Kashiwagi, *Swimming in the American: A Memoir and Selected Writings* (San Mateo: Asian American Curriculum Project, 2005). ③ Tule Lake Committee, *Second Kinenhi: Reflections on Tule Lake* (Tule Lake Committee, 1997). ④村川、前掲書。⑤本多善（2017）「日系マイノリティの歴史から見るアメリカ多文化主義批判—ツールレイク強制収容所のサバルタン史から」博士論文、龍谷大学

18）監房の建物のうち現在でも見ることができる Jail と呼ばれた建物を建てたのは、ツールレイクの被収容者で帰米二世のジミー・ヤマイチである。Martha Nakagawa, "Obituary: Jimi Yamaichi, WWII Resister and 'Soul and Conscience' of Tule Lake Pilgrimage." *Rafu Shimpo*, May 18, 2018.

19）Duncan Ryuken Williams, *American Sutra: A Story of Faith and Freedom in the Second World War* (Harvard University Press, 2019), 194.

20）2つの祖国のなかでの二者択一がいかに日系人にとって不可能な選択であったかは、ジョン・オカダの小説に鋭く描かれている。ジョン・オカダ著、川井龍介訳（2016）『ノー・ノー・ボーイ』旬報社

21）ツールレイク収容所の体験が公の場で広く注目されるようになった一つのきっかけは、ツールレイクで出生した心理学者のサッキ・イナ博士がドキュメンタリー映画 *From the Silk Cocoon: A Japanese American Renunciation Story*（Emory Clay III, Stephen Holsapple and Satsuki Ina 監督、Center for Asian American Media, 2005年）を公開したことである。イナの家族はサンフランシスコからツールレイク戦時転住所に強制移動させられていたが、そこで忠誠質問に「ノー」と答えたため、隔離収容所となったツールレイクに留まった。父親のイタル・イナは、まもなく家族から引き離され、ノースダコタ州のフォート・リンカン抑留所に移送され、「危険分子」とされた他の一世男性やドイツ軍捕虜と共に収容された。イナ夫妻は戦争中にアメリカ市民権を放棄する書類に署名した。1946年に家族は再び再会し、西海岸に戻ることができたが、イナ家の人々がアメリカ市民権を取り戻したのは、1967年のことであった。同じフォート・リンカン抑留所には、二世であったタモツ・タニガワも家族と引き離されて収容されていた。タニガワの体験とこの体験がタニガワの家族に与えた影響については、タニガワの娘で三世の野崎京子（2007）が『強制収容とアイデンティティ・シフト—日系二世・三世の「日本」と「アメリカ」』世界思想社で考察している。

22）コリンガム、426

23）アナスタシア・マークス・デ・サルセド著、田沢恭子訳（2017）『戦争が作った現代の食卓—軍と加工食品の知られざる関係』白楊社

24）藤原『ナチスのキッチン』362

25）*Newsweek*, December 8, 1942, p.12.

26）Lawrence Wilbur, "Nestlé's advertisement; 'Chocolate is a fighting food'," World War II Advertisements - 1942. Western Connecticut State University Archives, July 9, 2019. <https://archives.library.wcsu.edu/omeka/items/show/4576> アクセス日、2021年8月9日。

27）Kellogg Company, "A Dish That's a Winner for Wartime!" originally appeared in *Woman's Day*, June 1, 1943. TJS Labs, the Gallery of Good Design. <http://gogd.tjs-labs.com/show-picture.php?id=1121880894> アクセス日、2021年8月9日。

28）Hubert Morley, "Shoot to Kill!" US Department of Agriculture (US Government Printing Office, 1943). Image Courtesy of the Franklin D. Roosevelt Library and Museum.

29）コリンガム、前掲書、408

30）尾上貴行（2020）「戦時下のアメリカ抑留所における食事―『危険な敵性外国人』として収容された日系人たちの食環境」立命館言語文化研究32巻3号、20-21

31）War Relocation Authority, *WRA A Story of Human Conversation*, Vol.9 (Washington, DC: Government Printing Office, 1946), 101-102.

32）マンザナーは仮収容所がそのまま戦時転住所に移行したため、収容所の食事に関する証言には当初の仮収容所期に軍によって食事が提供されていた時期と、転住所期に家畜や野菜が自給され、被収容者が調理を行なっていた時期の記述が混在している。初期の軍用食事には、豆類やフルーツの缶詰などが多用され、日系人の好む味の食べ物も提供できなかったようで、食物繊維の豊富な食事に下痢を起こす者が相次ぎ、トイレが混雑した現象が「マンザナー・ラン（Manzanar Run）」として語り継がれている。

33）和泉真澄「ヒラリバー強制収容所の農業活動」7

34）R. S. Davidson, "Final Project Report, Operations Division, Agriculture Section, Gila River Project," Record Group 210, Records of the War Relocation Authority, *Final Report of the Gila River Relocation Center* (1946), National Archives. Microfilm at the University of Arizona Library. 和泉真澄「ヒラリバー強制収容所の農業活動」9

35）Japanese American National Museum, "4th National Conference in Seattle to Commemorate the 25th Anniversary of the Signing of the Civil Liberties Act of 1988," July 4-7, 2013.

36）Tatsuo Ryusei Inouye, *Tule Lake Stockade Diary*, November 13, 1943 - February 14, 1944 (UCLA Asian American Studies Center, 2018), Translated by Masumi Izumi. <http://www.suyamaproject.org/dc_posts_es/tule-lake-stockade-diary/> アクセス日：2021年8月13日。

37）井上家に関する情報は、彼のFBIファイル、SUYAMAプロジェクトのウェブサイト、日記の記述のほか、主にナンシー・協子・オダとのフォーマルおよびインフォーマルな会話のなかから得られたものである。

38）筆者が参加した2018年のツールレイク巡礼（Tule Lake Pilgrimage）においても、元被収容者の参加者の複数が親日派からの圧力に言及していた。一方、Konrad Aderer（Director）、*Resistance at Tule Lake* (DVD, Labheart Media and Life of Liberty, 2018) に

含まれる弁護士ウェイン・コリンズらのインタビューでは、戦争中にアメリカ国籍を放棄した人々の国籍を戦後に回復するために、戦中の国籍放棄は親日派から圧力を受けた結果しかたなく行ったということにした、と証言されている。Hiroshi Kashiwagi, "Wayne M. Collins," in *Swimming in the American: A Memoir and Selected Writings* (San Mateo, Calif.: Asian American Curriculum Project, 2005), 176-84.

39）本多、第4章から第7章。

40）① Roger Daniels, *Asian America: Chinese and Japanese in the United States Since 1850* (University of Washington Press, 1989).　② Eiichiro Azuma, *Between Two Empires: Race, History, and Transnationalism in Japanese America* (Oxford University Press, 2005).

41）アメリカの戦争努力への貢献としての労働と、不自由なキャンプ暮らしに苦しむ同胞のための労働との区別という点については、他のキャンプでも議論されていた。たとえば、筆者の調査したアリゾナ州のヒラリバー戦時転住所では、戦争で労働者が不足していた綿花栽培に日系人を低賃金で動員しようというアリゾナ州綿花生産組合の要望がWRAに提出されたとき、WRAは労働者が集まらないことを理由に、生産組合と交渉して賃金を上げさせている。それでもキャンプ住人は同胞の食糧を育成する農場の労働を優先し、キャンプ外の綿花農場への労働者募集にはほとんど応じなかった。和泉「ヒラリバー強制収容所の農業活動」、13-14

42）和泉、「ヒラリバー強制収容所の農業活動」、6

43）ダンカン・ウィリアムズによると、農場トラックの死亡事故のあと、当局に抗議した集会のリーダーの一人は、アーカンソー州ジェローム収容所から移送されてきた甲斐シズオという僧侶であった。「暴動」の結果、軍隊が介入すると、甲斐らは兵士に激しい暴行を受けた末、監房に収監された。Williams, 196.

44）Densho Encyclopedia の Tule Lake の解説ページより。Densho Encyclopedia は、シアトルを本拠とする Densho という日系アメリカ人に関わる歴史記述、インタビュー、デジタル化したコミュニティ新聞などを収録してあるウェブサイトに付随する、日系アメリカ人史に関するキーワードを説明したものである。Encyclopedia に掲載される情報の全体を統括しているのは日系アメリカ人史を専門とするブライアン・ニイヤであり、それぞれの項目を執筆しているのは、そのトピックを専門としている研究者なので、記述内容は信頼に足るものである。<https://encyclopedia.densho.org/Tule%20Lake/> アクセス日：2021年8月13日。

45）本多、102-103。ジミー・ヤマイチは、戦後にコミュニティから沈黙を強いられていたツールレイクの歴史を残すために大きな役割を果たした。Martha Nakagawa, "Obituary: Jimi Yamaichi," *Rafu Shimpo*, May 18, 2018. ヤマイチのインタビューは Densho や全米日系人博物館、Tule Lake Committee などのウェブサイトから視聴することができる。

46）和泉「ヒラリバー強制収容所の農業活動」、5-9

47）National Park Service, "WWII Valor in the Pacific National Monument, Tule Lake Unit, Camp Layout." <https://www.nps.gov/tule/planyourvisit/upload/Camp_Layout.pdf> アクセス日：2021年8月13日。

48）コリンガム、第9章「飢えを東方に輸出したドイツ」180-219。第11章「日本の上へ

の道」230-247
49) コリンガム、第 13 章「天皇のために飢える日本」273-312

【参考文献】

和泉真澄 (2016)「メディアとしての卒業アルバム―ヒラリバー日系アメリカ人収容所における高校生活の表象分析」、河原典史・日比嘉高編『メディア―移民をつなぐ・移民がつなぐ』クロスカルチャー出版、13-38

和泉真澄 (2016)「ヒラリバー強制収容所の農業活動に見る日系アメリカ人の生存戦略―戦時中の一世の活動再考に向けて」移民研究年報 22 号、3-21

和泉真澄 (2009)『日系アメリカ人強制収容と緊急拘禁法―人種・治安・自由をめぐる記憶と葛藤』明石書店

大岡昇平 (1954)『野火』新潮社

オークボ、ミネ、前山隆著 (1984)『市民 13660 号―日系女性画家による戦時強制収容所の記録』御茶の水書房

尾上貴行 (2020)「戦時下のアメリカ抑留所における食事―『危険な敵性外国人』として収容された日系人たちの食環境」立命館言語文化研究 32 巻 3 号、19-34

ガバッチア、ダナ・R著、伊藤茂訳 (2003 年)『アメリカ食文化―味覚の境界線を越えて』青土社

コリンガム、リジー著、宇丹貴代実・黒輪篤嗣訳 (2012)『戦争と飢餓』河出書房新社

斎藤美奈子 (2015)『戦下のレシピ―太平洋戦争下の食を知る』岩波現代文庫

篠田左多江 (1989)「日系アメリカ文学―強制収容所内の文学活動 (2) トゥーリレイク収容所」東京家政大学研究紀要 29 号、11-21

高畑勲 (監督) (1988)『火垂るの墓』スタジオジブリ

藤原辰史 (2012)『稲の大東亜共栄圏―帝国日本の「緑の革命」』吉川弘文館

藤原辰史 (2016)『決定版　ナチスのキッチン―「食べること」の環境史』共和国

藤原辰史 (2017)『戦争と農業』集英社インターナショナル

本多善 (2017)「日系マイノリティの歴史から見るアメリカ多文化主義批判―ツールレイク強制収容所のサバルタン史から」博士論文、龍谷大学

ミューラー、E・L著、飯野正子監訳 (2004 年)『祖国のために死ぬ自由―徴兵拒否の日系アメリカ人たち』刀水書房

村川庸子 (2007)『境界線上の市民権―日米戦争と日系アメリカ人』御茶の水書房

柳田由紀子 (2012)『二世兵士　激戦の記録―日系アメリカ人の第二次大戦』新潮新書

山倉明宏 (2011)『市民的自由―アメリカ日系人戦時強制収容のリーガルヒストリー』彩流社

吉田裕 (2017)『日本軍兵士―アジア・太平洋戦争の現実』中央公論新社

Aderer, Konrad (Director). (2018). *Resistance at Tule Lake*. DVD, Labheart Media and Life of Liberty.

Azuma, Eiichiro. (2005). *Between Two Empires: Race, History, and Transnationalism in Japa-*

nese America, Oxford University Press.

Daniels, Roger. (1989). *Asian America: Chinese and Japanese in the United States Since 1850*. University of Washington Press.

Davidson, R. S. (1946). "Final Project Report, Operations Division, Agriculture Section, Gila River Project," Record Group 210, Records of the War Relocation Authority, *Final Report of the Gila River Relocation Center*. National Archives. Microfilm at the University of Arizona Library.

Inouye, Tatsuo Ryusei. (2018). *Tule Lake Stockade Diary*, November 13, 1943-February 14, 1944. UCLA Asian American Studies Center. Translated by Masumi Izumi. < http://www.suyamaproject.org/dc_posts_es/tule-lake-stockade-diary/>. アクセス日：2021 年 8 月 13 日。

Irons, Peter. (1983). *Justice at War: The Story of the Japanese American Internment Cases*, University of California Press.

Izumi, Masumi. (2018). "Gila River Concentration Camp and the Historical Memory of Japanese American Mass Incarceration," *Japanese Journal of American Studies* 29: 67-87.

Izumi, Masumi. (2019). *The Rise and Fall of America's Concentration Camp Law: Civil Liberties Debates from the Internment to McCarthyism and the Radical 1960s*, Temple University Press.

Kashiwagi, Hiroshi. (2005). *Swimming in the American: A Memoir and Selected Writings*. Asian American Curriculum Project.

Nakagawa, Martha. (2018). "Obituary: Jimi Yamaichi," *Rafu Shimpo*, May 18.

National Park Service, "WWII Valor in the Pacific National Monument, Tule Lake Unit, Camp Layout." <https://www.nps.gov/tule/planyourvisit/upload/Camp_Layout.pdf> アクセス日：2021 年 8 月 13 日。

Park, Yoosun. (2019). Facilitating Injustice: *The Complicity of Social Workers in the Forced Removal and Incarceration of Japanese Americans, 1941-1946*. Oxford University Press.

Takei, Barbara. (2005). "Legalizing Detention: Segregated Japanese Americans and the Justice Department's Renunciation Program," *Journal of the Shaw Historical Library* 19: 75-105.

Tule Lake Committee. (1997). *Second Kinenhi: Reflections on Tule Lake*. Tule Lake Committee.

War Relocation Authority. (1946). *WRA A Story of Human Conversation*, Vol.9, Washington, DC: Government Printing Office.

Williams, Duncan Ryuken. (2019). *American Sutra: A Story of Faith and Freedom in the Second World War*, Harvard University Press.

第4章

戦時下の
アメリカ抑留所における食事

—「危険な敵性外国人」として収容された日系人たちの食生活—

尾上貴行

1　はじめに

　太平洋戦争中、アメリカ合衆国では約 12 万人の在米日系人が、敵性外国人として強制収容所に拘束された。Relocation Center と呼ばれたこの収容施設は、アメリカ西部や中部地域の砂漠や沼地といった劣悪な環境下の地域に、合計 10 か所設置された。一方、この大規模な強制収容とは別に、約 17,500 人の日系人が「危険な敵性外国人」として逮捕され、拘禁された。この施設は Internment Camp や Detention Center と呼ばれ、ニューメキシコ州ローズバーグ、テキサス州クリスタルシティー、ハワイ準州（当時）サンドアイランドなどに、合計約 25 か所設置された [1]。これらの収容施設の邦訳はいくつかあるが、本稿では、Relocation Center を「収容所」、Internment Camp を「抑留所」、Detention Center を「拘留所」と記す [2]。

　収容所は戦時転住局（War Relocation Authority、以下 WRA）、抑留所は陸軍や司法省の管轄下に置かれたが、その運営と管理は困難を極め、また収監さ

れた日系人たちの生活は苛酷なものであった。なかでも食事は、政府当局と
日系人たちにとって大きな問題の1つであった。本稿では、抑留所における
「危険な敵性外国人」の食事について、当局の運営、食事のメニューや特徴
などを明らかにしたい。

　アメリカ日系移民の歴史をまとめた代表的な出版物の一つに、越智道順編
『南加州日本人史　後編』（南加日系人商業会議所、1957年）がある。越智自身
が「危険な適性外国人」として抑留所生活を送っており、その食事について、
「どこでも抑留所は食事が酷いのではないかという疑問があった。……だが、
戦時中ではあり、大体から見て、あれで結構だった、というのが中正な見方
だと思う。あるインターニーの識者は言った『失礼ながらインターニーの中
には、平生あれだけの食事をしていた者ばかりではあるまい』と、正にその
通りである」[3]と記している。一方、西海岸から強制的に立ち退かされた日
系人の収容所での食事は酷いものであった、と語られることが多い。抑留所
と収容所の食事にはどのような共通点や相違点があったのだろうか。

　在米日系人の収容所での食事に関する先行研究には、その運営と管理、集
団生活や食事形態が日系家族に与えた影響、収容所における農作物栽培の意
義を論考したものなどがある。たとえば、民間人戦時転住・抑留に関する委
員会（バーンスタイン委員会）は衣食住に関する報告のなかで、収容所の食事
運営やその内容を検証している[4]。竹沢泰子は収容所の食事形態が日系家族
のあり方に与えた影響を考察し[5]、ハイディ・キャサリーン・キムは、日系
家族の「アメリカ化」という観点から収容所の食事について論じている[6]。
また和泉真澄は、従来の収容所研究が「アメリカ的民主主義や人種平等の原
則から収容政策を考察することを主な目的としていた」一方で「衣食住等に
関わる収容所の生活インフラについて関心が向けられないという皮肉な結果
を生んだ」[7]として、ヒラリバー収容所での活発な農業活動の様子を明らか
にし、収容者たちの食事環境改善にむけての積極的な活動として再評価して
いる。

　また抑留所に関しては、体験者による日記や回想録も数多く出版され、近
年では、収容所に比べ蓄積が少ないとされてきた抑留所に関する研究も進ん
でいる。それらのなかには抑留所の食事についての記述も散見され、実際の

メニュー、食堂運営、農作物栽培などの様子も記されている。しかし、管見
の限り、食事メニューや食生活そのものに関しては断片的な記述が多く、抑
留所での食環境に焦点を当てたものは多いとはいえない。また収容所が日系
移民社会に与えた影響として、一世から二世への世代交代、家族の崩壊、日
系人たちの苦闘などについて分析が重ねられてきたが、抑留所内での一世の
活動や環境への適応については十分に論じられてはいない。和泉はヒラリ
バー収容所での一世たちの農業活動を論考し、「各収容所の生活状況を詳細
に分析し、先行研究で使われなかった資料をこれまでと異なる視点からひも
解くことで、それぞれの収容所に生きた人々の生活実態や生存戦略の新たな
面が浮かび上がる。このような研究を、強制収容に関する今後の考察のなか
で必要な一つの方向性として提示したい」[8]と述べている。本稿では同様の
視点から、「危険な敵性外国人」として主に日本人一世たちが収容された抑
留所において、「大体から見て、あれで結構だった」と評された食事と食生
活の様相を明らかすることを目指す。また、抑留所内外の環境に注目してそ
の背景を考察するとともに、抑留所の食環境に対する「生存戦略」という視
点から、一世たちが抑留所での食環境にどのように対応したかについても考
えたい。

　本稿では、まずWRAの報告書などに基づいて、収容所での食生活や諸問
題を概観する。次に抑留所の食事運営、メニュー、食事に関連する事柄につ

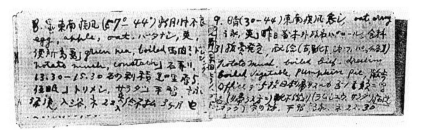

図1　橋本が抑留中に記した日記の原本

橋本の日記は、「縦2.5センチ、横9センチの小さな手製の手帖に、虫めがねで見なければならな
い程の細字で、ギッシリかかれて」（『軟禁六年』上巻「はしがき」）いる。上図は1943年1月8日と
9日のもので、食事メニューに関して「egg, apple, oat, バタナシ」や「potato mush, boiled beef,
dressing, boiled vegetable, pumpkin pie」などと記されている。

［出典］橋本正治『軟禁六年』下巻（橋本晴、1955）

いて、政府公文書、抑留所新聞、抑留体験者の日記などから明らかにする。
特に食事メニューに関しては、抑留体験者である橋本正治[9]が、抑留中のほ
ぼ毎日のメニューを記録した日記『軟禁六年』上巻[10]、下巻[11]（図1）をおも
に活用する。なお、本稿では橋本が収容されたローズバーグ、サンタフェ、
クリスタルシティーの各抑留所の食生活を中心に扱うが、数ある抑留所のな
かで、ローズバーグは陸軍管轄では最大であり、サンタフェは司法省管轄の
うち日系人が最も多く抑留され、そしてクリスタルシティーは家族抑留所で
あったという特徴を持つことから、これらの食事や食生活を検証すること
は、抑留所全般の状況を知るうえでも有意義であると考える。そしてその食
事運営やメニューを明らかにしたうえで、抑留所を取り巻いた食環境を戦時
下のアメリカ食糧事情や収容所との比較から検証し、さらに抑留者一世たち
の食における「生存戦略」と食の異文化交流についても考察する。

2　収容所の食事

2.1　WRAの食事政策と運営

　収容所の食事に関するWRAの基本方針は、簡素かつ栄養のある食事の提
供であり、アメリカ一般市民と同等な基準が食事運営にも適用された[12]。戦
時中のため、毎週2日は肉のない日があり、華美な食事は提供されなかった。
WRAの報告によると、約4年間に及んだ収容所運営において、全収容所の
食費は平均で一日一人43.2セントであった。各収容所では食糧の自給自足
が奨励され、収穫が多かった時期には、食費の現金支給は一日一人31セン
トで、生産分として一日一人14セントであった。これは、陸軍兵士への一
日一人約55セントとほぼ同額であった[13]。食事運営、食材管理などに関し
ては期間を通じて連邦政府レベルでの厳格な管理が行われた。

　収容所の食事運営にはさまざまな課題や問題があったが、初期の大きな課
題の1つは食材の在庫管理であった。主要交通網から離れた場所に収容所が
設置されたことから、WRAは輸送方法やタイミングに苦慮した[14]。また日系
人に適した食料を供給することも容易ではなかった。収容所の食事は当初陸
軍のB ration[15]に基づいて準備され、おもなメニューはインゲン豆などだっ

たが、日系人収容者の多くが好まず、食べなかった。それは、食材自体の問題というよりもむしろ、その量や料理方法が異なっていたためで、WRAの報告には、調味料や味付けの違い、大量のコメや新鮮な野菜、ある種の魚が必要だったことが記されている。またWRAが、収容所のためにアメリカのコメの約40％を買い上げたこともあった[16]。収容者のなかには、日本食を好む人もいればアメリカ食を好む人もおり、すべての収容者を満足させる食事メニューを準備することは困難であり、オリエンタルとアメリカンの食事を交互に提供するなどの方法がとられた[17]。また所内では栽培、製造、家畜などの食糧生産が奨励され、1943年後半には食事環境が改善した。新鮮な野菜供給が増加したことなどに加え、シェフが慣れてきたこと、食堂運営担当と農事部との連携が良くなったことがその要因とされる[18]。

　収容所運営初期に、WRAが食事に関して直面した課題の一つに、一般市民からの批判があった。ハートマウンテン収容所での食事について『デンバー・ポスト』が報じた記事、またマンザナ収容所での食事に関するHouse Committeeの報告などにより、地域社会での食糧不足は収容所が原因であるとの情報が、カリフォルニア州やその他の収容所のある地域で広まり、非難の手紙が当局に寄せられた。たとえば、1942年10月末のカリフォルニア州の市民からの手紙には、つぎのように書かれていた。近所の食料品店からスモーク・ハムやベーコンがなくなっている。それはネバダやアリゾナを通過して、マンザナに収容されている「ジャップ」に大量のハムやベーコンが届けられているためで、アメリカ市民の手に入らない食糧を、我々は彼らにわざわざトラックで届けている。非常に腹立たしく、軽機関銃を乱射して一掃したいと感じている者もいるぐらいだ[19]。

　このような一般市民からの激しい非難に対応して、WRAは、特別な機会であっても、ハム、ベーコンなどは購入せず、またバターは使用しなかった。また砂糖や乳脂肪不足を懸念する市民の声を受け、連邦政府の許可なくアイスクリームを提供することはできなかった。ミルクは、12歳以下の子供と65歳以上の大人に対して一日1パイントのみとするなど、食事に関する規制も設けられた[20]。しかし、この収容所の食事に関する騒動は、1943年の秋には収まり、以後は大きな問題となることはなかった[21]。

2.2　収容所の食事メニューと食糧生産

　収容生活で最も印象に残っていることとして、食事をあげる収容体験者は少なくない。生きるには支障がないが、うんざりするものだったというのがほぼ一致した意見であった。特に、1942年の春から夏にかけての「集合所」での初期の食事は酷かったようで、未熟な料理人、不衛生な調理場、非合理な食費、また各所での食中毒などが、強制排除された日系アメリカ人たちの収容生活の悲惨さをましたとされる[22]。収容所での食事は、食堂で定められた時間に集団でおこなわれ、毎回長蛇の列ができ、各テーブルは混んでいた[23]。

　収容者たちの多くが覚えている食事メニューは、ホットドック、魚の干物、飯、マカロニ、野菜であった。収容所によっては、肉のない日が週に2、3回あり、多くの食材は手に入らなかった。ミルクは不足がちで、水っぽいスキム・ミルクが提供されることもあった。端的に表現すれば、それは飢えない程度の食事であったともいわれる[24]。しかし、食事の質と量は収容所によりさまざまで、収容者自らが食糧を栽培、生産するようになると、徐々に改善されていった。たとえばヒラリバー収容所では、1942年8月ごろのおもなメニューは、肉、卵、ソース、パンとコーヒーなどで、変化に乏しく種類も少なかったが、同年11月ごろには、漬物やたくあんが食卓にならび、みそ汁、大根、天ぷらなどが時々でるようになった[25]。

　食糧生産は所内における日系人の重要な仕事の一つであった。たとえば、だいこんやかぶなどの栽培や豆腐の製造が行われ、日系人が好む食糧が次第に提供されるようになった。ツールレーク収容所では、すべてのパンとパン生地は所内で作られ、マンザナ収容所では、所内で使用する醤油はすべて自前で製造された[26]。またヒラリバー収容所では、1942年から1943年の夏にかけての9か月間で、同所での消費分1,464トンと他の収容所に送られた1,341トンの食糧が生産されている[27]。多くの収容体験者が、その生活を語るなかで、食糧生産に言及している。たとえばトパーズ収容所の様子は、「強制収容所内における食生活（全ての食事は食堂でおこなわれた）の多くは強制収容所内の農場で獲れた作物があてられていた。……一世は野菜作りを得意としており、野菜以外にも養豚や養鶏、豆腐や醤油の製造、漬物作りもおこなっていたほか、日本酒やワイン、ビールの密造なども盛んだったとい

う」[28] と記されている。このように、日系人たちは収容所での食生活改善にむけてさまざまな活動を行っていた。

3　抑留所の食事

3.1　抑留者の立場と1929年ジュネーブ条約[29]

　抑留所の食事に関する当局の運営方針を知るには、まず抑留者の立場を明確にしておく必要がある。日米開戦と同時に開始された「危険な敵性外国人」の逮捕と抑留は秘密裏に執行された側面が強く、その後に実施された約12万人の日系人強制立ち退きと混同されることも少なくない。1943年6月に、米国陸軍憲兵局局長アレン・ガリオンからある上院議員へ、避難者（evacuee）、民間抑留者（civilian internee）、捕虜（prisoner of war）の違いについて説明した書簡がある[30]。WRAでも、収容者（避難者）と戦争捕虜は明確に区別されていた[31]。それらの説明によれば、避難者とは、軍事的安全保障のため西部防衛軍司令長官の命令により西海岸から避難した外国人と非外国人を含む日本人を先祖に持つ人であり、WRAがその収容施設を管轄した。民間抑留者とは、国家安全に反する敵性外国人とみなされ、陸軍や司法省が管轄する抑留所に拘留された日本人、アメリカ市民、日米二重国籍者などである。そして、戦争捕虜とは、敵国軍に属し、戦闘中に拘束された人々を指し、捕虜収容所は陸軍の管轄であった。

　アメリカ政府は、イタリアとドイツ両政府との間で、民間抑留者に関して、戦争捕虜に関する1929年ジュネーブ条約を適用することで合意していた[32]。一方、日本政府は同条約に合意したが批准はしていなかった。アメリカ政府は日本軍の捕虜となったアメリカ兵士への待遇を懸念し、同条約の条項に準じてアメリカ国内の日本人民間抑留者を待遇する旨を日本政府に打診し、日本政府の「準用する」との返信で、両国は合意に至った[33]。1942年4月23日、陸軍は抑留所の所長にジュネーブ条約を順守するように指示し[34]、同条約は抑留所運営の基礎となった。同条約の第11条は、戦争捕虜には拘束国の軍基地で提供されている食事と同等の質と量を提供すると規定しており、抑留所の日本人たちにはアメリカ軍兵士と同様の食事が提供されることとなった[35]。

　日本政府から日本人抑留者が不当に扱われているのではないかとの懸念が表明されたこともあったが、アメリカ政府当局はジュネーブ条約に準じた方針は終始一貫したものであったと主張していた。たとえば1944年の書簡では、ハワイのサンドアイランド拘留所での食事に関して、戦時下であり日本人が好む新鮮な野菜や魚は提供できなかったが、アメリカ兵士と同等の質と量の食事が日本人民間抑留者に提供されていたと述べられていた。またそこには、入手が難しい野菜などは抑留者自らが栽培できるように当局が手配していたことも報告されている[36]。

3.2　食事運営と食事メニュー

　ほとんどの抑留所では、食事は定められた時間に食堂で提供された。抑留者のなかから、料理人や炊事係などの役割が決められ、交代でつとめた。たとえば、フォート・リンカン抑留所では、サンピードロで漁師をしていた若月白交という人物が食堂係をつとめ、コックは22名（5日交代）、炊事係は54名（毎日各交代）であり、炊事勤務者には靴、シャツ、パッチ、ワイシャツ、洋服ズボン、靴下などがすべて新品で支給され、炊事当番は、各食前後約2時間勤務した[37]。陸軍管轄のローズバーグ抑留所では、抑留者は大隊、中隊などと軍隊式に分けられ、所内運営も軍隊組織的におこなわれた。「食事は、

1弗 売店用(灰色)　　1弗 野菜購入用(青色)　　25仙 衣料購入用(赤色)　　25仙 売店用(灰色)　　5仙 売店用

同上裏　　　　同上裏　　　　同上裏　　　　同上裏　　　　同上裏

図2　クリスタルシティー抑留所で使用された代用通貨

［出典］橋本正治『軟禁六年』下巻 (橋本晴、1955)

各中隊毎に平等に食料の配給があり、中隊内のコックに経験のあるものが
コック長となり、中隊の中からその下働きと給仕人とを選出（一日80仙の給
料支給）して調理」[38]していた。抑留者には、戦前の日系移民社会での著名人
や指導的立場にあった人たちも含まれていたが、みな平等に役割を担っ
た[39]。家族抑留所のクリスタルシティーでは、家族で食事がとれるように住
居に水道と台所の流しが設備された。日系人たちは、到着後数日は共同の食
堂を利用したが、住居の準備が整うと、当局から付与された所内流通貨幣（図
2）を使用して所内の市場で食材を購入し[40]、各家庭で調理し、家族で食事を
していた。

表1　ローズバーグ、サンタフェ、クリスタルシティー各抑留所の主な食事メニュー

	ローズバーク抑留所（1942年8月13日〜1943年3月23日）
朝食	卵、オートミール（もしくはホットケーキ、コーンフレーク、コーンマッシュ）、果物（ブドウ、アップル、オレンジ、バナナ、アプリコット）、ミルク、バター。
昼食	ローストビーフ（もしくはソーセージ、マカロニ、ビーフシチュー）、サラダ（ポテト、ゆでた野菜、ハム、セロリ）、ビーンズ（もしくはジャガイモ、馬鈴薯粉）。
夕食	飯、かゆ、チョップスイ（豚、チキン）、スープ（野菜、チキン、トマト）、シチュー（ビーフ、チキン）、野菜サラダ（レタス）、魚のフライ、うどん、したし。
	サンタフェ抑留所（1943年3月23日〜1946年4月18日）
朝食	卵（スクランブル、フライド）、オートミール（もしくはトースト、コーンフレーク、ホットケーキ、コーンマッシュ）、エンドウ豆、ベーコン、果物（オレンジ、ブドウ、アプリコット、アップル、プラム）、フレッシュミルク、バター。
昼食	飯、かゆ、ローストビーフ、ジャガイモ（ゆで、マッシュ）、サラダ（キャベツ、レタス、ビーツ）、ゆでビーンズ、チーズ、マカロニ、フレッシュミルク、スポンジケーキ。
夕食	飯、味噌汁（もしくはスープ）、シチューカレー（ビーフ、ラム）、キャベツ（野菜、漬物）、魚のフライ、チョップスイ、豆腐（味噌汁、生、和え）、大根の漬物、酢の物、したし、フレッシュミルク、煮魚、刺身。
	クリスタルシティー抑留所（1946年4月19日〜1946年10月18日）
朝食	トースト（もしくはコーンフレーク、オートミール）、プラム、ホットケーキ、卵、ブドウ。
昼食	飯、ローストビーフ、ジャガイモ（フライド、ゆで）、パン、サラダ（キュウリ、レタス）、キャベツ（浅漬け）、チーズ、ビーツ、ヌードル、チョップスイ、スポンジケーキ。
夕食	飯、チョップスイ、焼魚、煮込（肉、野菜）、スピナッチ、豆腐（ゆで、生）、漬物（キャベツ、カブラ）。

［出典］橋本正治『軟禁六年』上巻（橋本晴、1954）及び橋本正治『軟禁六年』下巻（橋本晴、1955）
より作成[41]

　橋本の日記を読むと、日々の食事メニューは、抑留生活開始時の「最低限のアメリカ食」から徐々に日本人一世が好む「日本食」に近づいていったように感じられる。たとえば、次第にそうめん、とんかつ、おかゆなどがメニューにあらわれている。また食事の品目、野菜や果物の数と種類が徐々に増えていった様子、ミルクと砂糖の有無が抑留者の関心事でありかつ諍いの種になっていたことなどがうかがえる。橋本の記録から、筆者が各食事のメニューをリストアップし、そのなかで記述の多い順にあげてみると、各抑留所でしばしば出ていたメニューはおおよそ**表1**の通りであった。

　橋本は、ローズバーグ抑留所の食事を「抑留5年中尤も良い食膳であった」[42]と評している。一方、サンタフェ抑留所での入所当時の様子を、「食事の貧弱なる事 Lordsburg の比にあらず」[43]と記し、大火事により食堂が全焼し、サンタフェ刑務所から運んだ食事を屋外で食した様子を「ジリジリと日影やけつく砂庭に乞食のごとく食をとりしか」[44]と詠んでいる。さらに、クリスタルシティー抑留所に移った時の印象を「食堂兼の Parlor が何か宮殿のような豪華さに見える。米当局の寛容さ、物資の豊富さに今更驚く」[45]と述べている。しかし、その1カ月後には「Santa Fe より食事の質格段に低く、一日に一人20仙平均位か」[46]と記している。橋本の滞在時期や期間、また担当機関から推察すると、陸軍管轄のローズバーグ抑留所では、開戦翌年で戦局もまだ先が読めない時期でもあり、陸軍が抑留者へ慎重に対応したため、結果として「尤も良い食膳」となったのでないかと考えられる。サンタフェは、橋本が3年1カ月と一番長く滞在した抑留所であり、ローズバーグと比べて当初の食事は「質格段に低」い状況にあったが、徐々に品数や種類が増えていった様子がうかがえる。クリスタルシティー抑留所では、食糧自体はあまるほどあったとの記述もみられ、戦争終結後でもあり、戦中よりも食糧事情は良くなっていた。しかし、食事は家族毎にとっていたこともあってか、橋本のような単身者が食事をした食堂のメニューの質と量は、ローズバーグやサンタフェよりも劣っていたようであった。

3.3　抑留所における食生活の諸相
　多様な背景をもつ人々が一つの場所に集められ共同生活をする際には、し

ばしば種々の問題が発生するが、抑留所内でも、食事に関連してさまざまな問題が起こった。橋本は、その一端を「食庫や炊事の係の手を経て、白米を盗み出して来て、庭に手製の籠をつくって之を炊き、舎内で人の迷惑もかまはず、毎食大勢のつれと一緒に食べるのである。おまけに砂糖をあちこちから盗んでは、売店で売ってゐる乾葡萄でドブ酒を拵へてあふり、その粕から蒸留して焼酎をとって、それをのむのである。その為中毒して死んだ者もあり、それが原因となって再び立てない身体となった者さへある」[47]と記している。

　食事に関する問題の1つは、炊事担当班によるメニューの違いから生じた。たとえばローズバーグ抑留所では、「コック長の腕によって、食膳に非常な差異を生ずるのみならず、御馳走の時や、食事の良い方の中隊へもぐるものが出来、各中隊では、それぞれ食事監視を附した」[48]という事態が生じた。そのため、所内新聞で、「食事に関する件。某中隊より知事局へ『他中隊員来りて食事す。甚だ迷惑也』の苦情がきました。是は今まで絶対に禁じられて居る事ですから隊員も炊事係も共に御注意願ひます」[49]との注意が喚起されることもあった。また食材や食器の無断持ち出しもしばしば問題となり、サンタフェ抑留所では「上町食堂用のスープボールを寮に持ち帰るものは至急上町食堂へ返還すること」[50]との注意が促されるなど、調味料や食器の無断持ち出し、あるいは盗難も相次いでいた。

　また各抑留所では、食糧の栽培や製造が積極的におこなわれた[51]。橋本の日記や所内新聞には、「百姓（8時より11時迄）スピニチ種まき9人連」[52]、「13時より16時まで畑行（ウネならし、胡瓜植）」[53]、「モヤシ、豆腐製造に経験あるものは至急事務局に御通知下さい」[54]などの記述が散見される。サンタフェ抑留所で味噌づくりを行ったある抑留者は、「私は皆がミソ汁をたべたいというので、東山梨にいる時、ミソを作ったケイケンがあるのでコージを作ってミソ作りをした。数人に手伝って貰ったから親方というので19ドル頂きました。コージを作るので、なかにはドブ酒を作る人もいましてね。しかし、アメリカにきてまでミソを作らせられるとは思いもしなかった事です」[55]と当時を回想している。このように日系人たちは、食糧を自分たちで栽培・製造し、少しでも日本的な食事を供給して、より豊かな食生活を送る

努力をしていた。

　抑留所での食生活においては、酒類も重要な位置を占めた。酒販売は抑留所によって状況は異なり、たとえば、サンタフェ抑留所では酒の販売は1944年11月に許可されたが、ミズーラ抑留所ではその大分前から販売されていた[56]。しかし、飲酒に関する規則違反や密造など、さまざまな問題もおこった[57]。橋本の日記にも、「酒密造者ある為 beer 禁止するからと警告（酔ぱらいの為）」[58]、「午後、昨夜収監せられし永田の泥酔喧嘩事件に付、麦酒1人宛2瓶の売店規定以外に密造酒あり、之をのみたるものと当局よりにらまれ、guard 4名で第4第5両寮の捜査あり」[59]などの記述がみられる。酒類を望む抑留者は少なくなかったが、酒類販売に規制があったことから、自ら密造する者が後を絶たなかった。しかし、密造が新たな問題と規制を生むことにもなったのである。

4　抑留所の食事に関する考察

4.1　抑留所の食環境における外的要因

　抑留所の食環境を取り巻いていた外的要因として、まず戦時下のアメリカでの食糧事情について考えてみたい。食糧不足に苦しんだ世界中の多くの国々に比べ、アメリカでは、砂糖、バター、肉などが配給制になった時期もあったが、総じて食糧は十分にあった。コリンガム・リジーによれば、「第二次世界大戦中、アメリカ兵士の食糧事情は世界中で最もよかった。アメリカは工業だけでなく農業も戦時景気に沸いた唯一の国で、1,150万の兵員の食糧需要をやすやすと満たした。配給制度が食事の構成や内容におよぼした影響は、ほかのどの国よりも小さく、兵士にしろ、民間人にしろ、同盟国または敵国の人間にくらべて食糧の消費量がいちじるしく多かった」[60]のである。

　この背景には、アメリカの戦争遂行における食事の意義づけがあった。太平洋戦争の発端となった日本軍の真珠湾攻撃で国土が直接的な被害を受けた以外には、アメリカ市民にとって、日常生活にほとんど戦争の影響がみられなかった。そのため、「国民が戦う理由をほとんど見いだせないという問題に直面して」おり、「最終的に、アメリカ人の大半が、自分たちの生活様式

を守るために戦っているのだと考えるようになった。その生活様式を象徴するもののうちとくに強大だったのが、食糧の豊かさだ。アメリカの兵士と一般市民が受けとっていた上等の配給は、彼ら自身ばかりか、どの同盟国や敵国の人間にとっても、アメリカの強さと優位性を示す大きなしるしとなった」[61]のである。その影響もあってか、アメリカ市民の終戦時の身長と体重の平均は開戦時より増加したとされる[62]。

　日系人強制収容政策は、このようなアメリカの食糧事情の下で実施されていた。橋本は、アメリカ政府の抑留者への対応に関して、「この国の生活水準から言へば、決して抑留者をそれ以上に待遇したのではないが、尠くとも国際公法に基き、この国の軍隊同様の給与に従ったのであって、断じて囚人に対するそれではなかったのである。この点在アメリカの抑留者及び捕虜は、世界中尤も恵まれたものであった」[63]と記している。

　また抑留所での食事に関して橋本の日記から気づく点として、**表2**のように他所からしばしば食糧の寄贈があったことがあげられる。

表2　ローズバーグ、サンタフェ両抑留所での食糧寄贈の例

抑留所名	日記の日付	記述内容
ローズバーグ	1942年10月7月	日本より送られしお茶で万歳三唱
ローズバーグ	1943年1月14日	Poston Center より出来た白菜皆に恵送し来る
ローズバーグ	1943年1月29日	ヒラ転住所寄贈沢庵
サンタフェ	1943年12月7日	祖国より（赤十字）送り来たりしお茶一袋宛全員に頂く
	1943年12月29日	日本赤十字社より慰問品（1人宛—お茶半袋、亀甲萬醤油半樽1）配付あり、一同感泣せざるはなし……飯、赤ミソ汁（日本よりの慰問の最高級のもの）、chop sui、大根漬、fresh milk、みそ汁頂き乍ら涙たるる人多し

［出典］橋本正治『軟禁六年』上巻（橋本晴、1954）より作成[64]

　このように、抑留所での食環境の外的要因を考察すると、その食生活は、世界大戦という状況下で関係各国が苦しい生活を余儀なくされるなか、「最もよかった」当時のアメリカの食糧事情を反映したものであったこと[65]、また抑留所は、赤十字や他の収容所から食糧の寄贈を受けていたことがわかる。こうして、橋本の各抑留所での食生活は、その場所や時期によるメ

ニューや食環境の違いはあったものの、あくまでも戦時中という状況下においては、比較的に「恵まれた」状況にあったといえる。

4.2　収容所と抑留所

　食事に関して抑留所を収容所と比べてみると、その違いの一つは、抑留者と収容者の立場が異なったため、ジュネーブ条約適応の程度に差が生まれたことであった。収容所の運営にあたり、アメリカ人捕虜を不当に扱う口実を日本政府に与えないよう、WRA はジュネーブ条約に準じた運営を連邦政府から指示されていた。そこで、収容所の衛生、医療、住居、信教の自由、娯楽の機会などは、条約の条項に添うものとなった。ただし、条約の規定に添わないものもあった。たとえば、適切で栄養のある食事を提供するように配慮されてはいたが、収容所には女性や子供が多く、運動量も少ないため、多量の食材が無駄になるとの判断から、一人当たりの食費は、陸軍兵士に提供される食事の内容や量と同等ではなかった[66]。また WRA は、収容者に対してアメリカの一般市民と同等の対応をすべきであるとも考えたため、収容所ではジュネーブ条約の規定が十分に適応されない場合もあった[67]。

　構成員も違いの一つであった。抑留所に収容されたのは「危険な敵性外国人」とみなされた日系人の大人であり、またほとんどの抑留所では男子、女子が別々に収容された。一方、収容所では老若男女を問わず大人から子供に至るまでの日系人がいた。そのため、日本人一世が大半であった抑留所では日本食が好まれ、漬物や刺身が食卓に並ぶと喜ばれたが[68]、収容所では、日本人一世たちは日本食を好み、子供たちはアメリカ的な食事を好むなど、食事に対する要望もさまざまであった。

　さらに、食生活が日系家族へ及ぼす影響に関しても違いが生じた。WRA は早い段階から、通常の経済活動の欠如などとならんで、収容所において家族ごとの生活空間が確保されないことや集団で食事をとることが、戦前の家族生活を崩壊させる危険性をもつと指摘していた[69]。先行研究では、共同の食堂で一斉に食事をとったため、ある程度の年齢になると家族と離れて友達と食事をし、夜遅くまで家族のもとへもどらない子供たちも現れ、結果として家族の絆を弱めることになったとの分析もなされている[70]。一方、抑留所

においても、抑留者は家族と離れ離れにされ、そのこと自体は家族生活に危
機をもたらすこともあった。しかし、抑留所内での生活が家族関係に問題を
起こす直接の契機とはならず、食環境に関しても、ほとんどの抑留所内では
家族や子供とともに食事をするということは考慮すべき事柄ではなかった。

4.3 食環境改善への「生存戦略」

　1929 年ジュネーブ条約が運営の基礎となった抑留所では、この条約の規
定を積極的に活用する日本人一世たちがいた。抑留初期から、彼らはこの条
約を研究し、当局が順守すべき事柄に精通していった[71]。日系新宗教の一つ
金光教の教師として抑留体験をした福田美亮は、積極的に政治的な活動を行
う一人であった。橋本の日記には、「福田美亮氏の国際公法講演」[72]、「散歩
（news の後福田のゼネバ議定書の話）」[73] などと記されており、その様子がうか
がえる。ただし、橋本自身は、「逮捕以来私は宗教家として、収容所内の一
切の政治的関係に触れず、静かに教祖の足跡をしのんで、何とかその内的生
活を意義あらしめやうと考へていたので、表面に出るのをつつしむと共に、
教会長達にもその態度を取らせていた」[74] のであり、抑留所内の政治的活動
に積極的ではなかった。
　1942 年 6 月、ローズバーク抑留所では、三人の日本人抑留者知事が、ジュ
ネーブ条約に基づいた抑留者への扱いの改善を当局に要求したが、その内の
一つは、抑留者へ十分な量の食事が与えられていないというものだった[75]。
同年 12 月、国務省から、「抑留者に与えられたる食料はアメリカ基地兵営の
ものと質量共に同等なるべきこと、食料はすべて良質であり規定に準拠せる
ものなるよう十分点検すること。……アメリカ政府がその市民に食料配給制
を適用する場合はそれと同定量の許可が抑留者にも、適用される。実行可能
なる場合は抑留者は自分等の口に合うような食料を準備するため調理し助力
することが許される。然し相当に均衡のとれた食物を保持すべきである」[76]
との回答があった。アメリカ政府は抑留者からの要望に対し、食の改善を指
示する意志を示したのである。また積極的に食糧改善を訴える一世の女性た
ちもいた。彼女たちは、1944 年 10 月、クリスタルシティー家族抑留所で、
O'Rourke 所長へ、中国米ではなく日本米を提供してほしいと書面で訴えて

いる [77]。この要求の結果は確認できていないが、この書面からは、一世女性
たちによる積極的な訴え、適切な理由づけ、巧みな言葉の選び方などの交渉
術が読み解ける。このような交渉を可能にした背景には、抑留されていた一
世たちが、戦前の移民社会での過酷な状況を通り抜けた経験をもち、また社
会的に立場のあった者たちも多数いたことから、自分たちの置かれた状況を
冷静に分析し、団結できたことがあったと考えられ、一世たちの力強く生き
抜く姿勢がうかがえる。

　反面、このような一世たちの交渉には限界もみられた。橋本の日記によれ
ば、サンタフェ抑留所で抑留者が要求した食事改善などに対して、Jensen
所長が「つむじを曲げ、辛くあたり」[78]、規則が厳しくなるという事態がお
こっている。また同所では William 所長へ代わったのちに食事の質が悪化し
ていたが、その様子を「白米悪質のものとなり、赤黄く「ポロポロ」して殆
んど人間の食するものにあらず。事務局より抗議するも、当局言を左右にし
て耳を傾けず。副食物又状態悪し。西班牙も日本と国交を断ち、訴ふる所な
し」[79] と記している。戦時中、アメリカと日本は国交がなかったため、アメ
リカ政府への抑留所での待遇改善などの要求は、日本と国交のあった第三国
スペインの大使を通じて行われていた。しかし日本とスペインの関係が
1945 年に入って悪化し、この日記が記された 4 月には国交が断絶された。
その後も前所長に比べて悪化した待遇に関して、橋本は「文明を誇る米国、
Democracy を誇称する国の抑留者に対する待遇はおほよそかくの如し」[80] な
どと記している。このように、一世たちのなかには環境改善にむけて積極的
な交渉を試みるものもいたが、その効果は、所長による対応の違い、仲介に
あたる第三国の状況などにより、左右されるものであった。

4.4　食を通じての交流

　抑留所には、ハワイやラテンアメリカのペルーなどで拘留されアメリカ本
土に連れてこられた日系人などもいたことから、さまざまな国や地域の食文
化の交流があったことも、抑留所の食事を特徴づける事柄としてあげられ
る。抑留所の食事は、基本的にはアメリカ社会の一般的な食事と、手に入る
食材でつくられた日本食であったが、一世たちは日本の伝統的な食事をする

努力もしていた。たとえば、ローズバーク抑留所では、1943 年の元旦に、
雑煮（餅、大根、菜）が出され、簡素ながら日本式の正月を祝っている [81)]。ま
た明治節、天長節などの日本の祝日には、「豪華な」献立がみられる。サン
タフェ抑留所では、1944 年 11 月 3 日に明治節遥拝式がおこなわれ、相賀渓
芳はその様子を「此の日の上町食堂の晩餐は、古川チーフの肝入に依る純日
本料理で、素晴らしいもの、献立ては吸物、刺身、口取、酢の物、大根ヲロ
シ、豆腐、赤飯、おまけに日の丸と奉祝の字を浮き出した菓子で、なんでも
前夜から寝ずに一生懸命にやった努力と誠意とには真に頭が下がった」[82)] と
回想している。また、相賀は、「U ドクターから御自慢の沖縄料理の味噌漬
焼豚」[83)] などとも記しており、日本の地域特有の料理が食されていたことが
うかがわれる。

　橋本の日記からは、抑留所でさまざまな国や地域の食事も出されていたこ
とがわかる。橋本は日記の「はしがき」に、「英文で書かれた献立等は、随
分スペル（綴り）の間違ってあるところが多く、又書き様のない、志那・メ
キシコ・イスパニア・ペルー各国の料理等があって難渋したが、目についた
所は出来る丈訂正し、スペルの分らぬものは片仮名書きにし、なるだけ原文
そのままにして置いた」[84)] と記している。実際のメニューとしては、たとえ
ば「ハラバ fry（「かれひ」のフライ）」[85)]、「ヂャマンビーフ」[86)]、「papahuancay-
na（potato をくるんだもの）」[87)]、「パックイ（骨付豚肉のアマ煮）」[88)]、「チリコン
カン」[89)] などがあった。

　抑留者の多くはアメリカ本土在住の日本人一世であったが、日本の出身地
やアメリカでの在住地はさまざまで、戦前の食生活も異なる点があったと考
えられる。また抑留所には、ハワイやペルーで「敵性外国人」として逮捕さ
れ、移送されてきた日系人も含まれていた。所内では、限られた食材と調理
環境において、日本の出身地、本土、ハワイ、ペルーなどの移住地での異な
る経験を持つ日系人たちが交代で食事を準備するなかで、多様な食文化の交
流が行われていた [90)]。一世たちは、過酷な状況下におかれながらも、食事や
食文化を通じて交流をはかり、強く生き抜いていったのである。

5　おわりに

　本稿では、戦時のアメリカにおいて「危険な敵性外国人」として拘禁された日系人たちの抑留所での食事と食生活について論じてきた。その結果、抑留所の食事は、アメリカ政府当局の政策における収容者の立場、各施設での収容人数や構成人員により、収容所との違いがあったことが明らかとなった。また抑留所の食事が「大体から見て、あれで結構だった」背景には、他国と比べて豊かであった戦時中のアメリカの食糧事情が影響していたこと、1929年ジュネーブ条約の規定による抑留者の保護や一世たちの積極的な交渉があったこと、さらに抑留者の多様な背景を反映して所内では食の異文化交流が行われていたこともわかった。そこには、戦前と同様に、あるいはそれ以上に、2つの帝国のはざまにおかれた一世たちが、動揺しながらも、苛酷な状況を受け止め、冷静かつ積極的に戦時抑留所という特殊な環境での生活に適応し、生存していこうとする姿がみられた。

　ただしそこには限界もあり、抑留者は虐待的な受け入れがたい状況に直面することもあった。また食事は「大体から見て、あれで結構だった」とは言え、それはアメリカ政府による戦時対日系人政策を肯定するものではなかった。橋本正治は、「戦時に於けるアメリカの対日本人政策は、残忍酷薄、非人道の一語につきるといって良い。……総てのやり口が、致命傷を与へて置いて、頭を撫でるのであり一切を根こそぎにして置いて、一片のパンを投げ与へるのである。……抑留所の待遇が相当のものであったといふのも、一片のパンの投与にすぎないことを深く知るべきである」[91]と記している。日系人の強制収容は「人種偏見、戦時のヒステリー、政治的リーダーシップの欠如」[92]によってもたらされたのであり、抑留所の食事に関する当局の対応もこのような背景の下で行われたという点は留意しておくべきであろう。

　また、抑留所の食事は、その場所や時期によって違いが生じるため、一つにまとめて論じることは困難であり、今回はおもに橋本が収容された抑留所でのそれぞれの時期の特徴をみてきたにすぎない。収容所の食生活について、和泉真澄は「1970年代以降に形成された強制収容の記憶において、移

動当初の食べ物に対する不満についてはしばしば述べられるが、その後の食べ物の改善についてはあまり語られることがない。……これらさまざまな証言を同時代的歴史資料と照合してみると、日系コミュニティ内部でも強制収容に関する記憶にはずれがあり、主流の日系コミュニティが発信してきた戦時中の集合的記憶がかなり選択的・偏向的なものであることがわかる」[93] と述べているが、抑留所についても同様のことが言える。今回扱わなかった他の抑留所に関しても、その食生活を明らかにし、検証することが今後の課題として残されている。

　さらに、抑留所の食事が、戦後の日系人の食生活にいかなる影響を及ぼしたかも興味深いところである。西海岸に集住していた日系人は、戦後に中西部や東部にも散在するようになり、アメリカ社会に広く日本人や日本文化が知られていくことになった。日本の食文化の伝播について、石毛直道らは「強制収容という異常事態を積極的に評価するとすれば、戦前の日系人社会が出身地などでかたまり、個々にうごき、分散する傾向にあったものが、均一化され、アメリカ日系社会文化というべきまとまりを生み、組織化されたことを挙げることができるだろう。そこでは食習慣の統一がみられ、トウフや味噌の製造のような食品加工技術の継承も正しくおこなわれていたのである」[94] と論じている。アメリカ一般市民の食生活への影響をも含め、更なる調査を進めていきたい。

【注】
1）　この内訳は、司法省管轄がアメリカ本土に 8 か所、陸軍管轄がアメリカ本土、ハワイ、アラスカに合計約 17 か所であった（Gary Okihiro ed., *Encyclopedia of Japanese American Internment* (Santa Barbara, California: Greenwood Pub Group, 2013), 229, 241)。

2）　訳語に関しては、山倉明弘『市民的自由：アメリカ日系人戦時強制収容のリーガル・ヒストリー』（彩流社、2011) 20-29 頁を参考にした。

3）　越智道順編『南加州日本人史後編』（南加日系人商業会議所、1957) 256 頁。

4）　Commission on Wartime Relocation and Internment of Civilians, *Personal Justice Denied* (Washington, D.C.: Civil Liberties Public Education Fund, 1997), 162-165.

5）　竹沢泰子『日系アメリカ人のエスニシティ：強制収容と補償運動による変遷』（東京大学出版会、1994) 106-107 頁。

6）　Hiedi Kathleen Kim, "Incarceration, Cafeteria Style: The Politics of the Mess Hall in the Japanese American Incarceration," in *Eating Asian America*, ed. Robert Ji-Song Ku, Martin

F. Manalansan IV, and Anita Mannur (New York: NYU Press, 2013).

7 ）和泉真澄「ヒラバリー強制収容所の農業活動に見る日系アメリカ人の生存戦略―戦時中の一世の活動再考に向けて―」『移民研究年報』第 22 号、2016 年 3 月、4 頁。

8 ）同上、17 頁。

9 ）橋本は、戦争開始当時、日系新宗教の一つ天理教の北米地域責任者としてロサンゼルスに在住していた。1942 年 2 月に「危険な敵性外国人」として逮捕され、その後抑留所を転々とした後、最終的に 1947 年 5 月に日本へ強制送還された。

10）橋本正治『軟禁六年』上巻（橋本晴、1954）。1942 年 1 月 1 日から 1944 年 12 月 31 日の日記。橋本は「はしがき」に「何の為に刻明に 3 食の献立を書いたのか、その時の意図は、今となっては思い出せない。……抑留所内では、度々押収の憂目にあったが、予めその事あるを覚悟して、あとから思い出して明瞭り書ける分量で、掌中に握れる程度の二三枚の小紙片に書きとどめ、それを重ねて秘匿して行ったのである」と記している。

11）橋本正治『軟禁六年』下巻（橋本清、1955）。1945 年 1 月 1 日から 1947 年 6 月 3 日の日記。

12）War Relocation Authority, *WRA A Story of Human Conversation*, Vol.9 (Washington, DC: Government Printing Office, 1946), 101-102.

13）War Relocation Authority, *Administrative Highlights of the WRA Program*, Vol.1 (Washington, DC: Government Printing Office, 1946), 56.

14）War Relocation Authority, *Semi-Annual Report July 1 to December 31, 1943* (Washington, DC: Government Printing Office, 1943), 61, in Quarterly and Semiannual Reports / War Relocation Authority［『日系人強制収容白書』第 1 巻］(Tokyo：日本図書センター、1991).

15）前掲 13）、53 参照。第二次大戦中のアメリカ兵士の食事には、駐屯地や基地での A、B、戦闘糧食としての C、D、K などの各レーションがあった。詳しくは "Chapter V. The Development of Subsistence," *The Quartermaster Corps: Organization*, Supply, and Services, vol. I, World War II 50th Anniversary Commemorative Edition, (Center of Military History, United States Army, Washington, D.C., 1995), 174-207, https://history.army.mil/html/books/010/10-12/CMH_Pub_10-12-1.pdf (accessed July 12, 2021) 参照。アメリカ兵士が、戦場においても十分な食事と栄養が与えられるように考案された B レーションでは、「ひとり一日約 2.27 キロの食事に、異なる三種類の肉、四種類の野菜、デザート、缶詰めの果物かフルーツジュース含まれるよう」（コリンガム・リジー『戦争と飢餓』宇丹貴代実・黒輪篤嗣訳〈河出書房新社、2012〉426 頁）になっていた。

16）前掲 13）、53-54.

17）'Food and Mess Operation,' 'A Comprehensive Statement in Response to Senate Resolution No.166,' a document attached to 'Message from the President of the United States' on September14, 1943, 13-14, in "Archival Documents, 1943," Roger Daniels ed., *American Concentration Camps, A Documentary History of the Relocation and Incarceration of Japanese Americans, 1942–1945*, volume 7, (New York: NY: Garland Publishing, 1989).

18）前掲 14）、61.

19）前掲 12）、100.

20）前掲 13），57.

21）前掲 12），102.

22）居住地から強制立ち退きを命ぜられた日系人たちは、まず「集合所」と呼ばれる急造で貧弱な宿泊施設へ集められ、数か月ののちに収容所へと移動した。'Bad Meat and Missing Sugar: Food in the Japanese American Camps,' Densho Blog, April 7, 2010, https://densho.org/bad-meat-and-missing-sugar-food-in/ (access July 12, 2021).

23）Okubo, Miné, *Citizen 13660* (Seattle: University of Washington Press, 1983) 参照。ユタ州のトパーズ収容所での様子が記されている（同書、143）。

24）前掲 4），162-163.

25）前掲 7）、8 頁。

26）前掲 13），56.

27）前掲 7）、7 頁。

28）渡辺正清『ゴー・フォー・ブローク！日系二世兵士たちの戦場』（光人社、2003）48 頁。

29）ジュネーブ諸条約を構成する 1 つで、1929 年の「捕虜の状態改善に関するジュネーブ条約」（Convention Concerning the Treatment of Prisoners of War）。捕虜の待遇に関する条約の詳細は、Dieter Fleck ed,. *The Handbook of International Humanitarian Law Third Edition* (Oxford University Press, 2013), xxxiii, 及び藤田久一『国際人道法新版 第 4 刷（再増補）』（有信堂高文社、2005）24, 141, 144 頁を参照。

30）Letter from Allen W. Gullion, Major General, the Provost Marshall General, to Senate Elmer Thomas, June 10, 1943, 1-4, A-27: Clarifies differences between evacuees, civilian internees, & POW, Box 3, "Japanese Internment and Relocation: Hawaii Experiences," Special Collections, Hamilton Library, University of Hawai'i. 山倉明弘氏提供。

31）War Relocation Authority, *First Quarterly Report March 18 to June 30, 1942* (Washington, DC: Government Printing Office, 1942), 24, in *Quarterly and Semiannual Reports / War Relocation Authority* [『日系人強制収容白書』第 1 巻] (Tokyo：日本図書センター、1991).

32）前掲 30），2.

33）アメリカとイギリスから日本へ同条約の適応の有無について照会があり、「日本は、1942 年 1 月 29 日、当該条約を「準用」する旨を回答し、連合国の捕虜に関しては、この趣旨に沿って取り扱おうとした」（鈴木和之『実務者のための国際人道法ハンドブック第 2 版』〈内外出版株式会社、2016〉190 頁、注 5）。

34）Tetsuden Kashima, *Judgment Without Trial: Japanese American Imprisonment During World War II* (Seattle: University of Washington Press, 2004), 197.

35）"Geneva Convention," General Files 101/061: "Historical Narrative of the Crystal City Internment Camp," p. 31, Box 1, Entry: Crystal City, RG85, National Archives, Washington National Record Center, Suitland. 山倉明弘氏提供。

36）"Treatment of Civilian Internees at Sand Island Detention Camp" from Louis F. Springer, Major, Infantry Director, to Wm. R. C. Morrison, Colonel, J.A.G.D., Executive, 31 August 1944, S-28, Box 3, "Japanese Internment and Relocation: Hawaii Experiences," Special Collections, Hamilton Library, University of Hawai'i. 山倉明弘氏提供。

37)　前掲 10)、17-31 頁。

38)　橋本正治『章魚：自叙伝』第 2 巻（橋本清、1955）144 頁。

39)　モンタナ州ミズーラ抑留所の様子については、佐々木さゝぶね、『抑留所生活記』（羅府書店昭和 25 年刊の複製、大空社、1999）の「44　食堂と給仕当番」（267-272 頁）参照。

40)　"Camp Life and Activities," General Files 101/061: "Historical Narrative of the Crystal City Internment Camp," p. 11, Box 1, Entry: Crystal City, RG85, National Archives, Washington National Record Center, Suitland. 山倉明弘氏提供 . 及び "Civilian Alien Enemies in the Custody of the Service," *Monthly Review*, vol. II no.6 (U.S. Immigration and Naturalization Service, Department of Justice, December 1944), 75. https://babel.hathitrust.org/cgi/pt?id=mdp.35112101120964&view=1up&seq=324&q1=food (accessed July 12, 2021) 参照。

41)　ただし、ここにあげたメニューすべてが毎食に出ていたわけではない。

42)　前掲 10)、143 頁。

43)　同上、127 頁。

44)　橋本正治『自選歌集　軟禁抄』（橋本正治、1947）81 頁。

45)　前掲 10)、174 頁。

46)　前掲 11)、182 頁。

47)　前掲 38)、161 頁。

48)　同上、144 頁。

49)　『ローズバーグ時報』1942 年 9 月 10 日、1 頁。

50)　『サンタフェ時報』1943 年 11 月 9 日、2 頁。

51)　たとえばサンタフェ抑留所では 20 エーカーの農園で年間 9,000 ドルの収益をあげたとされる。"The Santa Fe Internment Camp," *Monthly Review,* vol. III no.10 (U.S. Immigration and Naturalization Service, Department of Justice, April 1946), 299, https://babel.hathitrust.org/cgi/pt?id=mdp.35112101120964&view=1up&seq=584&q1=food (accessed July 12, 2021) 参照。

52)　ローズバーグ抑留所での 1943 年 4 月 22 日の日記、前掲 10)、136 頁。

53)　ローズバーグ抑留所での 1943 年 5 月 5 日の日記、同上、139 頁。

54)　『サンタフェ時報』1943 年 11 月 10 日、2 頁。

55)　開戦当時ロサンゼルスで天理教の教会長をしており、逮捕・抑留された宮野義一の回想。天理教海外伝道部「アメリカ布教・今と昔」『海外伝道部報』67 号、1963 年 12 月 26 日、4 頁。

56)　古屋翠渓『配所転々』（布哇タイムス社、1964）334-335 頁参照。

57)　相賀渓芳『鐵柵生活』（布哇タイムス社、1948）274-275 頁参照。

58)　前掲 10)、328 頁。

59)　前掲 11)、82 頁。またハワイの抑留所での密造酒に関しては、「ムーンシャイン（密造酒)」白水繁彦・鈴木啓編『ハワイ日系社会ものがたり：ある帰米二世ジャーナリストの証言』（御茶の水書房、2016、119-122 頁）参照。

60)　前掲 15)、コリンガム・リジー、407 頁。

61）同上。

62）本間千枝子・有賀夏紀『世界の食文化 12 アメリカ』（石毛直道監修、農山漁村文化協会、2004）193 頁。

63）前掲38）、198 頁。

64）各出典はつぎの通り。1942 年 10 月 7 日（前掲10）、83 頁）、1943 年 1 月 14 日（同、106頁）、1943 年 1 月 29 日（同、110 頁）、1943 年 12 月 7 日（同、212 頁）、1943 年 12 月 29 日（同、219 頁）。

65）ただし、戦時中でありアメリカ国内も食糧難とまったく無縁ではなかった。抑留所内にもアメリカ国内の食料事情ついての情報が流れており、田名大正は著書『戦時敵国人抑留所日記』第二巻（田名ともゑ、1978）の「米国の食糧難― 1934.3.6 ―」（43-44 頁）でその様子を記している。

66）War Relocation Authority, *Legal and Constitutional Phases*, vol.4 (Washington, DC: Government Printing Office, 1946), 18-19.

67）前掲12）．101 及び Michi Nishiura Weglyn, *Years of Infamy: The Untold Story of America's Concentration Camps* (Seattle: University of Washington Press, 1996), 203 参照。

68）田名大正は、体調を崩し入院生活を送っている際に「胃腸障害の人がたくさんいるのは、食物が体質と合致しないからだと思う。我我日本人はたいてい三食に一度は香の物にお茶漬けといった軽い食事をする筈なのに、此処では朝から晩まで油濃いものや肉類が主であるから、殊に老人には応わないのであろう」（前掲65、405 頁）と記している。

69）War Relocation Authority, *Second Quarterly Report July 1 to September 30, 1942* (Washington, DC: Government Printing Office, 1942), 59, in Quarterly and Semiannual Reports / War Relocation Authority [『日系人強制収容白書』第 1 巻］(Tokyo：日本図書センター、1991）．

70）前掲4）、141 及び前掲5）、106 頁など。

71）前掲35）．

72）ローズバーク抑留所における 1942 年 8 月 17 日の日記、前掲10）、72 頁。

73）サンタフェ抑留所における 1943 年 8 月 10 日の日記、同上、169 頁。

74）前掲38）、129 頁。

75）前掲34）．198.

76）前掲3）、745-746 頁。

77）Letter from Japanese women internees to J. L. O'Rourke, Officer in Charge, Alien Internment Camp, Crystal City, Texas, October 10, 1944, 103/051, Box 4, Entry: Crystal City, RG 85, National Archives, Washington National Record Center, Suitland. 山倉明弘氏提供。

78）前掲10）、168 頁。

79）前掲11）、34-35 頁。

80）同上、47-48 頁。

81）開戦時ハワイで柔道師範をしており、逮捕後サンドアイランド拘留所を経て、ローズバーグなどで抑留された George Y. Hoshida は、その手記 *Life of a Japanese Immigrant Boy in Hawaii & America* (Honolulu: George Yoshio Hoshida, 1983) で、1942 年のローズ

バーク抑留所における年末のもちつきの様子を描いている（366頁と367頁の間に挿絵が数頁挿入されている）。

82）前掲57）、272頁。

83）同上、182頁。

84）前掲10）、「はしがき」より。

85）同上、23頁。

86）同上、110頁。

87）同上、314頁。

88）前掲11）、37頁。

89）同上、98頁。

90）田名大正は、抑留者たちが退屈しのぎに各地の名物の話を語っていたとし、「夜店のバナナ売もどきの口調で料理の講釈をする」奥村という人の「いつまでもやわらかな餅」のつき方や「蝦の天ぷらの揚げ方」（前掲65）、538-539頁）の話を紹介している。

91）前掲38）、200-201頁。

92）前掲4）,　18.

93）前掲7）、16-17頁。

94）石毛直道ほか『ロスアンジェルスの日本料理店：その文化人類学的研究』（ドメス出版、1985）35-36頁。

【参考文献】

石毛直道（1985）『ロサンジェルスの日本料理店―その文化人類学的研究』ドメス出版

和泉真澄（2016）「ヒラバリー強制収容所の農業活動に見る日系アメリカ人の生存戦略―戦時中の一世の活動再考に向けて―」『移民研究年報』第22号、3-21

越智道順編（1957）『南加州日本人史後編』南加日系人商業会議所

コリンガム・リジー（2012 [2003]）『戦争と飢餓』宇丹貴代実・黒輪篤嗣訳、河出書房新社

佐々木さゝぶね（1999）『抑留所生活記』（羅府書店昭和25年刊の複製）、大空社

白水繁彦・鈴木啓編（2016）『ハワイ日系社会ものがたり：ある帰米二世ジャーナリストの証言』御茶の水書房

鈴木和之（2016）『実務者のための国際人道法ハンドブック　第2版』内外出版株式会社

相賀渓芳（1948）『鐵柵生活』布哇タイムス社

竹沢泰子（1994）『日系アメリカ人のエスニシティ：強制収容と補償運動による変遷』東京大学出版会

田名大正（1978）『戦時敵国人抑留所日記』第二巻、田名ともゑ

天理教海外伝道部（1963）「アメリカ布教・今と昔」『海外伝道部報』第67号、1-4

橋本正治（1947）『自選歌集　軟禁抄』橋本正治

橋本正治（1954）『軟禁六年』上巻、橋本晴

橋本正治（1955）『軟禁六年』下巻、橋本晴

橋本正治（1955）『章魚：自叙伝』第2巻、橋本晴

藤田久一（2005）『国際人道法新版』第4刷（再増補）、有信堂高文社

古屋翠溪（1964）『配所転々』布哇タイムス社

本間千枝子・有賀夏紀（2004）『世界の食文化 12 アメリカ』農山漁村文化協会

山倉明弘（2011）『市民的自由：アメリカ日系人戦時強制収容のリーガル・ヒストリー』彩流社

渡辺正清（2003）『ゴー・フォー・ブローク！日系二世兵士たちの戦場』光人社

Commission on Wartime Relocation and Internment of Civilians (1997). *Personal Justice Denied*. Washington, D.C.: Civil Liberties. Public Education Fund.

Daniels, Roger ed. (1989). *American Concentration Camps, A Documentary History of the Relocation and Incarceration of Japanese Americans, 1942–1945*, volume 7. New York: NY: Garland Publishing.

Densho Blog, April 7, 2010, https://densho.org/bad-meat-and-missing-sugar-food-in/ (access July 12, 2021).

Dieter Fleck ed. (2013). *The Handbook of International Humanitarian Law*, Third Edition. Oxford University Press.

Hoshida, George Y. (1983). *Life of a Japanese Immigrant Boy in Hawaii & America*. Honolulu: George Yoshio Hoshida.

Kashima, Tetsuden. (2004). *Judgment Without Trial: Japanese American Imprisonment During World War II*. Seattle: University of Washington Press.

Kim, Hiedi Kathleen. (2013) "Incarceration, Cafeteria Style: The Politics of the Mess Hall in the Japanese American Incarceration." In Robert Ji-Song Ku, Martin F. Manalansan IV, and Anita Mannur (Ed.), *Eating Asian America* (125-146). New York: NYU Press.

Monthly Review, vol. II no.6. (1944, December) U.S. Immigration and Naturalization Service, Department of Justice. https://babel.hathitrust.org/cgi/pt?id=mdp.35112101120964&view=1up&seq=324&q1=food (accessed July 12, 2021)

Monthly Review, vol. III no.10. (1946, April). U.S. Immigration and Naturalization Service, Department of Justice. https://babel.hathitrust.org/cgi/pt?id=mdp.35112101120964&view=1up&seq=584&q1=food (accessed July 12, 2021)

Okihiro, Gary ed. (2013). *Encyclopedia of Japanese American Internment*. Santa Barbara, California: Greenwood Pub Group.

Okubo, Miné. (1983). *Citizen 13660*. Seattle: University of Washington Press.

The Quartermaster Corps: Organization, Supply, and Services, vol. I, World War II 50th Anniversary Commemorative Edition. (1995). Center of Military History, United States Army, Wathington, D.C. https://history.army.mil/html/books/010/10-12/CMH_Pub_10-12-1.pdf (accessed July 12, 2021).

War Relocation Authority. (1946). *Administrative Highlights of the WRA Program*, Vol.1. Washington, DC: Government Printing Office.

War Relocation Authority. (1946). *Legal and Constitutional Phases*, vol.4. Washington, DC: Government Printing Office.

War Relocation Authority. (1946). *WRA A Story of Human Conversation*, Vol.9. Washington, DC: Government Printing Office.

War Relocation Authority. (1991). *Quarterly and Semiannual Reports.* [『日系人強制収容白書』第 1 巻]. Tokyo：日本図書センター.

Weglyn, Michi Nishiura. (1996). *Years of Infamy: The Untold Story of America's Concentration Camps.* Seattle: University of Washington Press.

家庭での軽食づくり

―アメリカ・トパーズ日系収容所にて―

野崎京子

1　はじめに

　筆者は2歳から6歳までのほぼ4年間、アメリカのユタ州トパーズとカリフォルニア州ツールレイクの収容所 (camp) で過ごした。当時の記憶は断片的であるが、その後に自身の「戦時中の日系人の強制収容に関する研究」のために取り寄せた米国公文書館からの資料や収容所新聞の『トパーズ・タイムズ』、その他の関連図書、さらに生前の父から聞いた話を参考に、本稿では当時の家庭での軽食作りについて記したい。

　トパーズ収容所では、約1万名の日系人が $1\,mile^2$ (約1.6㎢) の内陸地に設営された「避難所の仮設住宅」のような建物に収容された。一応、各家庭単位の部屋が割当てられたが、個別の台所、トイレや風呂などの設備はなく、すべて敷地内の共同施設を利用しなければならなかった。敷地内には大食堂 (mess hall) があり、3度の食事はそこで供給された (**写真1**)。食事のほかに子ども達にはスナックも支給された。大食堂などの公共施設は居住区域からかなりの距離があり、舗装されていない泥だらけの道を歩いてそこに行き、長い列に並ばねばならない煩雑さや、替り映えのしないメニューに収容者は飽き飽きしていた。収容所内での生活は異常ではあったが、自由で楽しい部分もあったようだ。餅つきやクリスマスイベントも行われた記憶がある。しかし、内陸の収容所では寒暖の差が激しく、衛生環境も良好とはいえず、何よりプライバシーのないことが最大の悩みであった。

写真1　Mess hallを背景にトパーズ収容所跡に佇む筆者
［出典］2002年撮影

2　失われた台所

　日系人は、強制収容されたことで家屋、土地や仕事などの財産を奪われたという経済的損失だけではなく、目に見えない多くの物を失った。その一つが、家族単位で収容されたにもかかわらず、家庭生活の根本とも言える台所の没収である。テーブルを囲んで一人ひとりが今日一日のできごとを話すことで生じる家族の絆が否定されたのである。しかしながら、そのような状況のもとでも、彼らは創意工夫して家族の絆を強め、伝統や文化を保持しようと努めた。その現れの一つが、家庭で作るスナックやおやつ、お茶や夜食の食物であった。

　筆者は、2歳半年上の兄とともに収容所生活を過ごした。1942年のトパーズ収容所には1,783名の児童がいたとの記録があるので、私たち兄妹もその中にいたことになる。ここでは、3歳までの幼児には毎日牛乳とクラッカーが出されたらしいが、家庭でも即席のおやつが作られていた。リッツクラッカーやグラハムクラッカーにピーナツバターをトッピングし、「ポットベリー」と呼んでいただるまストーブの上にそれらを乗せて、ホットスナックにしたことを覚えている。現在でも同じデザインの箱を見ると、時間が止まっているように思うときがある。水玉模様の包

装紙に入った薄いスライスのワンダーブレッドにスキッピイピーナッツバターを塗ったものは、学校から帰って来た子どもの定番おやつだった。ピクニックやキャンプなどに年長のグループリーダーが、いつもバケツの様な大きなジャーに入ったピーナッツバターを持って行った。

　内陸にある収容所では日較差が激しく、10月中旬でも冬のように冷え込むため、ホットココアやエッグノッグ（シナモンやナツメグで味をつけた牛乳ベースの甘い飲み物）など、暖かい飲み物やスープが好まれた。カリフォルニアらしいメキシコ料理タマレ（トウモロコシ粉をラードで練った衣に肉や野菜を入れ蒸したもの）や、インゲン豆の入った栄養豊富なチリコンカンなどは、夜食として供されたようだ。また、閉塞された収容所生活では、家族で一緒に美味しいスナックを作ることも多かった。例えば、父親がポップコーンを作り、それに子どもたちがシロップをかけてハニーポップコーンボールが作られた。その他にも朝食の残りのマーガリンや、収容所の生協で安く購入できた材料が活用された。

3　家庭での手軽な料理

　食堂で3食が支給されるとはいえ、多くの家族は自分たちの好きなもの、特に軽食スナックやおやつ類を作っていた。それらの調理に活躍したのが、電気ホットプレートであった。本来は照明機器用の電源が多くの家庭でホットプレートに使われたので、ヒューズが飛んで停電することは日常茶飯事であったようだ。

　ホットプレートの他、当時20代後半だった筆者の母は、収容以前に住んでいたカリフォルニア州ヘイワード郊外で、ドイツ系の行商人から買ったダッチオーブンを大事に使ってアップルパイを焼いていた（**写真2**）。「オーブンなしで焼けるパイ」として、グラハムクラッカーをパイ皮にし、その中身にインスタント食品のプディングや缶詰めを利用した手軽な料理が『トパーズ・タイムズ』（1943年1月23日）に掲載されている。これらの食材は収容所の売店や、外出許可書を得て収容所外のマーケットで購入されたものだった。戦時中とはいえ、物資の豊富なアメリカでは、砂糖やコーヒーなどの制限も少なく、贅沢さえ言わなければ飢えることはなかった。そのため、食堂で出される外米と過剰に支給された砂糖を使って「おこし」（加工した米などの穀物を飴で固めた和菓子の一種）が作られた。

　衆知のようにアメリカは缶詰王国である。現在でもスーパーマーケットの陳列棚に占める割合、数や豊富な種類には圧倒されるが、70年前の戦時中でも同様であった。開ければすぐに食べられる最も手軽な食品として、缶詰は収容所でも人気が

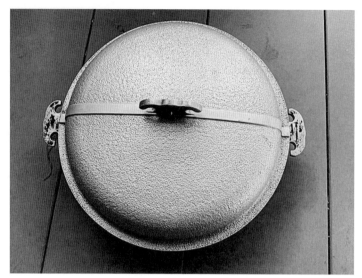

写真2　ダッチオーブン
［出典］2021年筆者撮影

あった。食欲がないときに好まれる口当たりのよい桃やみかんをはじめ、ソーセージや魚類などの缶詰は、どの家庭でも備蓄されていたようだ。これらはキャンプ内の売店でも購入できたし、外出許可書を得て街のスーパーで買うこともできた。カリフォルニアの日系二世画家ミネ・オオクボも、収容前に友人からアドバイスされて持参した缶詰とクラッカーが、キャンプ最初の食事であったと書いている (Okubo, 46)。

4　収容所での楽しみ

　サンフランシスコ近郊の集合所からトパーズ収容所に移された日本人 (日系人) には、市場向け野菜農家が多かった。収容所に入ってからも彼らは、住宅棟の間にある空地 500 feet^2 (約14坪) を使って自家用野菜を栽培する様子が多くの写真に残されている。

　また、高齢者には日本食が口に合うようで、年末には80歳以上の高齢者は忘年会で「年越しそば」を会食した (『トパーズ・タイムズ』(1943年12月28日)。ミネ・オオクボは、収容所での餅つきが正月の楽しい行事であったことをコミカルなイラ

ストレーションで伝えている。餅で雑煮を作ったり、小豆を炊いてまんじゅうにしたことを記憶している年長の二世の友人は、「収容所を知らない子どもたちも、我が家の味だと好んで食べている」と、家族史のエピソードを話している。

　父は日本語の読み書きができたため、FBIにスパイの容疑をかけられ、ツールレイク収容所に家族を残し、単身ノース・ダコタ州ビスマークの「フォートリンカーン敵性外国人抑留所」に10か月間収容されていた。その間毎日、彼はコーヒーマネーとして支給された10セントを毎日2回、3セントのコーヒーと2セントのドーナツに使っていたと話していた。8時間労働ではコーヒーブレイク、すなわち休憩時間は法的に義務付けられていたようで、それは抑留者にも適用されていたのは、いかにアメリカらしい。

　コーヒーのブランドでは、筆者の家では戦前・戦後を通して、ずっとMJB（創始者M. J. ブランデンスタインに由来）を買っていた。特徴のあるグリーンの缶のMJBは、サンフランシスコを代表するコーヒーブランドで、日系人もその風味や味に慣れていたようだ。加えて、戦後日本で進駐軍の通訳をしていた父は、PX（アメリカ軍専用売店）からの購入も容易であった（**写真3**）。

　コーヒーを飲まない子供たちはドーナツの他、「コーヒーケーキ」と総称された

写真3　MJBコーヒー缶
［出典］yahooの商品一覧より

デイニッシュパンやスティキーバン（キャラメルソースやナッツが載ったパン）やシナモンロールなども、楽しんだ。

5 おわりに

紅茶に浸したマドレーヌを口にしたとき、古い記憶が呼び戻されるとプルーストは自著『失われた時を求めて』の冒頭に書いているように、味覚や嗅覚は過去の記憶を呼び覚ます。この原稿を書きながら、クラッカーにピーナツバターをトッピングして食べたり、母が大事にしていたダッチオーブンを手に取ると、幼いころ過ごした収容所の記憶がおぼろげながら蘇ってくる。

【参考文献】

野崎京子（2007）『強制収容とアイデンティティ・シフト』世界思想社
日本図書センター（1990）『トパーズ・タイムズ』1〜10巻
Linda Gordon and Gary Okihiro. *Dorothea Lange and the Censored Images of Japanese American* Internment, W.W. Norton & Co., 2006.
Mei Nakano. *Japanese American Women: Three Generations 1890-1990*. Mina Press Publishing, 1990.
Mine Okubo. Citizen 13660. University of Washington Press, 1983.
U.S. Department of Justice, Immigration and Naturalization File, Tanigawa, Chikara(Tsutomu), Aug.12, 1943.
War Relocation Authority, Washington, Tanigawa, Kyoko Norma. Dec.27, 1945.

ホノルル近郊における
沖縄県人の養豚業

飯 田 耕二郎

1　第二次大戦前

　1900年に初めてハワイに到着した26人の沖縄県からの移民は、それ以後、飛躍的に増加した。彼らはサトウキビ耕地の労働から始め、徐々に蓄えた資金を元手に独立を目指した。その業種の一つが、養豚業経営である。

　『布哇実業案内』(1909) によれば、ハワイにおける養豚業は、その飼料を厨房の残飯を得るのに便利なホノルル近郊で発達した。当時の業者は日本人または中国人であり、地方ではサトウキビ耕地の賄方 (コック) や独立農家の副業でもあった。前者は食料の残物で、後者は主にパパイヤやバナナなどで飼養し、顧客は中国人であった。同書に収められた「布哇在留日本人名鑑」によれば、やはり養豚業者はホノルル郊外に多くみられ、特にモイリリ地区に52名 (兼業含む) と38名を数えるカリヒ地区などで、多数の日本人移民が従事していた。彼らの出身県は山口・熊本・広島・福岡・宮城・新潟県で、まだ沖縄県人は登場していない。

　1915年、日本語新聞『日布時事』の正月記事には日本人養豚業者は261名とある。同年の『布哇日本人年鑑』に収録された「在布日本人々名録」によれば、ホノルル市内の養豚業者は67名を数え、1920年には73名となり、出身県や居住地のそれぞれの内訳は**表1**のようになる。この頃では、モイリリ地区が日本人養豚業の中心であったと考えられる。ただし、1920年頃から沖縄県人による経営が盛んになり始めたようである。沖縄県人8名の居住地をみると、カメハメハ四世街 (ホノルル西端・カリヒ谷内) 4名、ワイキキとカパフル各2名で、モイリリ近辺

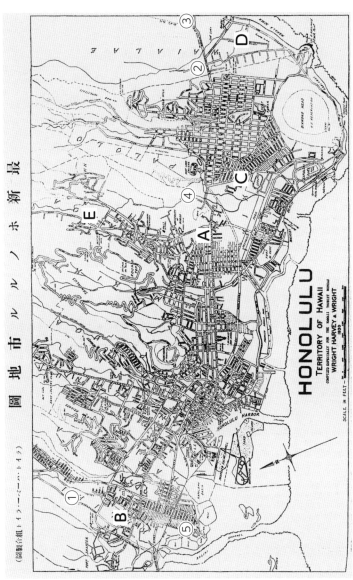

図1　ホノルル市の養豚業地域

[出典]『日布時事布哇年鑑（1935〜36）』付図

地区：A モイリリ　B カリヒ　C カパフル　D カハラ　E マノア　道路：①カメハメハ四世　②オイリー　③カパカヒ　④カリヒ　⑤アビリ　図中の記号・数字は筆者による。A〜E は表1、①〜⑤は表2と対応する。

でも養豚業が行われていた (**図1**)。

　『日布時事・布哇年鑑』(1929) の住所録では、ホノルルでの日本人養豚業者は227名となり、沖縄県人の著しい進出がみられた (**表1**)。彼らの居住地はホノル

表1　ホノルルにおける養豚業者の出身県・居住地

1915 年		1920 年		1929 年	
出身県	居住地	出身県	居住地	出身県	居住地 (地区)
山口25	A モイリリ 32	熊本22	モイリリ　　　　　　　17	沖縄78	カメハメハ四世街 (カリヒ) 45
熊本20	B カリヒ　　16	山口20	カメハメハ第四街 12	熊本39	オイリー道路 (ワイアラエ) 43
広島11	C カパフル　6	広島12	D カハラ　　　　　　 11	広島37	ワイアラエ街 (ワイアラエ) 36
福岡10	その他　　13	福岡 8	カナワイ (モイリリ)10	福岡35	カパアケア (モイリリ)　19
新潟 1		沖縄 8	カパフル　　　　　　 8	山口32	カレイ道路 (モイリリ)　16
		新潟 2	E マノア　　　　　　 4		ワイルペ (アイナハイナ)　11
		島根 1	その他　　　　　　 11		
計 67		計 73		計 227 (その他を含む)	

注：単位は人
［出典］1915 年と 1920 年は『布哇日本人年鑑』、1929 年は『日布時事布哇年鑑』より作成

表2　オアフ島における沖縄養豚業者の出身地・居住地 (1941年)

居住地 ＼ 出身地	具志川	中城	小禄	西原	金武	宜野湾	美里	豊見城	真壁	東風平	与那城	北谷	その他	計
① カメハメハ四世街	14	8	7			3	1		4	1	1		6	45
② ワイアラエ・オイリー道路	2	1			1			2		2		2	3	13
③ ワイアラエ・カパカヒ道路	2	3						2		1			5	13
④ モイリリ・カレイ道路	2			3	3									8
⑤ カリヒ・アピリ道路	1	1					1							3
カハラ	2						1							3
ワイルペ (アイナハイナ)	2				1									3
オアフ島ワヒアワ	3			1		2	2				1	1	3	13
その他 (不明を含む)		2		2	1						1			6
計	28	15	7	6	6	5	5	4	4	4	3	3	17	107

注：単位は人
［出典］『布哇沖縄人発展史』(1941 年) より作成

ルの中心から離れた東端のワイアラエ地区と西端のカメハメハ四世街に集中し、それは1920年よりも顕著な傾向を示している。

　その後も沖縄県人の養豚業者は増え続け、1940年のオアフ島の日本人養豚業246名のうち153名（62％）を占めていた。その増加のおもな要因は、日本の他府県と異なり沖縄県では豚の飼育が伝統的に行われ、不可欠な農業として養豚業を営む事業家は尊敬され、自らも誇りをもっていたためと考えられる。そして同業は、家族経営から始まり大規模経営へ発展したのである。

　1941年のオアフ島における沖縄県人の養豚業者を調べると、カメハメハ四世街への集中が高く半数近くを占め、ワイアラエ地区の2つの通りが続く（**表2**）。ホノルル以外では、ワヒアワ地区の13名が多い。出身地別では具志川（現・うるま市）28名が最も多く、中城（なかぐすく）15名と小禄（おろく）（現・那覇市）7名が続く。真壁（現・糸満市）の4名を含め、業者はいずれもカメハメハ四世街に集っている。とくに具志川出身者が多いのは、同地がもともと養豚業が盛んなためであろう。

2　養豚業の発展とその要因

　苦情の多かった衛生問題、とくに住宅地のカハラ地区における養豚場の移転問題を契機に、1938年にオアフ養豚連合会が創設された。それまで地方ごとの同業者により組合は組織されていたが、分立の弊害を打破して一団となった彼らは、飼料の収集法などの諸問題を解決することになった。1941年のメンバーは230名で、会長は熊本県出身の南主計（かずえ）であるが、役員の大半は沖縄県人であった。

　1939年の『日布時事』には、代表的な青年養豚業者であるワイアラエ地区の橋本秀雄と、カリヒ地区の平良眞助とによる「養豚業一問一答」の対談記事が掲載された。これは、当時の養豚業の実態が知れて興味深い。そのおもな内容は、以下のようである。

　ハワイ産豚肉の大部分はオアフ島より供給され、おもな産地はカリヒとワイアラエに限られている。養豚業者はワイアラエに約130名、カリヒに約70名を数える。前者では、ハワイにおける大部分の繁殖事業も行われている。それは乾燥気候に依っていて、後者では若豚には湿気が多すぎるのである。多数の養豚業者はワイアラエで育てられた豚を購入し、カリヒで肥育して市場へ出荷する。

　市場の豚肉相場は中国人肉店により支配されており、ハワイ産の豚肉の大部分は生肉として供される。それに対し、輸入豚肉の大部分は加工品のハム、ベーコン、ソーセージや缶詰の原料となる。飼料に関してワイアラエでは残飯、穀類や青物（野

菜類）が用いられる。穀類は販売店で購入、残飯は市内の家庭から収集され、青物
は業者自身が刈り取る。残飯は無料で入手できるが、ドラム缶代とトラック輸送費
が必要である。業者によって集められた残飯は、豚の病気予防のためにボイラーで
煮沸される。

　カリヒでの飼料は残飯と穀物で、残飯はおもにオアフ島の中央部にあるスコ
フィールド兵舎から、1 人当たり月に 22.5 セントで払い下げられる。アメリカ合
衆国の主要な防衛施設である当兵舎の軍隊食堂は、最高の残飯供給所である。軍部
にも多額の収入をもたらすだけでなく、このシステムは残飯を始末する手数と経費
をも省く一挙両得になる。その他、ホテルや多くの沖縄人が経営するレストランか
らも残飯は買付される。このように、軍事施設と都市的環境が養豚業を大いに発展
させたのである。

3　第二次大戦後

　第二次大戦後、沖縄県人の養豚業者は著しく減少した。その原因は、Yukiko
Kimura によると次のようであった。ホノルルの住宅地拡張にともなう土地開発計
画により、使用していた借地の契約期限が切れ次第、養豚場には立ち退きが命じら
れた。ホノルル市郡政府の計画局は、養豚業者の集中していたカメハメハ 4 世街
とカリヒ近辺における全ての養豚場を 1955 年から 1 年以内に立ち退かせた。31
名の沖縄人養豚業者のうち、大多数がオアフ島西部のワイアナエ、少数が東部のコ
コヘッドや他地域に移った。また、ビショップ土地会社はワイアラエとカハラの養
豚場を 1949 年〜59 年の間に移転するよう命令した。110 名のうち大多数はコ
コヘッドとブロホル地域に移り、そこで彼らは各 300〜2,000 頭以上の大規模養
豚場を経営した。さらに 1960 年になると、同社から借地したカイザー住宅会社
もココヘッドとブロホルの借地契約が切れ次第、養豚業者に立ち退きを要求した。
その結果、ココヘッドの 53 名の養豚業者の養豚場が 1966 年までに閉鎖された。
すなわち 5 名がワイアナエに移って養豚を続け、残り 48 名は転・廃業した。ブロ
ホルにある 37 名の養豚農家も、すべてが他地域へ移るか転業した。州政府農業局
はマウイ島に養豚場を移して事業を続けるよう勧めたが、これに従う業者はいな
かった。

　このようにして、戦後は養豚業が急激に衰退していったが、その大きな理由は養
豚場の立地にあった。元来、養豚場は飼料の供給地であり消費地でもあったホノル
ル周辺にあった。そのため、戦後の観光地化政策にともなって郊外への移転を余儀

なくされた養豚業者は、経営への意欲が削がれてしまった。さらに世代交代が重なり、二世以下が次第に養豚業から離れていくようになった。

　また、沖縄県人の養豚業は戦後の沖縄救済運動にも深く関わっている。その運動のため、アメリカ本土のポートランド港から豚 550 頭が沖縄本島へ輸送された 1948 年の話は有名である。発案者であり、共同金融会社を経営していた嘉数亀助は養豚業も営んでいた。付添人となった 7 名のうち、獣医の山城義雄は養豚業者に飼育法を指導した。そして、ハワイ大学農学士の渡名喜元美はワイアラエで豚の飼育をし、カメハメハ四世街の養豚業者であった仲間牛吉はアアラ市場内の豚肉店主でもあった。また、「ホノルル・カフェ」店主の安慶名良信と上江洲安雄は、養豚業の盛んな具志川出身であった。

　このように、とくに小禄（現・那覇市）出身者が多かったレストランの経営と共にホノルル近郊の沖縄県人をはじめとする養豚業は、ハワイの食生活に大きな役割を果たしたのである。

【参考文献】

林三郎（1909）『布哇実業案内』コナ反響社

布哇新報社（1915・1920）『布哇日本人年鑑』、「在布日本人々名録」

日布時事社（1929）『日布時事布哇年鑑』、「布哇日本人人名住所録」

加哇沖縄人聯合協会編（1941）『布哇沖縄人発展史』、同協会「布哇の養豚業」

南主計「養豚事業の今昔」『実業の布哇・創刊三十周年記念号』（1941 年 9 月 19 日）

比嘉武信（1978）『ハワイ琉球芸能誌―ハワイ沖縄人 78 年の足跡』ハワイ報知社

Yukiko Kimura *OKINAWANS AND HOG INDUSTRY IN HAWAII*. UCHINANCHU: A History of Okinawans in Hawaii. 1981.

下嶋哲朗（1997）『豚と沖縄独立』未来社

飯田耕二郎（2003）『ハワイ日系人の歴史地理』ナカニシヤ出版

安くてうまい酒を!

―ハワイの日本酒醸造史―

秋山 かおり・鈴木 啓

1 日本酒の醸造始まる

　ハワイにおける日本酒の歴史は1885年に始まった。この年の2月、日本政府とハワイ王国との契約による最初の官約移民として約950名がハワイに上陸した。移民契約の提唱者でもあるカラカウア国王は、移民の歓迎宴を開いた。そこでは10樽の日本酒が用意されていた。この酒は、当時の駐日ハワイ領事アーウィンの手配により、移民の乗船した「シティー・オブ・トーキョー号」に積まれてきたものだった。これが、ハワイでの日本酒に関する最初の記録となっている。

　それから3年後の1888年、マクファレン商会 (Macfarlane & CO.) が初めて日本酒 (桜正宗瓶詰) を輸入した。続いて、小倉商会など日本人の会社も輸入を手掛けていった。当初、ハワイ王国政府の輸入関税はそれほど高くなかったが、1893年の革命による暫定政府の樹立後、日本酒の関税はそれまでの約6倍、1ガロンあたり1ドル (1.8リットル＝一升あたり約48セント) となった。1900年のアメリカへの併合後、それは本土並みの1ガロンあたり50セント (一升で約24セント) と半額になったが、それでも卸値の半分は関税が占めていた。

　日本酒の醸造が始められた理由は、ハワイで醸造できれば酒税は1バレル (31ガロン＝117リットル) 1ドル、すなわち1.8リットル＝一升で約1.5セントのみとなり、安い価格で移民に日本酒を提供でき、なおかつ日本人による新しい産業を開発できるからであった。そこで、広島県出身で食品や酒類の輸入を扱っていた住田多次郎と岩永知一が中心となり、最初の醸造会社であるホノルル日本酒醸造が

1908年7月に設立された。同社は同年9月、資本金3万ドルで株式組織となり、醸造所がホノルルのダウンタウン山手側のパウオアロードに建設されたことから「山の酒屋」と呼ばれた。醸造用に背後の山地・タンタラスからパイプで天然の湧水が引かれ、早くも同年12月には最初の日本酒「正宗」が発売された。しかし、出荷はしたものの腐敗して返品される酒が多く、採算を取るのが難しかった。

　日本では、日本酒は気温の低い冬に仕込む「寒造り」で造られていたが、高温のハワイでは品質の管理保持が難しかった。一年近く苦しんだ住田は、醸造所を日本の冬と同じ状態にすればよいと考え、醸造所全体の冷却を試み、腐敗しにくい良質の酒を醸造することに成功した。これにより、季節に関係なく醸造ができるようになった。この「四季醸造」と呼ばれる醸造法はハワイが発祥地であり、日本では1960年代まで行われなかった。

　ホノルル日本酒醸造は、冷却装置を応用した新しい日本酒の発売に先立ち、商標図案と名称の募集を行い、中央に宝船、左右にヤシとバナナの木を描いた図案と「宝島」の名称が選ばれた。新醸造酒「宝島」は、1910年末に売り出された (**写真1**)。売れ行きは順調で、1915年に74,000ドルに増資した同社は「大黒正宗」を発売し、翌16年にはさらに10万ドルに増資して、現在でもカリフォルニアで生産されている「宝正宗」の発売も開始した。

写真1　「宝島」発売当時の宣伝隊

［出典］田坂コレクション、1910年

　この成功をみて、1911年12月にホノルルのカカアコにハワイ清酒会社、1913年8月にはハワイ島ヒロにヒロ清酒醸造所が設立された。いずれも最初から冷却冷蔵設備を備えており、ハワイ清酒は1913年5月に「富士正宗」、ヒロ清酒は1913年11月に「雲の峰」を売り出した。禁酒法以前の1916年、ホノルル日本酒醸造を加えた3社の合計生産量は、6,500石（1,170キロリットル）に上った。なお、同時期の1917年における日本の生産量は約518万石（約93万2,400キロリットル）だった。

2　ハワイ日本酒の黄金期

　1918年、アメリカ合衆国において禁酒法が実施され、準州であったハワイでも8月10日から酒類の販売が禁止となった。これによりハワイ清酒とヒロ清酒醸造

図1　「東郷正宗」広告
［出典］『週刊布哇新報』1939年12月9日

は廃業したが、ホノルル日本酒醸造は社名をホノルル製氷会社と変更し、広大な冷蔵設備を利用した製氷事業で禁酒法時代を生き延びた。1933年12月に禁酒法が撤廃されると、同社はホノルル酒造製氷会社と社名変更して酒造業に復帰した。日本酒の輸入も再開されたが、禁酒法前に1ガロンあたり50セント（一升約72セント）だった関税は、2.5倍の1ドル25セント（一升1ドル80セント）に引き上げられた。ハワイの醸造に関する酒税も1バレルあたり6ドル（一升9セント）と大幅に上げられたが、それでも輸入関税よりはるかに安価だった。そのためハワイ島ヒロに日米酒造（1933年）とヒロ清酒醸造（1935年）、ホノルルに神田商会（1934年、翌35年に富士酒造と改称）、マウイ島クラにマウイ酒醸造（1935年）と、次々に新しい酒造会社が設立された。

　ホノルル酒造は 1934 年 12 月に「宝正宗」の発売を再開し、1935 年 5 月には新しく「宝娘」を発売した。続いて神田商会が 1934 年 10 月に「富士正宗」、1936 年 3 月に日米酒造が「国粋」、1937 年 4 月にヒロ清酒醸造が「東郷正宗」(図1)、1936 年 1 月にマウイ酒醸造が「日の出正宗」と、新しい日本酒が発売された。「国粋」発売時には『日布時事』(1936 年 3 月 12 日) で 8 ページもの特集記事が組まれるなど、ハワイの日本酒は黄金時代を迎えた。

　日本酒醸造 5 社は、競合してさまざまな銘柄を販売するようになり、1937 年には日本酒醸造組合も組織された。ハワイの日本酒はアメリカ本土への輸出も開始され、年間生産量も 1937 年には 2 万石 (3,600 キロリットル) 以上となった。なお、同年の日本での日本酒生産量は 437 万 6 千石 (78 万 7,680 キロリットル) であった。「金瓢正宗」(富士酒造)、「瑞光」(日米酒造)、「ヒロ正宗」(ヒロ清酒) や「アロハ正宗」「ハレアカラ正宗」(マウス酒醸造) など、新しい銘柄の日本酒も数多く売りだされた。1940 年 5 月には「サケ・シャンペン」と謳われた炭酸入りの日本酒「ポロ」が、ホノルル酒造から発売された。

　しかし、1941 年 12 月 7 日 (ハワイ時間) 真珠湾攻撃による太平洋戦争開戦後、戒厳令により米の食用以外への使用が禁止され、また酒造会社の経営者や技術者の多くが逮捕・抑留されたこともあり、日本酒は禁酒法以来二度目の生産停止となった。また「敵性外国人」とされた移民一世は、アルコール類の売買を禁止された。ヒロ清酒醸造とマウイ酒醸造は廃業に追い込まれたが、ホノルル酒造は製氷業だけでなく醸造技術の経験を活かして醤油の製造を始め、富士酒造と日米酒造も醤油や味噌の製造を行い戦時下においても会社の業務を持続した。

　なお、太平洋戦争により日本酒の製造は表向きには途絶えたが、強制収容された日本人・日系人たちは抑留所の小屋の中で「密造酒」を造っていた。その際、高品質の酒ができるように抑留者仲間に指示していたのが、富士酒造支配人であった一場守だと言われている。

3　戦後ハワイの日本酒

　1947 年 12 月、ホノルル酒造は戦後初の日本酒となる「宝正宗」の販売を再開した。また戦後は、ステンレス製貯蔵タンクの使用も始められた。酒の醸造や貯蔵に、まだ木製の桶や樽が使われていた日本でステンレス製が使われるようになるのは、これより 20 年以上も後のことだった。

　翌 1948 年には、富士酒造と日米酒造も醸造を再開し、戦後の日本酒製造は 3

社でスタートすることとなった。戦時中の4年間、日本酒がなかったことや、日系社会における経済的発展などにより販売高は伸びていった。「宝娘」、「瑞光」や「金瓢正宗」などのブランドが復活したほか、低アルコールの「アイカネ」（ハワイ語で友達の意）、冷用酒の「フジスノー」など新タイプの日本酒も生産されるようになった（図2）。

1954年にホノルル酒造は、日本から国税庁醸造試験所の技師・二瓶孝夫を招聘した。彼は戦後に酒米として使われるようになったカリフォルニア米に合う新しい酵母を探し出し、日本からの輸入米でなくとも高品質な日本酒が醸造できることを示した。また白濁や異臭の問題を解決した彼は、後に日本でも使用されるようになった泡の少ない新しい酵母を発見するなど品質向上に努めた。彼は副社長兼技師長となり、ハワイに永住して日本酒の向上に尽した。

図2　富士酒造の広告（1954年）

［出典］『ハワイ事情 1954年版』布哇タイムス

しかし、二世以下の世代では日本酒はあまり飲まれないようになっていった。需要は徐々に低下し、日米酒造は1956年、富士酒造は1963年に会社を閉じるなか、ホノルル酒造だけ、日本酒の生産を続けていった。

1980年代に入ると、最大の消費者である一世世代が大幅に減少して需要はさらに低下し、1986年ホノルル酒造はタカラ・サケ・USA（Takara Sake USA、日本の宝酒造の子会社）に売却された。「移民（一世）に安くて旨い酒を提供すること」を企業理念としていたホノルル酒造は、移民一世のいなくなった日系社会においてその役割を終えたのかも知れない。1992年にはホノルル酒造の醸造所が閉鎖され、カリフォルニア州バークレイで営業しているタカラ・サケ・USAの工場に統合された。「宝正宗」はアメリカ工場で生産が続けられ、現在でもハワイで販売されている。

2020年3月、約30年ぶりにハワイで日本酒醸造が復活した。大手の酒造会社

ではなく、日本からの個人が経営するアイランダー酒造が醸造を始め、新銘柄「アイランダー」を発売した。同酒造は、国際的に評価の高まってきた「日本酒＝サケ」の文化をハワイに根付かせ、そして世界に広めることを目指しており、「移民のための日本酒」とはまた違った歴史が始まっている。

【参考文献】

宇治田憲彦（2008）『アメリカに日本文化を開花させたサムライたち』燦葉出版

小穴富司雄（1970）「酒造業の推移」日本酒造協会雑誌 65-45、307-311

鈴木啓「ホノウリウリで酒を造った話」『ハワイ報知』2013 年 4 月 2 日

日布時事社編集局（1941）『昭和十六年日布時事布哇年鑑』日布時事社

二瓶孝夫（1978）『ハワイにおける日本酒・味噌・醬油の歴史』私家版

二瓶孝夫（1985）『続・ハワイにおける日本酒の歴史』私家版

布哇タイムス編集局（1954）『ハワイ事情』布哇タイムス社

「ハワイだから、がんばれた」（2021）『ハワイに住む』44、22

ハワイ日本人移民史刊行委員会（1964）『ハワイ日本人移民史』ハワイ日系人連合協会

森田榮（1915）『布哇日本人発展史』真榮館

Ronn Ronck & Robert Shumitt. *Firsts and almost firsts in Hawaiʻi*, University of Hawaii Press,1995.

Pacific Commercial Advertiser, The Evening Bulletin.

ホールに集まって串焼きの準備をするボランティア
（2019 年 7 月、松永千紗撮影）

第2部　変わりゆく食

第5章

レシピの余白に書き込まれた食物語

―日系アメリカ人とクックブック―

松本ユキ

1　はじめに

　本章の目的は、アメリカ西海岸の日系アメリカ人コミュニティで実施した
アンケート、およびフィールドワークの調査結果を参照しつつ、日系アメリ
カ人のクックブックを分析し、レシピと共に記されている「食」をめぐる物
語、つまりは「食物語」を多角的に考察することである[1]。日系アメリカ人
の個人・家族・共同体は、世代や文化を跨るハイブリッドな食文化を実践す
ることで、アメリカ社会における自分たちの立ち位置やアイデンティティを
示してきた。このような「食」をめぐる言説にアプローチするためには、日
系アメリカ人によって書かれたもの、語られたものや共有されている経験な
どを、さまざまなレベルで読み解いていく必要があるだろう。本章では特に、
日系アメリカ人のクックブックにおいて、レシピと共に記録されている「食」
をめぐる物語に焦点を当てる。

2　クックブックというジャンル

　サラ・ミルズ (Sara Mills) は、言説とジェンダーについての研究において、歴史書、自伝や文学作品の特徴を述べたうえで、クックブックというジャンルを学術的に分析することの可能性を示唆している。ミルズによると、歴史書は客観的真実を伝えるものであり、自伝は作家の声に忠実であるとされる。一方で文学は、「真実ではない」フィクションという形式を通じて、「真実味のある」人間としての条件を提示するものである。彼女は、「女性性や男性性の言説がいかに構築されているかを論じる際には、ジャンルを超えたテクストの類似性を示すため、文学を歴史書や自伝、あるいはクックブックやマニュアル本など、別のテクストとともに読むこともできるだろう」と述べている (Mills 20-21)。ミルズの指摘するように、クックブックという境界横断的ジャンルには、文学的・歴史的・自伝的記述が混在しており、客観的事実を伝える記録のための側面と個人の経験を描写する物語的側面がある。

　文学研究者ウェンイン・シー (Wenying Xu) は、アジア系アメリカ人の歴史において、「食べるものそして食べることは、必要性を満たすだけのものでなく、アメリカ社会においてアジア系アメリカ人が生き残り、文化に適応し、創意工夫し、異種混淆化することで逆境を克服してきた現実の歴史を示す指標でもある」と指摘している (Xu 8)。また日系アメリカ人の歴史・社会・文化を扱った多くの先行研究においては、日系アメリカ人たちが、大恐慌、強制収容や戦後の転住などの歴史的契機において、食の営みを通じていかに個人あるいは共同体としてのアイデンティティを構築し、対抗的歴史を作り上げてきたかに焦点が当てられている (Dusselier 2002; Kim 2013; Matsumoto 2013)。日系アメリカ人のライフ・ストーリーもまた、文学や自伝、そして歴史書など複数のジャンルを跨ぐものであるといえるだろう。

　以下ではまず、2016年度に実施したフィールドワークやアンケート調査を参考に、日系アメリカ人が「食」を語る語彙について分析していく。調査の期間は、2016年2月18日から29日までの約2週間であり、サンフランシスコの仏教会 (BCSF)、文化センター (JCCCNC) やコミュニティ・センター

(J-Sei) にてフィールドワークを実施した[2]。その後、同年の 8 月 20 日から 26 日まで 1 週間ほどの追加調査を実施した。おもに調査対象としたのは、日系アメリカ人の 2 世および 3 世の女性たちであり、彼女たちが祖母や母親から受け継いだ料理の知識や、それにまつわる家族と共同体の歴史・記憶・物語を聞き取ることができた[3]。

　調査期間中には、サンフランシスコの仏教会、コミュニティ・センター、文化センターなどを訪問し、日系アメリカ人の食に関するアンケート調査を実施した。また、2 月 21 日には、サンフランシスコ仏教会にて午前の礼拝に参加し、婦人会のメンバーを中心にインタビューを行った[4]。23 日には、コミュニティ・センターにおいて、シニアのための昼食提供サービス、およびライティングの授業を見学した。同日の夕方には、文化センターにおいて、日系アメリカ人の講師による料理教室（Baachan's Kitchen）[5] に参加し、プログラム企画者や参加者にインタビューを実施した。また 8 月の追加調査の際には、サクラメントの仏教会（Buddhist Church of Sacramento）のバザー[6] に足を運び、8 月 23 日には、新しくエミリヴィルに移転した J-Sei シニアセンターの建物を訪れ、再度ライティングの授業に参加した。翌日には、サンフランシスコのジャパンタウンにある全米日系アメリカ人図書館（JANL）において、日系アメリカ人のクックブックを資料として収集した。

3 「食」を語る語彙

　アメリカ各地の仏教会は、資金集めの一環としてクックブックを出版しており、それにより、日本料理をほとんど知らない世代に、その調理法を伝授することが可能になる。現在も婦人会は、前世代から受け継いだ知識をさらに次世代に伝えるという役割を担っている。しかし、若い世代は日々減少してきているため、同会はクックブックという形で自分たちの活動を記録し、コミュニティの活動を支えている。

　婦人会の A・N は、婦人会の活動やクックブックの役割について以下のように語っている[7]。

　何年も前に婦人会に参加したとき、年配の女性たちが、自分たちの習得した見事な日本料理のスキルを、若いメンバーたちに伝授してくれた。また、この地域の教会の女性グループにより出版されたクックブックをコレクションし、そこから気に入ったレシピを見つけてきた。

　彼女のような若い２世は、母親から日本料理を教わるには幼すぎたため、戦後に出版されたクックブックや仏教会のシニアのメンバーの助けを借り、料理のスキルを磨き、オリジナルのレシピを開発してきたという。

　彼女の所属しているサンフランシスコ仏教会の婦人会により2003年に出版されたレシピ本『サンフランシスコ仏教会サンガのお気に入りレシピ』（*BCSF Sangha Favorites*）によると、「現在〔2003年〕でも、30年以上も前に婦人会のメンバーが提供した「秘密の」レシピが受け継がれており、1年に2回、資金集めのために販売している照り焼きチキン弁当のレシピとして用いられている」（BCSF 5）。2003年のレシピ本は、日曜学校にあたるダルマ・スクール（Dharma School）[8]に、新たな若年層の家族を引き寄せるためのプログラム作りを目的として販売された（**写真1**）。

　サンフランシスコ仏教会の婦人会は、このような世代を超えた文化の担い手として現在も活躍しているが、現実問題として婦人会に参加する若い世代の女性たちは減少傾向にある。その理由について、ある婦人会のメンバーは、若い世代の多くは、仕事や家事に追われて時間が不足しており、婦人会の活動は若い世代の女性にとってもはや魅力的に感じられなくなってしまったのではないかと述べていた。現代の価値観に照らし合わせると、コミュニティのイベントで料理を準備し、提供する役割を女性が中心的に担うということは一種の社会的拘束であり、女性を家事労働の領域に閉じ込めようとするものである

写真1　サンフランシスコ仏教会（BCSF）の資金集めのためのチキン弁当

［出典］2016年2月撮影、Harumi Kishida氏提供

と受け止められるかもしれない。しかしながら、女性たちの積極的な活動や継続的な支援が、これまでの日系コミュニティの存続に不可欠であったことも事実である。日系人の家庭やコミュニティが何世代にも渡って、日本の食文化を保持し続けてきたのは、次世代を担う女性たちに対して、幼いころから日本の言語・文化・習慣を受け継ぎ、保持して、伝達する役割が教え込まれてきたからであろう。

　このような女性に対して求められる社会的役割は、他のエスニック集団にも共通して見られる特徴であるといえる。ユヴァル＝デイヴィス（Yuval-Davis）は、移民の子供たちのなかでも、男子よりも女子に対してより強い社会的拘束が働くことを指摘しており、多文化社会においては女性の文化的に「適切な」行いがより一層重要となるとしている（Yuval-Davis 197）。世代を隔てると状況も変化しうるが、移民先でも出身国の文化を保持しつつ、ホスト国の文化に適応しようとする家族や共同体にとっては、女性の果たす役割が非常に重要であり、女性には常に文化の担い手としての役割が求められてきた。

　また家庭内における文化的実践においても、日系の女性たちは伝統的な日本文化とアメリカの文化への適応との橋渡しの役割を担っている。サンフランシスコ仏教会の H・K は、毎年の正月には母親が日本の伝統的な料理を作ってくれたと述べている。現在でも家族の集まりをする際には、彼女がその役目を引き継ぎ、巻きずしやいなりなどの日本料理を振舞っているという[9]。サンフランシスコ仏教会や JCCCNC において、日系 2 世や 3 世の女性たちに聞き取りをしたところ、正月などの行事において、現在でも祖母や母が作っていたメニューを再現し、「ごちそう」を食卓で共有しているという人が多かった。コミュニティと家庭のどちらにおいても、料理という文化的実践を通じて、日系の女性たちが世代を超えたつながりを形成しつづけてきたことがわかる。

　調査においてインフォーマントが必ずといっていいほど口にした日本語は、日系アメリカ人にとっては日本とは少し違った形で解釈されている「おかず」という日系人独特の語彙だ。「おかず」とは、ご飯と一緒に食べる副菜を意味するが、日系人にとっては、少しの肉と残物の野菜や豆腐などを炒めた節約料理を指す場合が多い。特に 2 世は、1930 年代の恐慌の時代に食

べ盛りの年頃を迎え、野菜をメインにした節約レシピを毎日のように食べていたため、つつましくも賑やかに毎日の食卓を彩っていた「おかず」に思い入れがある。

　日系アメリカ人2世の母親とおばのいる3世のD・Mは、日系アメリカ人と「おかず」との関わりについて、以下のように述べている。

　　　彼女たち（母とおば）の家族は裕福ではなかったので、自分たちが収穫したもので食べていかなくてはならなかった。そのため、私の母方の祖母は、家族全員に食べさせるための工夫をしていた。この世代の家族の食卓に欠かせなかったのは、少ないお肉（牛肉か豚肉）を豆腐や野菜と炒めて作ったものである。これは彼女たちの語彙、記憶においては「おかず」と呼ばれ、親しまれているものである[10]。

　このように、当時の日系人は大恐慌の影響を受け、食糧不足に陥っていたので、少ない食材で毎日の食事をまかなっていかなければならなかった。しかしながら、農業に従事していた日系人の家庭には、自分たちで育てた野菜が豊富にあり、手に入るものを最大限に活用することで、各家庭によって少しずつ異なるスタイルの「おかず」を作り上げてきた。日系アメリカ人2世のS・Kもまた、「おかず」という語彙にふれ、子供のころの家庭での食事風景を振り返っている[11]。

　　　私の父はシチュー、レバー、コーンビーフとキャベツ、豚足など、アジア以外の料理を、数多く母に紹介した。そのせいか結果として、私たちは典型的な日本食を食べることとなった。私たちの家にはいつも、自家製の野菜がたくさんあった。おかずとご飯は常備食だった。風味をつけるために、野菜は豚肉のスライスと一緒に炒めた。育ちすぎたきゅうりやなすを、私はよく、甘い味噌とツナ缶と一緒に味付けし、おかずを作った。食糧を粗末にすることはなく、「もったいない」という言葉は、私たちの教育の一部だった。

　このような「おかず」という語彙に対する日系アメリカ人独特の捉え方は、食料が不足している状況においても趣向を凝らし、いかなる食物も無駄にせず、感謝の気持ちを忘れない「もったいない」という言葉の精神につながる。「おかず」という語彙とともに次の世代に伝えられるのは、このような日系人のたくましさや豊かさであろう。限られた材料しかなくとも、毎日の食卓を豊かにすることで、家族全員の胃袋を満たす食事を提供してきた家庭内の実践は、この「おかず」という語彙により日系アメリカ人の共同体において親しまれ、次の世代にも語り継がれている。

　1994年1月1日の『北米毎日』の正月号の特集記事において、バーバラ・ヒウラ（Barbara Hiura）は、「おかず」とは「台所の流し台」（kitchen sink）のようなものだと定義している。つまり「台所の流し台」とは、あらゆるものを投入する、ごちゃまぜにするという意味であり、「おかず」というのは「台所の流し台」に冷蔵庫の中の食材を棄てるのと同じように、冷蔵庫にあるあらゆるものを投入して作られるものである。ほんのわずかの食材であっても無駄にせず、残り物を何でも活用してしまうというのは、日本人の「もったいない」という精神を受け継いだものと考えられる。戦前のアメリカの状況を鑑みると、それは厳しい不況を乗り越えるための日系人ならではの生活の知恵であったのだろう。

　「おかず」という日系人の語彙は、実際に若い世代の2世や3世にも日常的に使用されており、さらに次世代や別のエスニック集団にも広がりをみせている。家族の食卓に並ぶのは、もはや伝統的な和食だけではなく、雑多な文化的要素を取り入れたバラエティ豊かなメニューだ。「おかず」という語彙自体が、そのような日系人の文化的多様性を示すものであり、日系人が日本の伝統的な食文化を創意工夫し、柔軟に変化させることで作り出してきたハイブリッドなものであるといえる。

　これは、ヴァレリー・マツモト（Valerie J. Matsumoto）が述べているような、2世女性の実験的な試みによるものであるのだろう。マツモトによると、「第二次世界大戦前に2世女性たちが洋食を調理し、消費したのは新たな味を追い求めることに対する関心の表れであり、彼女たちのアメリカ性を主張し、証明するための手段であった」（Matsumoto 256）。日本とアメリカという2つ

の文化に挟まれた彼女たちにとって、アメリカの食生活に適応することは、アメリカ人としてのアイデンティティを表現するための一種の戦略であったといえる。さらにマツモトの分析によると、2世の女性たちはアメリカの主流の食文化だけでなく、近隣地域に住んでいる他のエスニック・マイノリティの食文化を取り込み、より実験的な食事スタイルを追求していった。つまり彼女たちは、アメリカ社会への適応や帰属を示すと同時に、主流の文化とは異なるものを探究していったのだ。

　このような戦前の2世女性による実験的な試みは、後の世代の日系コミュニティにも影響を与えている。ある婦人会のメンバーは、母親の料理について覚えていることとして、「日本とアメリカ双方の料理を作っていた、ごく簡単なおかずを作っていた、お正月にはごちそうを作っていた」という3点を挙げている。このような特徴は、前述したマツモトの先行研究とも一致する。現在でも彼女の家庭では、正月に家族が集まると巻き寿司やいなり寿司が作られるという。母から受け継いだ料理は、いままでとは違った形で、次世代に引き継がれている。ここ数年、彼女の娘や義娘が正月に準備するのは、「伝統的な」日本料理だけではない。食卓には、ポテト・サラダやデヴィルド・エッグ、焼き寿司などが一緒に並んでいる。そして、中国系である義娘と孫は、彼女の紹介した納豆を好んで食べているという[12]。

　これまでみてきたように、世代による価値観の相違やジェンダー観の変化、日系人の人口減少や高齢化、異人種間結婚の増加や人種観の多様化などの要因により、日系アメリカ人の食をめぐる実践は変化してきている。J-Seiシニアセンターにおいて、シニアたちに食事を提供する活動は、もはや日系のバックグラウンドを持つ人だけでなく、さまざまなエスニシティの女性たちによって支えられている[13]（**写真2**）。

　日系アメリカ人女性が「食」を語るときの語彙を考察することで、明らかになったのは、これまで公的領域から排除され、経済活動に含まれてこなかった女性の労働が実際には非常に重要な社会資本であり、日系アメリカ人が共同体を形成し、文化を維持していく基盤となっていたということである。日系アメリカ人のコミュニティが、社会資本が希薄化していく現代の状況に柔軟に対応していくためには、文化的遺産を引き継ぎつつも、人種や

写真2　宅配用のお弁当を詰めるボランティアの女性たち
［出典］2019 年撮影、J-Sei 提供

ジェンダーの多様性に適応した、よりハイブリッドな文化実践を行っていく
必要があるだろう。
　「食」をめぐる日系アメリカ人の物語は、コミュニティや家庭において口
述で伝えられており、地域差や個人差はあっても、どこかで耳にしたことの
ある話として共有されている。しかし、このような物語はコミュニティ内や
家庭内の領域を超えて、公的な領域に伝えられることはあまりない。個人の
記憶や物語を公的な記録として後世に伝えるためには、それを記述し、残し
ておく必要がある。

4　日系アメリカ人とクックブック

　ニナ・イチカワ（Nina F. Ichikawa）の記事によると、アメリカにおいて共同
体を中心とした料理本、つまりはコミュニティ・クックブックが出版されは
じめたのは南北戦争の時期であり、その後 1950 年代から 80 年代にさらに興
隆を極めた。彼女によると、全国の印刷所がクックブック用のテンプレート
を提供し、印刷するサービスを始めたことが要因の一つであるようだ。レシ
ピを記憶して共有するというクックブックの特性を考えると、個人やグルー
プが自費で出版できるサービスが確立されたことは、大きな推進力となった

ことは間違いないだろう。

　1994年の『北米毎日』の記事で述べられているように、教会やコミュニ
ティによるクックブックの出版は、北カリフォルニアでは1960年代に盛ん
になり、1990年代ごろまでその傾向は続いた。記事によると、クックブッ
ク出版のおもな目的は、教会や共同体のための資金集めであるが、それと同
時にクックブックは日系アメリカ人の伝統と多様な文化を記録し、次世代に
継承するための重要な役割を果たしている。

　　　食物は世代を跨る日系アメリカ人の文化を保存するための手段であっ
　　た。長年家族に伝わってきた、あるいは最近友人から教わったお墨付き
　　のレシピは、教会や共同体秘蔵のクックブックに忠実に記録されてき
　　た。クックブックはしばしば資金集めのために作られたが、同時に日系
　　アメリカ人の伝統的かつ多文化に富んだ味を描き出している。クック
　　ブックとは、彼らの伝統を次世代に伝えるための手段であり、古き日本
　　に根ざした歴史的道のりを示すものである。(『北米毎日』1994年1月1日)

　1960・70年代ごろから、北カリフォルニアでは様々な個人や団体によっ
て、日系アメリカ人のクックブック[14]が出版されている。その他の地域に
ついては現時点ではあまり調査をしていないが、例えばハワイでは、本派本
願寺ハワイ別院が1973年に創立85周年を記念するプロジェクトとして、『島
民お気に入りの料理レシピ本』(*Favorite Island Cookery*)の第1弾を出版して
おり、1995年には第6弾が出されている。こちらは、ハワイの文化の多様
性を反映したレシピを中心に紹介しているものである。セントルイスでは、
日系アメリカ人市民同盟(JACL)が1975年にクックブック『2世キッチン』
(*Nisei Kitchen*)を出版している(**写真3**)。

　今回は2冊の日系アメリカ人のクックブックを中心に「食」をめぐる物語
を考察していく。1冊目は、1999年に日系アメリカ人国立記念碑財団(略称
NJAMF)により出された『日系アメリカ料理紀行』(*A Japanese American Culi-
nary Journey*)、2冊目は2000年に全米日系人歴史協会が出版した『ライスクッ
カーズ・コンパニオン』(*The Rice Cooker's Companion*)[15]である。

なぜ日系アメリカ人のコミュニティでは、このように多くの地域で様々な団体がクックブックを出版してきたのだろうか。ほとんどの団体に共通する目的として、資金集めがある。アメリカ仏教会における食の変遷をたどった本多の論文によると、出版の目的はおもに2つ挙げられている。

まず1つ目は、財政面での支援を得るためである。本多によると、クックブックは、仏教会メンバーが家庭、バザーやポットラックで作っているメニューのレシピを本にまとめることにより、日系アメリカ人仏教徒の食文化を記録したものである（本多 170-171）。クッ

写真3　*Favorite Island Cookery*, Book1と*Nisei Kitchen*の表紙
［出典］2016年8月24日、筆者撮影、全米日系アメリカ人図書館（JANL）所蔵

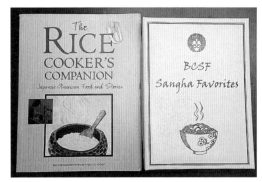

写真4　*The Rice Cooker's Companion*と*BCSF Sangha Favorites*の表紙
［出典］2021年6月、筆者撮影

クブックは、日系仏教会以外にも、様々な宗教、エスニシティや地域の団体によって出版されているが、資金集めという目的は概ね共通している。

そして2つ目の目的は、日系アメリカ人の家族や共同体で提供されてきたメニューを書き記すことで、自分たちの活動の記録を残し、次世代の人々にその文化的遺産を引き継ぐことである。前述した本多の論文も、文化の継承というクックブック出版の目的について触れており、「クックブックには食の伝承と財政支援という両面を見ることができる」と指摘している（173）。

これまでは婦人会などでの活動を通じて、上の世代から直接レシピが受け継がれてきたが、次第にそれが困難になってきたため、一種のアーカイブとしてクックブックを残しておく必要が出てきたのだ。

2016年の調査で訪れたサンフランシスコ仏教会、JCCCNCやJ-Seiなどのコミュニティ・センターにおいても、ボランティアの人員不足、世代交代や多民族化などの現状が窺えた。多文化・多民族に跨る幅広い世代に向けて日系アメリカ人の食文化や共同体の活動を伝えるための手段として、クックブックはより一層重要な役割を果たしている(**写真4**)。

5　クックブックの出版目的

次に、今回取り上げる2冊のクックブックにおいてその出版目的がどのように記述されているのかをみていきたい。まず1999年に出版された『日系アメリカ料理紀行』は、ワシントンDCに第二次世界大戦中の日系アメリカ人兵士の功績を称える記念碑(the National Japanese-American Memorial to Patriotism)を建設する資金集めを目的として計画された。この記念碑は2000年に建立され、現在は国立公園局の管理下にある。記念碑の建立は、後の世代に戦時中の日系アメリカ人の遺産を伝えるための重要な役割を果たす。財団のチェリー・ツツミダ(Cherry Y. Tsutsumida)は、「美味しい考え」("A Delicious Idea")というセクションにおいて、クックブックの第一の目的は、日系アメリカ人記念碑の資金集めにあると述べている(NJAMF)。

また本多の論文にもあったように、ツツミダも「食」を日系アメリカ人にとって重要な文化の伝達手段として捉え、日系人が多文化を取り入れながら日本食の伝統を伝えてきたことを紹介している。彼女は、「キャベツ入りのタコス、大根入りのアイリッシュ・シチュー、生姜で味付けをしたスペアリブ、酢の物と一緒に食卓に並ぶパスタ、シナモン味の饅頭」などのメニューを例として挙げ、日系人が自分たちの食生活のなかに多文化を柔軟に取り組んできたことを主張している(NJAMF)。そのため、クックブックには、日系以外にも多民族の料理が載せられており、そのことは、日系アメリカ人の文化が、今日に至るまで、いかに多文化との関わりのなかでハイブリッドな

ものとして変容してきたかを示している。

　最後にこのクックブックの大きな特徴は、レシピの余白に様々な物語を載せていることである。「私たちの料理紀行」（"Our Culinary Journey"）というセクションにおいてツツミダは、このクックブックの目標は日系アメリカ人のローカルなレシピを集めることだけではなく、「私たちの生活の味わいを醸し出す物語を組み込むことにある」（NJAMF）と記している。日系アメリカ人にとって食物は物語を連想させるものであり、アイデンティティを規定する重要な要素として解釈されている。

　レシピと共に物語を伝えるという目的は、どのクックブックにも通じるものがある。しかしながら、そのスタイルを徹底して貫いているものはそう多くはない。今回取り上げる2冊のクックブックは、レシピと共に、それにまつわる日系アメリカ人の物語を提示している。

　『日系アメリカ料理紀行』の1年後に出版された『ライスクッカーズ・コンパニオン』には、さらに色濃くそのような特徴が表れているといえるだろう。このクックブックは、『日系アメリカ料理紀行』と比較しても、レシピに関連する物語がかなりの分量を占めており、個々の記憶や経験が歴史的重要性を持つ資料として、より体系的に収録されている。日系アメリカ人の歴史研究者であるイブリン・ナカノ・グレン（Evelyn Nakano Glenn）は、『ライスクッカーズ・コンパニオン』の序文において、日系アメリカ人にとって食物とは、身体に栄養を供給するだけのものではなく、「移民のルーツと異文化への適応」「世代間の連続性や変化」「寛容さや共同体のつながり」など様々な意味合いを含んだものであると述べている（NJAHS 6-7）。日系アメリカ人にとってクックブックは、世代や共同体を超えて「食」の意味を探る資料として、重要な役割を果たしている。

6　「食」をめぐる物語

　ここからは、実際にクックブックに記述されている食にまつわる物語を考察していく。その際にクックブックを3つの特徴、すなわち、1）共同体の形成、2）文化的適応、そして3）創作と芸術に分類して読み解いていきたい。

　まず1つ目の、共同体形成（Community Formation）としての側面には、クックブックによる経済的基盤、宗教的・政治的・文化的共同体の形成、歴史的資料や記録の保存などが挙げられる。そして、このようなクックブックの役割は、共同体の資金集め、伝統文化の保持やバザーなどのイベント支援といった具体的な活動に結びついている。

　2つ目の文化的適応（Cultural Adaptation）とは、地域ごとの特色、多文化的要素の取り入れ、複数の文化の混合や世代間のつながりなどを指している。クックブックを読むことで、他の人から受け継いだ味がどのように変化しているか、日系アメリカ人の食において多文化の影響がどのようにみられるかを窺い知ることができる。

　最後に創作、そして芸術（Art and Literature）としての側面に注目したい。料理を通じて表現される芸術性、創造性、独自性、柔軟性や臨機応変さ（resourcefulness）は、日系アメリカ人の歴史・文化・物語を知るうえでの重要な手掛かりとなる。料理を通じて、どのように日系アメリカ人の個人・家族・共同体が自らの記憶や経験を思い起こしているのか、その記憶からどのような感情が呼び覚まされるのかについて考えてみたい。

　まずは1つ目の特徴、「共同体の形成」について考察していく。『日系アメリカ料理紀行』には、強制収容所での記憶がレシピの余白に書き込まれていた。いずれも短い記述であるが、歴史的証言としての重要性を帯びたものであるように思われる。「冷蔵庫がなく、冷たい飲み物を飲むために、外の気温を利用したものの、あまりの寒さに瓶が割れてしまうこともあった」（NJAMF 14）という証言は、温度というものが収容所での日常生活においてどのように感じられたのかをよく表している。このようなエピソードは他にも紹介されており、多くの日系人が共有している収容所体験のひとつであるといえる。例えば、あるレシピの余白では、訓練地での食事について以下のように記述されている。

　　442連隊の訓練地だったシェルビー基地（ミシシッピ）では、ひきわりトウモロコシ、スウェーデンカブ、レバーソーセージ、マトン、黄色いズッキーニ、ササゲ、芽キャベツ、粉末卵など見慣れない食材ばかり

だった。（NJAMF 93）

　戦時中に自宅の食卓を離れて、毎日のように見慣れない食材が並ぶなか、魚、米やもち米などの食材は、日系人にとってとても貴重なものであった。例えばクックブックの余白のコラムでは、食堂によって魚の調理法が異なり、腕のいい料理人のいるところに人々が押し寄せたという体験談（NJAMF 106）、やっとの思いで届いた米を、牛乳で煮るライスプディングではなく、日本式にそのまま食べたいと主張したエピソード（NJAMF 93）、収容所で手に入れたもち米を他の収容所にもおすそ分けし、正月に餅を食べた話（NJAMF 150）が寄せられている。

　『ライスクッカーズ・コンパニオン』のレシピ、そしてコラムからは、日系アメリカ人のなかにも様々な地域差や文化による差異があり、それらが世代や民族を超えて共同体に受け継がれてきたことが読み取れる。例えば、日系アメリカ人作家のヒロシ・カシワギは和歌山県出身の母の味を再現しようと鯖寿司のレシピを改良し、家族や共同体の集まりでその腕前を振るった（NJAHS 67）。そのほかにも、鹿児島出身の両親が作っていた薩摩汁や豚豆腐を夫の友人や 2 世の子供たちに作っているという女性（NJAHS 97）、1 世の義母の味ごはん（炊き込みご飯の方言）のレシピをアレンジしながら再現している女性（NJAHS 60）のエピソードが、レシピと共に掲載されている。かつて身近な人に習ったメニューが、アレンジを加えながら再現され、家族や共同体の集まりでふるまわれる様子は、日系アメリカ人の社会において、世代や民族を超えて地域色豊かな多文化に富んだ味が生み出されてきたことを裏付けている（写真5）。

　チキン・ヘッカ（鶏のすき焼き）のレシピと共に紹介されているのは、ハワイのあるプランテーションで、正月にヘッカのコンテストを開催していたという思い

写真5　ヒロシ・カシワギ氏と鯖寿司、サクラメントにて
［出典］2018 年 1 月 1 日、Soji Kashiwagi 氏撮影

出話である（NJAHS 46）。他にも、ハワイの沖縄県出身者のコミュニティが夏にワイキキで主催している沖縄祭りについても紹介されており、ある女性は、夫婦でこのお祭りに参加することで「宜野座村人会の仲間たちと親交を深め、自分が大きなコミュニティの一部であることに力づけられる」と証言している（NJAHS 40）。このような県人会・村人会などの集まりや祭りなどのイベントが、共同体の形成に大きな役割を果たしていることが窺われる。

　次に日系人が食との関わりを通じて、どのように異なる文化に適応してきたのかについてみていきたい。『日系アメリカ料理紀行』には日系人と多文化との関わりに関する様々なエピソードが掲載されており、一例としてサイミンというハワイのローカルフードが紹介されている（NJAMF 162）。他にも、メキシコ移民の居住区で食料雑貨屋をしていた日系人の両親が「メヌド」というメキシコの煮込み料理をアレンジして作っていた、という話が記されている（NJAMF 164）。これらの記述から、日系人が他のエスニック集団との関係性のなかで多様な文化に触れ、それらを柔軟に自分たちの食文化に取り込んでいたことがわかる。

　さらに『ライスクッカーズ・コンパニオン』では、「しょうゆホットドッグ」という一風変わったレシピが紹介されている（NJAHS 90）。レシピの寄稿者エリカ・コーノ（Erika Kono）によると、このメニューは日本とアメリカの食文化の完全なる融合であり、白飯と一緒によく食べていた軽食として子供のころから親しんできたものとして紹介されている。しょうゆという日本の調味料とホットドッグという若い世代の食の好みにあう料理を掛け合わせて、子供たちの胃袋を満足させようとした母親の工夫をみて取ることができる。

　このような物語からも芸術性や文学的想像力との関連を読みとれるが、以下ではその点をより意識的に記述しているものに焦点を絞って考察する。

　日系アメリカ人に共通する戦時中の経験をふまえ、ある寄稿者は「強制立ち退きや強制収容により、料理経験の少ない人々にとって、クックブックは大きな助けとなった。料理とは芸術だ」（NJAMF 110）と述べている。クックブックは、日本料理の作り方をほとんど知らない世代に、料理のコツや生活の知恵を伝授するためのものである。このような日系人の生活の知恵は、日常生活を彩る創意工夫や創造性であふれている。

　以下は、レシピの余白に書かれている魚釣りの小旅行についてのエピソードを要約したものである（NJAMF 166）。

　　ヒーラベンドでの魚釣りの方法は、水路に網をかけるというもので、子供たちを上流に行かせて水しぶきをかけることで魚を追い込み、大人たちが下流で網を張って待ち構え、魚を捕まえていた。魚釣りの小旅行をしている際にアイスバーが食べたくなった父は、水路の向こう側に泳いで渡り、インディアン居留地にある店でアイスを買って1人で食べてしまった。

　収容所での日常を抜けだして、魚釣りをした際の様子が生き生きと描写されている。また父親がアイスを1人で食べてしまったということを子供に内緒にしていた挿話はユーモアあふれるものである。父親の罪悪感や恥ずかしさ、子供たちの恨みや驚きなど、様々な感情を読み取ることができる。『ライスクッカーズ・コンパニオン』にも、興味深いエピソードが寄せられている（NJAHS 65）。寄稿者のジーン・イシバシから伝え聞いた物語を記したキク・フナビキは、"Silence...No More" という詩で知られている書き手であり、日系アメリカ人のコミュニティの語り部である。
　「収容所で食べたくて仕方ないもの」（Camp Cravings）は誰にでもあったのではないだろうか。寄稿者の母親の場合、それはウナギの蒲焼であった（NJAHS 65）。以下、物語を簡潔に要約しておく。

　　2世の若者たちがハンバーガーやコーラを欲しがるように、寄稿者の母は日本で食べたウナギを夢にまで見るほど食べたいという思いにとりつかれた。それに動かされた父は、ある晩息子を連れだしてこっそり外出する。彼らは監視の目を盗み有刺鉄線の下を這い出て、木の棒でガラガラヘビを捕獲。その戦利品を食堂に持ち帰り、調理するも、その強烈な匂いを消すことはできない。父の思いを汲み取り、母は恐る恐るそれを口にする。

　日系人たちが魚を釣るために収容所を抜け出したという話は、『マンザナール釣りクラブ』(*The Manzanar Fishing Club*, 2012) という映画の題材にもなるほど、よく知られているエピソードである。今回紹介したクックブックのエピソードは、日系アメリカ人に親しまれているこのような逸話をユーモア溢れる軽快なタッチで描いており、1つの文学作品にもなりうるような創造性・物語性に溢れている。

　フナビキはそのほかにも、1986年にハート・マウンテンの巡礼に参加した際に2世の男性が語っていた収容所での密造酒製造についてのエピソードをクックブックに寄せている。「突然に余暇の時間を手に入れた収容所の人々は、創造性 (inventiveness) と機知 (resourcefulness) を枯渇させることは決してなかった」(NJAHS 96) と彼女は述べ、話を締めくくっている。どのような状況におかれても、与えられたものを最大限に活かし、よりよい環境を作り出そうとする日系アメリカ人の物語が、そこには記されている。

7　おわりに

　日系アメリカ人のクックブックに記載されているレシピのなかには、斬新な創作料理もあれば、素朴でありふれた日常の食卓で提供されるメニューもある。節約レシピ、時短レシピや残り物のアレンジなど、忙しい現代社会で働く人々にとっても有用な生活の知恵やアドバイスが詰まっている。時代や場所が違っても、私たちはクックブックのレシピを通して、様々な物語を読み解くことができる。

　私たちの生活において「食」とは必要不可欠な営みであり、生活をより豊かに彩ってくれるものである。日系アメリカ人にとって料理とは、ただ単に商業化されたエスニック料理の一部として消費されるものではなく、次世代や他の集団に向けて自分たちの文化・社会・芸術を伝えるための媒体であるといえる。クックブックで伝えられるのは、料理を作る過程だけではない。そのレシピが生まれた経緯やそこに込められている思い、その料理が喚起させる記憶や歴史など、様々な物語が共に記述されている。

　新型コロナウィルスの感染拡大の影響を受け、家族や共同体における活動

も大きく制限され、私たちの食との関わりは大きく変化したが¹⁶⁾、同時にこれまで以上に人との繋がり、食の重要性が認識されるようになった。

　長きにわたって家庭そして共同体のなかで、食に関する労働を支え、多くの知識を提供してきた婦人会やボランティアの人員は年々減少しているものの、食に関わる労働や知識に対する需要はむしろ増え続けている。日系アメリカ人によるクックブックのレシピ、そしてその余白に記された物語は、現代を生きる私たちにとっても重要な資料であり、世代や民族、文化を超えて今後も語り継がれていくことだろう。

【注】

1) 現地調査でお世話になった多くの方々に謝意を表したい。サンフランシスコ仏教会での調査に協力してくださった方々（Ayako Nishimoto さん、Harumi Kishida さん、Hiroshi Kashiwagi さん、Keith Kojimoto さん、Priscilla Kojimoto さん、Sadako Nimura Kashiwagi さん、Yoshi Yao さん）、J-Sei のライティング・クラスなどでお世話になった方々（Chizu Iiyama さん、Grace Morizawa さん、Nobuo Nishi さん、Phyllis Mizuhara さん、Vickie Kawakami さん）、JCCCNC の料理教室などでお世話になった方々（Diane Matsuda さん、Linda Omori さん、Marjorie Imaizumi Fletcher さん）のご理解とご協力に感謝申し上げる。調査を行った地域は、サンフランシスコ、バークレー、エミリヴィルなどである。アンケートでは、回答者の生い立ちや彼女たちの属する家族、共同体についての質問、家族、共同体における食事の思い出、食に関する世代間や文化間の差異についての記述欄など、全部で 13 項目を設定した。論文に掲載する写真を提供してくださった J-Sei そして Tara Kawata さん、Kathleen Wong さんのご助力にも感謝いたします。本稿は、JSPS 研究費（科研番号：20K12971）の助成を受けた研究成果の一部である。

2) 調査を行った場所は、サンフランシスコ仏教会（the Buddhist Church of San Francisco）、JCCCNC（the Japanese Cultural & Community Center of Northern California）、日系アメリカ人コミュニティ・ケアセンターの J-Sei である。J-Sei の J は日系人（Japanese）を、Sei は 1 世（Issei）、2 世（Nisei）、3 世（Sansei）などの「世」を指す。J-Sei とは、さまざまな世代の日系人を包括的に表す言葉である。

3) 調査対象を 2 世および 3 世の女性としたのは、第二次世界大戦中の日系アメリカ人の強制収容について、直接的あるいは間接的に記憶している世代であるからだ。その当時を鮮明に覚えている人々はすでにかなりの高齢になっているが、比較的若い世代の 2 世たちにも話を伺った。また 3 世の方にも、祖父母や両親の話で記憶していることを共有していただいた。

4) サンフランシスコ仏教会では、1952 年に若い母親たちを中心とした Jr. Fujinkai が形成され、その後 1999 年には Sr.Fujinkai と統合され、現在の the Buddhist Women's Association（BWA）となった（BCSF 2）。婦人会では、世代間の交流が積極的に行われて

いる。

5）「ばあちゃんズ・キッチン」は2か月に1回、JCCCNC で開催されている料理教室で、日系アメリカ人のレシピを若い世代や料理に関心のある人々に伝えることを目的としたイベントである。参加料は 10 ドル（JCCCNC のメンバー）、15 ドル（一般の人）である。私が参加したのは、2016 年 2 月 23 日で、これが第 1 回目であった。1 回目の講師は、JCCCNC の活動に長く関わってきた日系アメリカ人 2 世のマジョリー・フレッチャーさん。日系アメリカ人の家族連れでの参加だけでなく、日本食に関心のある若い世代のカップルも参加していた。

6）サクラメント仏教会のバザーは、Japanese Food and Cultural Bazaar と呼ばれているもので、日本料理の屋台が数多く出店されており、文化的な活動の紹介やパフォーマンス、バザーなども催されている。日系アメリカ人以外の近隣の人々も多く訪れるイベントである。私が訪れたのは、2016 年 8 月 14 日（日）であるが、多くの人でにぎわっていた。特に、照り焼きチキンの屋台前には、長い列ができていた。

7）2016 年 2 月 17 日、メールにてアンケートの返答をいただいた。

8）サンフランシスコ仏教会の日曜学校では、4 歳から 18 歳の子供たちを対象に、日曜日の朝に授業を提供している（サンフランシスコ仏教会のホームページ参照 <https://www.buddhistchurchofsanfrancisco.org/new-gallery-3> 2019 年 3 月 6 日閲覧）。Kashima（1977）によると、かつてはキリスト教式に日曜学校（Sunday School）と呼んでいたのを、仏教風に改めてダルマ・スクール（Dharma School）とした（154）。

9）2016 年 2 月 25 日、メールにてアンケートの返答をいただいた。

10）2016 年 2 月 19 日、サンフランシスコにて、D・M さんがご自身の母とおばから聞き取った内容を、アンケートに記入してくださった。

11）2016 年 2 月 20 日、サンフランシスコ仏教会にて、アンケートに記入していただいた。

12）2016 年 2 月 21 日、メールにてアンケートの返答をいただいた。

13）2016 年 2 月 23 日に J-Sei を訪れた際に、シニアのための昼食提供サービスのお手伝いをさせていただいた。当時のシニア栄養コーディネーターであった川上ヴィッキーさん、そしてボランティアの女性たちに感謝を申し上げる。

14）日系アメリカ人のクックブックを調査するにあたり、『北米毎日』の記事以外にも、サンフランシスコの日本町にある全米日系アメリカ人図書館（Japanese American National Library）の所蔵リスト、現地で収集したクックブックの情報等を参考にした。

15）このクックブックは、2000 年に全米日系人歴史協会（National Japanese American Historical Society、略称 NJAHS）によって出版されたものである。このほかにも、各地で日系アメリカ人の料理本が出版されており、サンフランシスコの日本町にある全米日系アメリカ人図書館（Japanese American National Library、略称 JANL）は、日系アメリカ人のクックブックを数多く所蔵している。

16）コロナ禍において、日系アメリカ人の共同体がオンラインで実施したイベントの例を挙げておく。2020 年 6 月 29 日から 10 月 31 日まで、エンジェル島移民局財団（Angel Island Immigration Station Foundation）では、"Tastes of Home: An Online Exhibition Celebrating Immigrant Cultures Through Food." というオンラインの展示が行われ、移民と

食に関する物語が共有された（詳細については、https://www.aiisf.org/tastesofhome を参照のこと）。2020 年 10 月 3 日には、サンノゼ日系アメリカ人博物館（San Jose Japanese American Museum: 略称 JAMsj）、友愛会講演会シリーズにて、クックブックに関する講演、ビデオによるレシピの共有と料理実践が行われている（J-Town Community TV のチャンネルにて、2020 年 10 月 5 日に動画 "COMMUNITY COOKBOOKS: "Sharing Family Recipes Through the Generations" webinar, Oct. 3, 2020" が共有されている。URL は以下の通り：https://www.youtube.com/watch?v=_W1siMtB4YE）。

【参考文献】

Buddhist Church of San Francisco. (2003). *BCSF Sangha Favorites: A Collection of Recipes by the Members of the Buddhist Church of San Francisco and Affiliated Organizations*. Morris Press Cookbooks.

Dusselier, Jane.(2002). Does Food Make Place?: Food Protests in Japanese American Concentration Camps. *Food and Foodways*, 10(3), 137-165.

Hiura, Barbara.(Jan 1, 1994). Community Cooking. *Hokubei Mainichi*.

——— (Jan 1, 1994). Okazu. *Hokubei Mainichi*.

Honpa Hongwanji Buddhist Temple. (1973). *Favorite Island Cookery*. Book1, Honpa Hongwanji Buddhist Temple.

Ichikawa, Nina F. (July 15, 2015). Community Cookbooks: Asian American Food Selfies. https://caamedia.org/offthemenu/2015/07/15/community-cookbooks-asian-american-food-selfies/

Japanese Cultural & Community Center of Northern California. (2001). *From Our Side of the Fence: Growing Up in America's Concentration Camps*. Ed. Brian Komei Dempster. Kearny Street Workshop.

Kashima, Tetsuden. (1977). *Buddhism in America: The Social Organization of an Ethnic Religious Institution*. Greenwood P.

Kashiwagi, Hiroshi. (2013). *Starting from Loomis and Other Stories*. UP of Colorado.

Kim, Heidi. Kathleen.(2013). Incarceration, Cafeteria Style: The Politics of the Mess Hall in the Japanese American Incarceration. Robert Ji-song Ku, Martin F. Manalansan IV, and Anita Mannur, eds. *Eating Asian America: A Food Studies Reader*. New York UP. 125-146.

Lee, Grace. (Director). (2015). *Off the Menu: Asian America*. [Film]. Center for Asian American Media, KQED.

Matsumoto, Valerie. J. (2013). Apple Pie and Makizushi: Japanese American Women Sustaining Family and Community. Robert Ji-song Ku, Martin F. Manalansan IV, and Anita Mannur, eds. *Eating Asian America: A Food Studies Reader*. New York UP. 255-273.

Mills, Sara.(1997). *Discourse*. Routledge.

Mirikitani, Janice.(Jan 1,1994). Spiritual Nourishment. *Hokubei Mainichi*.

National Japanese American Historical Society. (2000). *The Rice Cooker's Companion: Japanese American Food and Stories*. Mango P.

National Japanese American Memorial Foundation.(1999). *A Japanese American Culinary Journey*. National Japanese American Memorial Foundation.

Okubo, Mine.(2014). *Citizen 13660*. 1946. U of Washington P.

Shiozaki, Cory. (Director). (2012). *The Manzanar Fishing Club*. [Film]. From Barbed Wire to Barbed Hooks.

St. Louis JACL. (1975). *Nisei Kitchen*. St. Louis Chapter, Japanese American Citizens League.

Uchida, Yoshiko.(2015). *Desert Exile: The Uprooting of a Japanese American Family*. U of Washington P.

Wakida, Patricia.(Nov19, 2020). Japanese American Cookbooks as Primary Sources. *Nichi Bei Weekly*.

Xu,Wenying.(2008). *Eating Identities: Reading Food in Asian American Literature*. U of Hawaii P.

Yu-Ai Kai Lecture Series and the Japanese American Museum San Jose (JAMsj). (Oct3, 2020). "Community Cookbooks: "Sharing Family Recipes Through the Generations."" Webinar. https://www.youtube.com/watch?v=_W1siMtB4YE

Yuval-Davis, Nira.(1997). "Ethnicity, Gender Relations and Multiculturalism." Pnina Werbner and Tariq Modood, eds. *Debating Cultural Hybridity: Multicultural Identities and the Politics of Anti-Racism*. Zed Books. 193-208.

本多彩（2016)「アメリカ仏教会における食文化の変遷」『宗教研究』90（2)、157-182.

コラム

『コーラス・オブ・マッシュルーム』に描かれる食

桧 原 美 恵

1　はじめに

　『コーラス・オブ・マッシュルーム』(*Chorus of Mushrooms*, 1994、以下『コーラス』) は、日系カナダ人作家、ヒロミ・ゴトウのデビュー作である。1969 年 3 歳のとき、ゴトウは姉とともに両親に連れられて千葉県からカナダへ移住した。この作品では、そうした日本からの移民がホスト国・カナダで暮らす際に直面する心の葛藤・軋轢や、適応・同化などの問題が提示される。そのなかで、奇想天外な物語の展開がみられるのが、この作品の大きな特徴になっている。この作品には、「コモンウェルス作家賞最優秀新人賞」(1995)、「加日文学賞」(1997) が授与された。『オックスフォード・カナダ文学必携』(1997) で、ゴトウは異文化を背景にした作家の一人として取り上げられるなど、若手の作家として注目された。その後、今日にいたるまで彼女はヤング・アダルト向けの作品を発表し続け、固定観念に囚われない作品世界を描き出している。現実世界を超えて架空の世界へ、さらには異世界へと移動する登場人物たちに加えて、人間ならざる者たちが織り成す物語などもゴトウは描いている。本稿では、ゴトウの作品のなかで特に多くの食物が描写されている『コーラス』を取り上げ、食物の描写に込められた作家の意図を探り、それらがこの作品でどのような役割をもつのか考察してみたい。

2　オバアチャンと孫の絆を深める日本の食物

『コーラス』のプロット展開と、語りの手法は複雑だ。この物語の主人公で中心的な語り手のミュリエルは日本からの戦後移住者の娘で、青春期の真っ直中にあり、自分の生き方に不安を抱いている。彼女の「私」としての語り、オバアチャンと呼ばれるナオエの語り、さらに他の登場人物の視点や客観的な視点での語りが交差するなかで物語が進行し、やがて彼らの心の在り方が、ある者は外見も含め、変化していく様子が語られる。主軸となるのは、アルバータ州のマッシュルーム栽培に従事する家族のオバアチャンであるナオエの奇想天外な旅立ちと、思春期のミュリエルの精神的な旅立ちである。

　85歳のナオエは、娘のケイコとその夫のシンジとともにカナダにやってきて20年になる。しかし、ナオエにとって移住先での生活は馴染めるものではなく、カナダはいまだに異郷の地だ。ナオエは玄関先の椅子に座り、外で吹く風を呪い、家のなかの埃を嘲笑う。彼女の発する言葉は、母親を理解しようとしないケイコにとってはブツブツというつぶやきにすぎない。この描写は、外界に馴染めないナオエの疎外状況と、さらに娘からも疎んじられる状況を浮き彫りにする。座っている場所が象徴するように、ナオエは社会にとっても娘夫婦にとっても「境界」に位置する「他者」でしかない。

　こうした疎外状況にあるナオエにとって、心の拠り所は記憶のなかにある日本である。日本の弟夫婦から送られてくるオセンベイやスルメ、梅干し、そしてサケは彼女に日本との繋がりを感じさせる。ケイコ夫婦が寝静まったころ、彼女はオセンベイやスルメを孫のミュリエルとこっそり食べる。日本からの食物を介して祖母と孫の絆が深まっていく。そのようなときにナオエが孫に語り聞かせるのは、日本の昔話を自分流に、特に女性の登場人物に力強さをもたせるように改変したものだ。ミュリエルを紫式部に因んでムラサキと呼び、語りかけを続けているうちに、彼女の発する言葉が次第に力をもち始める。彼女自身も変化していく。自分の思いを込めて語り続けるうちに、ナオエは主体性を取り戻していくのだ。

3　食物に映しだされる母と娘の葛藤

　ナオエを疎んじるケイコについても、考察を巡らせておきたい。ミュリエルはナオエの語りかけを受け入れ、祖母との精神的繋がりを強めていく。その一方で、ケ

イコは日本人としてのアイデンティティに固執するナオエを、そして母親にまつわる「日本」を拒絶する。

　この作品でナオエとケイコのそれぞれのアイデンティティの在り方の差異が表されるときに、食物への言及が多くみられる。食とアジア系の人々の人種・民族意識との関係性は、アジア系アメリカ文学研究者によっても考察されてきている。ゴトウが二人の差異を、食物を通して浮き彫りにしようとしていることは容易に想像できる。そこで、二人の食の好みを取り上げてみたい。

　ケイコが買物をするときに選ぶ食材は豚肉の切り身、ステーキ肉、マカロニやチーズだ。ハクサイ、ショーガ、シイタケ、ダイコンやサトイモなどを彼女は買わない。ナオエは、チャワンムシを食べたいと思う。中に入った海老、シイタケ、ほたて貝、タケノコ、ホウレンソウや銀杏を思い浮かべる。ナオエは、ケイコがローストチキンやハニースモーク、そしてローストビーフを夕食に出すことに我慢ならず、ラザニアやマカロニをこっそり窓から捨てる。ナオエが好むご飯とダイコンは、ケイコによってウィンナーとビーンズに代えられる。ナオエの日本食嗜好と、それと対照的なケイコの日本食拒絶という二人の食の好みの違いが前景化される。これは、カナダ文化への二人の立ち位置の違いを、さらに日本人としてのアイデンティティをもち続けるナオエと、それがカナダ社会への同化を妨げるのだと確信するケイコとの差異を如実に物語るのである。

　しかし、こうした二項対立的な描写だけに留まらないのが、ゴトウの物語世界である。

4　「境界」を超える仕掛けとしてのマッシュルーム

　ナオエと彼女を取りまく人々の変化が始まる。孫への語りかけで言葉を発し、主体的に行動する力を取り戻し始めたナオエは、それまで入ったことのなかったマッシュルーム栽培場に向かう。湿気が充満している栽培場で、ナオエは潤いが身体に染み込んでくるのを感じる。次いで、彼女は栽培床の間の水に身体を浸す。すると、マッシュルームの精気が、彼女の身体中に変化を起こし始める。「耳には聞こえないマッシュルームのコーラス」を心で聞きながら、ナオエは身体変容の「儀式」を遂げていく。若返ったナオエは雪が降りしきるなか家を出て、奇想天外な旅をすることになる。

　ここで、マッシュルームに目を向けておきたい。85歳のオバアチャンの変容を可能にしたと語られるのは、マッシュルームの醸し出す精気である。マッシュルー

ムはよく知られているようにキノコの一種であり、菌類に分類される。しかし、菌類自体の分類は、植物か動物かで揺れてきた。20世紀中頃までは、菌類は葉緑素をもたない下等な植物と見なされていた。20世紀末になり、菌類は動物と強い類縁関係があることが明らかになった。最近では、それは動物でも植物でもない、バクテリア（細菌）とも違う生物だと考えられるようになった。このように既定の定義をすり抜けてきたマージナルな生物であるマッシュルームが媒体となって、ナオエに「境界」を超えさせたという設定は注目に値する。人間による分類の「境界」を攪乱しているかのようなマッシュルームがナオエに精気を与え、老若の「境界」を超えさせ、変容をもたらし、日常生活の「境界」を超える仕掛けとして作用したのである。

5　「境界」を超える契機をもたらすトンカツ

　ナオエの旅と同時進行で、心配する家族の様子も描かれる。母の失踪を知ったケイコは寝込んでしまい、食事が喉を通らなくなる。そのときミュリエルは、日本食をケイコに食べさせるようにという啓示をナオエから受ける。食材を買いにオリエンタルストアに行ったとき、ミュリエルはトンカツという自分の姓が食物を指していることをはじめて知る。そもそもトンカツという名は、カナダ入国の際、移民局の職員に苗字を尋ねられて、シンジの口から咄嗟に出た日本語だという。ミュリエルは料理の本を読んでトンカツを作り、味噌汁やタクアンとともに食卓に出す。決して箸を使おうとしなかったケイコが箸を求め、シンジが急遽小枝を削る。それを箸としてケイコは使う。頑に日本文化に連なるものの受容を拒絶したケイコが、態度を和らげていく様子が示されるのである。

　ケイコが食事を摂るきっかけになったのが、トンカツであったことは示唆的だ。その歴史を調べてみれば、トンカツは外国と日本の食文化が交じり合ったハイブリッドな食物だといえる。フランス料理の「コートレット」が英語で「カットレット」と発音され、それが日本語で「カツレツ」と呼ばれ、豚肉を使ったカツレツが「ポークカツレツ」として普及したという。やがて「ポーク」という言葉が、「豚」を表す「トン」に変わり、「レツ」が省略され「トンカツ」という呼称が使われるようになったらしい。パン粉をつけて揚げるようになったのは、天ぷらがヒントになった。そもそも天ぷら自体も異文化、主としてポルトガルの食文化の要素を受け入れ、日本食として定着したということはよく知られている。

　ケイコは、トンカツという西洋的要素に日本的要素と思われるものが融合した料

理を手始めに、日本に由来する食物を受け入れ始めたのだ。これは彼女に心的変化が起きたことを物語る。ケイコは、心に西洋的要素を保持しつつ、母親のナオエ、そしてナオエが具現する「日本文化」に対して、柔軟な融和的姿勢をもち始めたと解釈できるのではなかろうか。

マイノリティの人々は、主流文化に自分たちが差異のある存在と映ることを避けるために、出自の文化に由来する食習慣を拒絶する傾向にあると分析されている。ケイコも食習慣を含む出自の文化を否定し、「日本」に固執する母親を拒絶し、母親との間に葛藤をもち続けていた。母親のナオエは、西洋の食物がケイコを変えたと嘆いていた。ところが、ケイコはミュリエルが作った料理を食べ始めると、身体的回復と自己認識の転機を迎える。ゆがんだ母との関係修復の気持ちが彼女の心に芽生え、母への思慕の念がいかに強かったかにケイコは気づく。みずから設定していたカナダ文化と日本文化との「境界」、そしてまた母娘間の葛藤から生じた「境界」をケイコは崩し始めたのである。「西洋文化」と「日本文化」が融合した食物であるトンカツが、ケイコの転機を促したのである。

6　おわりに

マッシュルームの精気により老若の「境界」を超えたナオエは、さらなる「境界」を超えて行く。ナオエは旅のさなか、自らをパープルと名乗るようになる。孫のミュリエルをムラサキと呼んでいたナオエが、それを表す英語でパープルと名乗るのだ。ナオエとミュリエルは交信を続けていくうちに、互いの気持ちを理解するだけに留まらず、身体という「境界」を超え、ときに二人の気持ちが入れ替わるとさえ感じる。奇想天外なストーリー展開の最たるものが、この作品のほぼ最終場面でみられる。ナオエは「パープル・マスク」と名乗り、男性の競技であるはずのロデオに、男女の「境界」を超えて出場し、勇壮な姿を見せ、至福の境地に至るのである。一方、ミュリエルは、しばらく語り合っていた恋人に別れを告げ、部屋から出て行く。祖母が旅立ちをしたように、彼女も新たな道を歩み始めようとする。

『コーラス』において、ゴトウは日本の食物とカナダの食物を二項対立的に提示し、カナダ主流文化から疎外された文化を抱え「他者」とみなされる登場人物たちの心の葛藤を鮮明に描き出した。しかし、それだけには留まらず、彼女は登場人物たちが固定観念やさまざまな「境界」を超えて生きて行こうとするさまを描き出した。特筆すべきは、その際に二項対立的な分類に収まらない食物に「境界」を超えさせる役割を担わせたことである。

『コーラス』に続く作品において「境界」を超えるという概念はさらに顕著にみられる。次作の *The Kappa Child* (2001) では、人間との「境界」を超えて主人公と親しくなるカッパが重要な意味をもつ。*Water of Possibility* (2001) においては、森に入り込んだ少女の精神的成長にヤマンバや擬人化されたカッパやキツネ、タヌキたちが関わる。短編小説集の *Hopeful Monsters* (2004) では、尻尾をもつ女性たちや化け猫、そして奇怪な者たちが描かれる。*Half World* (2009) では、少女が母親を救うべく「肉界」から「ハーフ・ワールド」、さらに「霊界」へと、3つの「界」を越境して冒険を繰り広げる。その続編の *Darkest Light* (2012) は、少年が「ハーフ・ワールド」において、半人半獣・半人半魚・半人半鳥などの生き物に遭遇し奮闘して、自分の境遇を受け入れていくさまを描く。その後、9年振りに出版された最新作 *Shadow Life* (2021) は、年老いた女性がお仕着せの老人像から抜け出すグラフィック・ノベルだ。そうした作品を通して、ゴトウは、固定観念に囚われない作品世界を提示し続けている。様々な文化的背景をもつ人間が、そして人間ならざる者が「共生」する世界の在り方への洞察をゴトウは促すのである。

【参考文献】

「カツ／かつ」『語源由来事典』<https://gogen-yurai.jp/cutlet/>. アクセス日：2021 年 2 月23 日。

日本菌学会「菌類ワールドへの誘い」<https://www.mycology-jp.org/_userdata/Broch_Distribution_ALL.pdf>. アクセス日：2020 年 9 月 1 日。

桧原美恵 (2003)「「他者」の主体獲得―ヒロミ・ゴトウの『キノコの合唱』における「現代の民話」―」鴨川卓博・伊藤貞基共編『身体、ジェンダー、エスニシティ― 21 世紀転換期アメリカ文学における主体―』英宝社、218-240。

Benson, Eugene, and Toye William, eds. *The Oxford Companion to Canadian Literature*. 2nd ed. Ontario: Oxford UP, 1997.841.

Goto, Hiromi. *Chorus of Mushrooms*. Edmonton: NeWest, 1994.

Mannur, Anita. "Food Matters: An Introduction." *Massachusetts Review* 45.3（Autumn 2004）: 209-215.

Xu, Wenying. *Eating Identities: Reading Food in Asian American Literature*. Honolulu: U of Hawai'i P, 2008.

食による「らしさ」の獲得

―サンノゼ日本人街と日本食文化―

松永千紗

1　サンノゼ日本人街とは

　1890年、兵庫県篠山出身の大石徳太郎は、農業従事者としてカリフォルニア州・サンノゼへ移住した。当時、同地域では恵まれた土壌と気候を活かした青果物の生産が盛んであり、農業に従事する多くの移民労働者が居住していた。大石に続き湯浅銀之助、林憲三、木村久太郎や岡周逸など16名が、果物の缶詰製造会社・デキソンと契約してサンノゼへ移住した。こうした日本人移民には、単身で渡米してきた若い男性が多く、すでに形成されていた中国人街の労働者用宿泊施設で生活をしていた。当時の中国人街では、1882年に制定された中国人排斥法の影響を受け、中国人移民が減少しており、入れ替わる形で日本人移民が流入した。以降、1895年までに約2,300名の日本人が同地域へ移り住んだ。その後、徐々に増加した日本人移民は、中国人街の周辺へ独自に宿泊施設、日用品店や病院、さらにウェスレーメソジスト教会や浄土真宗サンノゼ別院などを建てて街を形成していった。

　2021年現在、サンノゼ日本人街は現存する北米日本人街のなかで最も小さい。ジャクソン通りを中心に、900m×550mの範囲内に街のすべてが収まる。サンフランシスコやロサンゼルスにある他の日本人街には、日本風の装飾を用いて観光地化された一角がある。しかしサンノゼ日本人街には、外観から「日本人街らしい」といえる場所はない。さらに、「日本人街」と聞いて思い浮かべるであろう赤い鳥居や橋、五重塔、漢字と平仮名の看板、提灯、着物などといった日本人街を「らしく」するための装飾は、ほとんどみられない（**写真1**）。

写真1　現在のサンノゼ日本人街の町並み
[出典] 2019 年 12 月、筆者撮影

　現在のサンノゼ日本人街には、76 の店舗と事務所が並んでいる。そのうち、19 店舗が飲食店であり、日本食レストラン 7 店舗、日系ハワイ料理レストラン 2 店舗、日系スーパーマーケット 2 店舗、日系ファストフード店 2 店舗や饅頭屋 1 店舗が営業している。さらに、コーヒーショップ、韓国料理店、中国系しゃぶしゃぶレストランやメキシコ料理店 2 店舗がある。これらのほとんどは、日本人街の中心であるジャクソン通りに分布している。ここでいう日本食レストランとは、寿司、ラーメンやカレー、また現地でアレンジされた和食を含む広義の日本食を提供する飲食店を指す。こうした日本食レストランの前には毎日行列ができており、高い人気がうかがわれる。また、日本食を目的にやってきた客は日本人街の他の店舗にも立ち寄る場合が多い。集客力のある日本食レストランの存在は、サンノゼ日本人街のビジネス全体にとって非常に大きい。

2　日本食レストランの今昔

　1960 年代になるまで、サンノゼ日本人街の飲食店は日本食レストランが中心ではなかった。例えば、地元の日系人が冠婚葬祭の際に日本人街で会食をする場合、中国料理レストランを利用していた（**写真 2**）。第二次世界大戦前後の結婚式に関する現在 80 代の日系人への聞き取りによれば、サンノゼ別院での挙式後、ジャクソン通りにある中国料理レストランに移動し、披露宴が行なわれていたという。当時、

写真2　中国料理レストラン・Wing's

サンノゼ日本人街で 1925 年に開店した中国料理レストラン。建物
老朽化と地価高騰の影響を受け 2019 年 2 月に閉業した。
［出典］2018 年 6 月、筆者撮影

アメリカにおけるアジア系の料理といえば中国料理であり、認知度の低い日本食
は、一般に浸透していなかった。また、日本食は日系人が家で食べているものであ
り、日本人街であっても日本食レストランはごく少数であった。

　1964 年になると、ニューヨークで開店した鉄板焼料理店・ベニハナが繁盛し、
さらに健康志向と結びついた寿司ブームによって、アメリカ全体で日本食が知られ
るようになった。サンノゼ日本人街では 1957 年にギンザ・カフェ、続いて 1961
年にミナト・レストラン、1967 年にオカヤマ・レストランが開店した。

　1970 年代から 1980 年代には、さらに 7 軒の日本食レストランが開店した。
日本食レストランの増加により、日本人街は日系人以外の人びとにも日本食を食べ
られる場所としての認識が広がっていった。同時に、街には若い日系人の姿が増え
た。サンノゼ日本人街が、第二次世界大戦時に日系人の強制立ち退き・収容を行っ
た政府へ謝罪と賠償を求める運動拠点のひとつになったからである。この運動の成
果として、日系人博物館や日系高齢者支援センターなどの日系人向けコミュニティ
施設が日本人街に設立された。

　しかし、1990 年代になると運動は収束し、サンノゼ日本人街の周辺に居住して
いた日系人は郊外へ転出した。これにより、家族経営の小規模なコーヒーショップ
や生活用品店などが徐々に消えていった。日本人街から日系人をおもな顧客とする
店が減少する一方、その廃業閉店後に日本食ブームに乗った日本食レストランが開
業し、店舗数を増やしていった**(写真3)**。日本人街は、日系人の生活の場から日本

写真3　日本人街の店舗
右のラーメン屋は元家族経営のコーヒーショップ。左は日
本人移民用滞在施設・太平館跡に開店した若者向け古着屋
と、地元アーティストのポップアップストア。
［出典］2019 年 11 月、筆者撮影

食レストランを中心とした街になっていったのである。

　サンノゼ日本人街の日本食レストランでは、照焼チキン、刺身、とんかつや天ぷ
らといった定番の日本食から、日本人移民によってハワイで発展した日系ハワイ料
理、さらに、ファストフードとしての日本食まで様々な食物が提供されている。ま
た、日本食から派生した独自の料理もみられる。例えば、メキシコ料理のブリトー
（小麦粉やとうもろこし粉で出来た薄い生地に煮豆やトマト、アボカド、サワークリーム、

米などを巻いたもの）を模し
て、太巻きのように海苔で米
と具材を巻くスシブリトーが
ある。また、ファストフード
として、テータートット（一
口大のハッシュドポテト）の上
にハワイ料理のカルアポーク
（蒸し豚のほぐし身）を乗せ、
そこにうなぎの蒲焼きタレと
スパイシーマヨネーズソース
を掛けたカルア・トットがあ
る（写真4）。

写真4　日系ファストフード店のカルア・トット
［出典］2018 年 7 月、筆者撮影

3　新たな日本人街の出現

　旧来の日本人街のほかに、サンノゼには日本食レストランや日本に関連する店舗が集まっている場所がもうひとつある。それはサンノゼ日本人街から南西に約8km、車で約15分の場所にあるミツワ・マーケットプレイス（以下、ミツワ）だ**（写真5）**。ミツワは全米11か所に店舗を持つ日系ショッピングセンターチェーンで、サンノゼ店は1985年に開店した。広い店内には日本から輸入した食料品やアメリカで作られている日本食品が数多く並び、さらに日本の大手ラーメン屋、抹茶デザートの販売店が出店している。また同敷地内にはお好み焼き屋、日本風パン屋や日本風カレー屋などが連なっている。顧客にとっては、このような日本から輸入された製品や日本から直接出店している店舗で買物や飲食ができることが魅力である。

　実は、サンノゼ日本人街と同じように、ミツワというショッピングセンターも「日本人街」と呼ばれている。2020年2月、筆者がミツワで買物をしていると、電話をしながら商品を見ている若いアジア系の女子とすれ違った。電話の相手に彼女は、「今、ジャパンタウンに居るよ」と話していた。彼女がサンノゼ日本人街を知っているかは定かでないが、この発言からミツワを「日本人街」と認識していることがわかる。

　ミツワは、近年移住した日本人にも「日本人街」と呼ばれる場合がある。サンタクララ郡には、サンノゼを中心に約470社の日本企業があり、多くの日本人が駐

写真5　ミツワ・マーケットプレイスの正面入口
［出典］2021年7月、筆者撮影

在している。日本食や日本製品を気軽に入手できるミツワとその周辺は、短中期滞在の日本人にとって食生活を大きく変えずに生活ができる点で利便性が高い。ゆえに、駐在日本人は、サンノゼ日本人街ではなくミツワ周辺に居住する傾向がある。また、居住していなくとも、生活必需品の入手先として、この周辺には多くの日本人が集まってくる。日本から直接的に輸入した食文化の提示、また、それに誘起された日本人駐在員の集住と生活の場の形成により、ミツワ周辺は人びとの想像に合致したステレオタイプな日本人街「らしさ」を獲得したのである。

4　日本食の街から変化するサンノゼ日本人街

　2017年以降、サンノゼ日本人街の日本食レストランと日本食品店は減少している。代わってアート教室、ダンススタジオやアーティストによる小売店などが開店した。サンノゼ日本人街は近年アートとサブカルチャーという側面を得て、若者が集う場所になりつつある。

　他の日本人街のように観光客を集めるような日本風の装飾もなく、日本からやってきた駐在日本人や日系人がほとんど居住していないサンノゼ日本人街が、食文化によって日本人街「らしさ」を提示していくことは、今後より困難になると考えられる。サンノゼ日本人街は、日本食文化の縮小とともに衰退していくのだろうか。それともアートやポップカルチャーを街に根付かせ、新たなサンノゼ日本人街「らしさ」を獲得していくのだろうか。後者であることを、切に願う。

【参考文献】

北原玲子（2015）「北カリフォルニア・サンノゼにおける日本街の人種構成と空間構成に関する研究」日本建築学会計画系論集、80-714、1733-1743

新日米新聞社（1961）『米国日系人百年史―在米日系人発展人士録―』新日米新聞社

ジェトロ・サンフランシスコ（2020）『ベイエリア日系企業実態調査2020年結果報告書』ジェトロ・サンフランシスコ

Curt Fukuda and Ralph M. Pearce. *San Jose Japantown: A Journey*. Japanese American Museum of San Jose. 2014.

Timothy J. Lukes and Gary Okihiro. *Japanese Legacy: Farming and Community Life in California's Santa Clara Valley*. California History Center. 1985.

食が生み出す「場」のちから

—サンノゼ別院の食文化—

松永千紗

1　供物としての饅頭

　浄土真宗本願寺派サンノゼ別院（以下、サンノゼ別院）は、アメリカ合衆国カリフォルニア州サンノゼ市における日本人街の中心部にある。サンノゼ別院では毎週水曜日に門徒の高齢者が集まり、掃除、庭の手入れやニュースレターの折込などを行い、作業後には一同で昼食を取る。食後の楽しみは、デザートである。必ず用意されているホットコーヒーとともに、手作りの甘いチョコレートケーキ、ドーナッツ、自家製干し柿や庭で取れたオレンジなどが振る舞われる。そのなかで最も多く登場するのが、シュウエイドウの饅頭である。

　シュウエイドウは、日本人街で2021年現在も営業を続けている饅頭屋である。この店は、岐阜県出身の両親を持つ日系二世ジョン・オザワによって1951年に開業した。現在では跡を継いだ二代目と、その家族が店を経営している。世代やエスニック背景を問わず、シュウエイドウの饅頭は日本人街で最も人気のある土産物であり、同時にサンノゼ別院では供物の定番として用いられてきた。シュウエイドウでは、こし餡入りの白饅頭、白餡入りの紅饅頭に加え、日本では馴染みの薄いバター餅やピーナッツバター饅頭などが販売されている。この饅頭はサンノゼ別院での葬送儀礼の際にも用いられ、仏前にフルーツやパイなどとともに供えられるのが定番になっている。

　サンノゼ別院に欠かすことができない食物は、シュウエイドウの饅頭だけではない。以下では、サンノゼ別院における食のなかから、ボタモチ、餅、そしてお盆祭

りで販売される食物について紹介し、これらの食が生み出す「場」について考察していく。

2　日系人の歴史が語られるボタモチ作りの「場」

　サンノゼ別院における食は、運営資金調達を兼ねる行事と深く結びついている。ボランティアたちが食物を調理・販売し、売上を各組織の運営資金にするのである。サンノゼ別院では、月に 1 回程度こうした行事があり、本稿ではそのうち 3 つの行事で調理・販売される食を取り上げる。

　最初に、ボタモチを紹介したい。ボタモチとは、餅米をあんこで包んだ牡丹餅のことであり、現地では Bota Mochi と表記される。ボタモチは、毎年 2 月中旬に開催される別院婦人会による「ボタモチ・チラシ・ファンドレイジング」という行事で作られる。行事名にあるチラシはちらし寿司を指し、ボタモチと同時に販売される。

　ボタモチ作りの前日、婦人会員たちはこし餡を 3 cm 程度に丸め、餡玉を準備する。当日は、餅米を浸水させ蒸す作業が午前 3 時から始まる。午前 7 時になると、エプロンに手拭いでほっかむりをした参加者が集合し、一斉にボタモチを丸め始める。ここでは、婦人会の女性たちが中心となる。

　ボタモチの販売数が膨大であるため、調理過程は婦人会内で独自に効率化されている。使われるのは、煮沸消毒した 15 cm 四方のガーゼとスプーンである。蒸し上がった餅米はボタモチ一個分ずつに分けられ、トレイ上に用意される。まず餡玉がガーゼの上で平たく潰され、その中央に餅米が乗せられる。それはガーゼの四方を中央に寄せるようにして、餡ごと丸く成形される。上下を返し、ガーゼを剥がすと表面がきれいに整ったボタモチができあがる（**写真 1**）。

写真 1　完成したボタモチ

［出典］2020 年 2 月、筆者撮影

筆者が参加した 2019 年のボタモチ調理作業では、複数世代の女性たちがひと
つの机を囲んでいた。20 代から 80 代後半までの女性たちが、一同に会するので
ある。作業中の話題は友人知人に関する雑談や料理の作り方、最近の政治の話そし
て思い出話など様々だ。サンノゼ別院の婦人会員のほとんどは、日系人である。ゆ
えに、高齢者の思い出話には、第二次世界大戦時の日系人強制収容所や後年に行わ
れた収容所への聖地巡礼が登場し、強制収容所を指す「キャンプ」という単語が頻
出した。同じ机には 20 代から 50 代の若手婦人会員や、戦後に日本から移住して
きた新一世の門徒がおり、高齢者のキャンプでの苦労話や笑話に聞き入る場面が見
られた。こうした彼女たちの収容経験に基づいた記憶の語りは、公的な歴史として
記録に残らない。しかし、強制収容が人びとの実生活へいかに影響したのかを伝え
る貴重な伝承は、後世へ語り継ぐべきものである。「ボタモチ・チラシ・ファンド
レイジング」は、運営資金調達を目的とした行事だが、ボタモチ作りという共同作
業によって、多世代が集合する「場」が作られたことで、明文化されていない日系
人の歴史の語りが継承される機会も創出しているのだ。

3　組織を超えて協力する餅つきの「場」

サンノゼ日本人街では、大規模な餅つきが年に 2 度開催される。サンノゼ別院
で行われる「友愛会餅つき」と、ウェスレーメソジスト教会の餅つきである。これ
らの餅つきで用いられる餅米は、
約 4 トンといわれている。ここ
では、サンノゼ別院で開催される
前者の「友愛会餅つき」を取り上
げる。

「友愛会餅つき」では、サンノ
ゼ別院の調理場やホールなどが使
用されるが、主催はサンノゼ日本
人街のシニアセンター友愛会であ
る。彼らの呼びかけに応じた日本
人街の様々な組織からボランティ
アが集まり、共同で作業にあたる。

ボタモチ作りの場合と同様、餅
つきの準備は前日から始まる。担

写真2　餅を切り分ける作業の様子
［出典］2019 年 12 月、筆者撮影

当者は餅米を浸水させ蒸した後、自動餅つき機へ投入し、餅をついていく。つきあがった餅は、急いで作業台へ運ばれる。冷ましながら台上に大きく広げられた餅は、まず25cm程度の棒状に切り分けられ、続いて直径5cm程度の丸餅に成形される**（写真2）**。その後、餅は冷却用の板の上に並べられ、別室で保管される。十分に冷まされた餅はプラスチック製のトレイと袋で包装され、1ポンド（約450g）4ドルで販売される。

　この餅つきには、主催である友愛会に所属するスタッフとボランティアに加え、サンノゼ別院の門徒や婦人会員、仏教青年団、他の仏教会の門徒、さらにウェスレーメソジスト教会の会員も集まる。この教会とサンノゼ別院は、どちらもサンノゼ日本人街の同じ通りに位置しており、普段から良好な関係を築いているが、活動は各自で行われている。そのため、両者が交わる機会は少ない。しかし、この「友愛会餅つき」では、両者が信仰やコミュニティの境なく集まる。ここに近隣住民も加わり、総勢200名が地域のシニアセンターのために作業をともにする。チームワークの欠かせない餅つきが、組織の垣根を超えた交流の「場」となっているのである。

4　繋がりを創出するフードブースの「場」

　毎年7月中旬に行われるサンノゼ別院のお盆祭り（Obon Festival）は、北米最大の規模といわれている。2019年の観客数は、2日間でのべ2万人にのぼった。

写真3　当日準備中のフードブース
［出典］2019年7月、筆者撮影

　観客の目的は、充実した日本食のフードブースである (**写真3**)。サンノゼ別院の体育館や駐車場、歩行者天国になった道路の一部が飲食用のスペースとなる。筆者が参加した 2019 年のお盆祭りで販売されたのは、今川焼き、串焼き、照り焼きチキン、天ぷら、チラシ寿司、巻き寿司、稲荷寿司、餃子、ラーメンやスパムむすびなどであった。焼とうもろこしや苺ケーキ、焼き饅頭なども提供されていた。また、飲物はタピオカミルクティやスラッシーと呼ばれるシャーベット状のジュースなどのソフトドリンク、日本酒や焼酎各種の他に、サンノゼ日本人街で醸造されているビールも提供された。

　先に紹介した行事と同様、このお盆祭りも運営資金調達の役割を担っている。特に、フードブースでの売上が占める割合は大きい。60 代の日系三世・G 氏によれば、遅くとも 1970 年代には祭りにおけるフードブースの比重が大きかったようである。彼と数人の若者が祭りを盛り上げるために太鼓の演奏を行ったところ、飲食物販売を担当する年配者から、やめるよう怒られたという。当時、その場所がフードブースから離れていたため、太鼓の演奏に注目した観客がブースに来なくなって売上が落ちるという理由であった。それほどお盆祭りにおけるフードブース

写真4　ホールに集まって、串焼きの準備をするボランティアたち
［出典］2019 年 7 月、筆者撮影

の比重は大きく、門徒たちによって長年工夫が凝らされてきたのだ。

　フードブースで販売される食物の準備には、婦人会、仏教青年団やボーイスカウトなどサンノゼ別院の門徒のほか、彼らが連れてくる友人や近隣住民が総出となる。3日前から仕込みが始まり、前日が最も忙しい。集合したボランティアによって、串焼き、天ぷらや照焼チキンの下準備が一斉に行われる (写真4)。

　各ブースの運営は、販売物ごとに組まれたチームが担当する。こうしたチームは1～2つの家族集団が中心になって作られる。例えば、今川焼きブースは日系人のT家が担当している。今川焼き専用の機械は、日本から取り寄せたものである。彼らの作る今川焼きはベイエリアで一番おいしいといわれており、2019年のお盆祭りでは一日半で2,500個を売上げ、二日目の午後には早々に売り切れとなっていた。このブースには、T家と血縁関係がなく、サンノゼ別院の門徒でもない男性数名が加わっていた。彼らはT家の子どもや孫たちの友人とその家族であり、10年以上もT家とともに今川焼きブースを担当しているという。また、他のブースでも、ボランティアは毎年同じ場所を担当し、経験を活かすように配置されていた。そのため、毎年ボランティアとして参加し、同じブースで作業をするうちに友達になったという人たちが、祭りの後に「また来年ね」と声を掛け合って別れる姿も見られた。フードブース運営の舞台裏では、販売物の準備や販売という共同作業を通して、年齢や背景を超えた繋がりが創出される「場」となっていたのである。

5　食が生み出す「場」

　本稿ではボタモチ、餅つき、そしてお盆祭りのフードブースを事例に、サンノゼ別院における食を紹介した。どの事例も売上を伸ばすために調理や販売を効率化する工夫が見られ、組織の運営資金調達行事として成功していた。しかし、それ以上にサンノゼ別院における食は、その調理・販売過程で様々な「場」を生起し、人と人とを結びつけるものとして重要な意味を持っていた。日系コミュニティが縮小し、門徒も減少しているなかで、いまだサンノゼ別院が人びとの拠り所として機能しているのは、こうした食と食が生み出す「場」のちからが大きいのかもしれない。

【参考文献】

Curt Fukuda and Ralph M. Pearce. *San Jose Japantown: A Journey*. Japanese American Museum of San Jose. 2014

Timothy J. Lukes and Gary Okihiro. *Japanese Legacy: Farming and Community Life in California's Santa Clara Valley*. California History Center. 1985

コラム

バンクーバーの「ジャパレス」

―あきレストラン物語―

河原典史

1　なぜ "SUKIYAKI" なのか

　一般的に、海外で提供される日本食のイメージは寿司と天婦羅(テンプラ)であろう。ところが、1963 年6月にアメリカで大流行した坂本九の歌謡曲のタイトルは "SUKIYAKI" であった。日本での原題を『上を向いて歩こう』というこの歌は、アメリカ人には発音がむずかしく、歌詞の内容に関係なく "SUKIYA-KI" になったという。つまり、当時のアメリカにおける日本の食文化のイメージは、まさに「スキヤキ」だったのであろう。

　現在、インターネットサービス "タウンページ・プラス" は、バンクーバーに住む日本人（日系人）だけでなく、一時滞在者や旅行客にも愛用されている。それによると、2021 年のバンクーバーでは約 200

写真1　バンクーバーの「ジャパレス」で提供される "BOX"

上段右側にカリフォルニア・ロール（寿司）、左側に揚げ出し豆腐（テンプラ）、下段中央にテリヤキ・ビーフ（スキヤキ）

［出典］2018 年、筆者撮影

軒の日本食レストランが経営されている。通称「ジャパレス」と呼ばれる日本食レストランで提供される「弁当」は"BOX"と呼ばれ、仕切りのついた弁当箱には寿司とテンプラに並んで、甘辛く焼かれた「スキヤキ」風の牛肉が配されている（写真1）。それでは北米における日本食の展開を交えながら、「ジャパレス」の歴史を覗いてみよう。

2　帰加三世としての渡加

　1935（昭和10）年、武内昭雄はカナダ・スティーブストンで洋品店を営む武内庄太郎の二男として生まれた。中山訊四郎編『在留同胞総覧』によれば、和歌山県三尾村出身の父・庄太郎は藤松の三男と記され、後にカナダへ戻った昭雄は帰加三世になる。三尾村からカナダへ多くの移民が輩出されたのは、1888（明治21）年に同村出身の工野儀兵衛がスティーブストンに渡り、缶詰工場へ収めるサケを漁獲したことに起因する。庄太郎も、その後の連鎖移住によって海を渡った一人であろう。

　1939（昭和14）年、武内一家は帰国した。1930年代のカナダでは、中国大陸への進出、満州国の設立や国際連合からの脱退、そして開戦によって日本人への排斥が厳しくなっていたからである。戦後の一時期、武内家は大阪府堺市で生活していた。同市の浜寺公園にGHQ（連合国軍最高司令官総司令部）が駐在していたので、カナダ在住経験のある一家には、通訳やアメリカ人家庭のハウスキーパーなどの仕事があった。中学校卒業後の1950（昭和25）年、昭雄は三尾村に近い御坊町の「寿司徳」で料理人としての修行に励んだ。

　1957（昭和32）年、武内は祖父や父の活躍したカナダへ大志を抱いて戻った。生まれ故郷であるスティーブストンにおいて彼は、日系造船所や鳥取県弓ヶ浜半島出身者の下でガーディナー（庭師）として働いた。戦前から白人邸宅の芝草刈りや落葉拾いを生業とするガーディナーとして活躍した鳥取県出身者がボスとなり、そこに多くの和歌山県出身の帰加二・三世がヘルパーとして従事したのである。

　1958年、閉塞的な生活から脱しようと思い立った武内は、三尾小学校の同級生と自家用車でアメリカのロサンゼルスへ向かった。バンクーバーやスティーブストンには、多くの三尾村出身者の二・三世が戻っていたのである。途中、サンフランシスコの日本レストランで持参金を使い果たした彼らは、そこで働くことにした。翌年に独立して、戦後移住者（新移住者）2名と同市で日本食レストランを共同開業した武内は、故郷での修行経験を活かして寿司を握った。他の者はテンプラなどの料理を担当し、ヘルパーとして数名の日系人が雇用された。

　1960年ごろから商社、銀行や製造業者の駐在員、さらに業務出張者などの日本人ビジネスマンの姿がロサンゼルスでも増えてきた。彼らのなかには、カナダのバンクーバーへ立ち寄るものも少なくなかった。そのとき、手土産として日本食の需要があった。当時、バンクーバーには日本食レストランは4軒あったが、オーナーは日本人ではなく、本格的な日本食レストランがなかった。その頃に共同経営者が独立したこともあり、武内は生まれ故郷であるカナダで日本食レストランの開業を決意したのである。

　1963年、彼はバンクーバーのパウエル街で「あきレストラン」を開業した。戦前、この地区は隣接する港湾に建てられた製材所へ勤務する同胞者を顧客とする商店や、宿泊施設などが連立する日本人集住地であった。しかし、戦中の強制移動によって、戦後この地区に居住する日本人は少なくなった。しかし、ダウンタウンに近接するため白人の集客が見込まれたのである。

　サンフランシスコ時代に築いた信用により、武内にはアメリカから日本食材の仕入れが可能であった。一方、当時のバンクーバーでは鮮魚の寿司ネタが少なかったため、提供する食事はテンプラ、テリヤキ・ビーフ（チキン）や焼魚が中心であった。ただし、冷ました寿司飯を口にするという食文化が理解されず、保健所ともめたこともあった。当初の顧客はスティーブストンの日系人であり、2年間は繁盛しなかった。やがて、1965年に伝統的なホテル・バンクーバーから、日系商社を対象とするケータリングを依頼されたり、遊園地であるPNE (Pacific National Exhibition)での夏季イベントにも出店したり、レストランの経営は好転しはじめた。

　なおカナダでは、酒類の販売やレストランでの提供には許可が必要である。ティーポット（やかん）に日本酒を入れて提供していた「あきレストラン」でもトラブルのあったことが、1966年12月9日の日刊新聞 *Vancouver Sun* に報じられている。

3　アメリカ西海岸の日本食ブーム

　ここで少し、アメリカでの日本食ブームの源流を訪ねてみよう。戦前、ロサンゼルスに届く日本食品は醤油や乾物、そして缶詰が中心であった。タクアン、カマボコ、マツタケ、タケノコ、フキや豆腐など缶詰の内容物は多様であった。戦後にはシラタキ、タケノコやマツタケの水煮などが入っている「すき焼きの友」という缶詰は、人気があったという。それは牛肉と野菜、そして「割下（合わせ調味料）」を入れれば簡単にスキヤキができるものであった。しかし、これらの缶詰は日本人街

のリトル・トウキョーで日系人を相手にしか売れなかった。

　また、醤油・みりん・砂糖で味付けした「テリヤキソース」が、牛肉、鶏肉や豚肉の調味料として活用された。これは、沖縄県出身者がハワイで始めたもので、その後にアメリカ本土へ伝わったという。カリフォルニアの日系社会では、熊本・山口・広島・和歌山県など西日本出身者が多くを占めていたため、料理は薄味の関西風味であった。

　それ以上に、米の生産は重要であった。1907（明治40）年に渡米した福島県磐城郡小川村（現・いわき市）の出身の国府田敬三郎は、1914年にサクラメントで農地を借りて稲作を始めた。その後、サンフランシスコ南東のサンホアキン・バレーにあるドス・パロスへ移った彼は、本格的な水田耕作を開始した。この国府田農場で収穫された米は「國寶米」、改良型は「国宝ローズ」と命名され、1964年に品種が固定・登録された。このような1960年代初頭におけるカリフォルニア米の画期的な改良が、その後の日本食の発展へと繋がった。美味な日本食を成立させるうえで、米飯の自給体制が確保されたことは重要である。前述した坂本九の『スキヤキ』が、アメリカ最大の音楽業界誌 Billboard の全米ヒットチャート第1位にランクされたのは、まさにこの頃であった。

　1966年にアメリカ連邦食品医薬品局が輸入日本食の検査基準を大幅に緩和したことも、日本食ブームの大きな要因である。とはいえ、伝統的な日本食へ最初に注目したのは、ヒッピーと呼ばれた若者たちである。東洋思想に関心を持った彼らは、禅を通じて自然食としての玄米、海草、味噌や豆腐、そして生魚にも接近したのである。さらに東京から来米するビジネスマンが増えると、ロサンゼルスの日本食レストランでは握り寿司が提供されるようになった。それにともない、腕のいい寿司職人が東京から招聘されるようになった。若い彼らは、白人客に気味悪がるイカやタコなどを工夫して食べさせ、"Delicious（美味しい）"と言わせるのをゲームのように楽しんでいたという。そのようななか、酢飯の外側を海苔で巻かず、アボカドをネタにした洋風巻寿司のカリフォルニア・ロールが誕生した。視覚に訴えるエキゾチズム、エンターテインメントやパフォーマンスなどの要素が日本食レストランに取り入れられたのである。

　このような寿司文化をバンクーバーで始めたのは、「Tojo」であろう。鹿児島県出身の東条ヒデカズは、大阪市の料亭・大乃屋で日本料理の修業をした。1970年頃カナダへ渡った彼は、日本食レストラン「陣屋」で働き始めた。しかし、この店でもテリヤキ、テンプラやスキヤキがメニューの中心であったため、彼は本格的な寿司の提供を始めた。1974年、煮穴子の代わりに炙ったサケ皮を甘辛く味付けし、

キュウリやレタスと共に巻いたロールが人気を博した。表面にトビコ（魚卵）とゴマなどをふりかけて見栄えのするこの巻寿司は、バンクーバーの位置するブリティッシュ・コロンビア州（BC州）にちなんで「BCロール」と命名された。1988年に独立した彼のレストランだけでなく、この巻寿司は当地の名物料理になったのである。

4　「あきレストラン」の発展

　1970（昭和45）年に開催された大阪万国博覧会の影響を受け、バンクーバーでも日本食ブームが起こった。同時にアメリカから健康食としての寿司文化がバンクーバーにも伝わってきた。そして、戦後移住者による大手日本食レストランの出店もみられるようになった。当時、「あきレストラン」では、日本食体験のほとんどないベトナム・中国系人が調理を担当していた。その他のヘルパーは、1978年に創刊された日本語週刊新聞『バンクーバー新報』を通じて募集されていた。バンクーバー万国博覧会が開催された1986年には、ワーキング・ホリデー制度が開始され、日本からの若者の雇用が進んだ。

　「あきレストラン」は、前述した Vancouver Sun に多く紹介されている。バンクーバー万博のときには中国、インドやアフリカなど様々な国のエスニック・フーズが取り上げられた。これらを執筆したアレックス・マック・ギリバリー（Alex Mac Gillivray: 1932～2019）は、1962年に同紙の週末に娯楽版を創刊した。当初、スポーツライターだった彼は、その後に娯楽担当に移り、やがて副編集長になった。彼の特集には、「アレックスがコラムを書くと、読者はそれを食べ尽くす」という

資料1　「あきレストラン」の経営者・武内昭雄とスキヤキを紹介するA.M.ギリバリー

［出典］*Vancouver Sun*（1987年6月19日）

見出しが付けられた。万博開催中、彼は「あきレストラン」を紹介している。さらに翌年 8 月 27 日には、日替わりランチとしてテンプラ、味噌汁、酢の物などの定食や、スキヤキ、チキン唐揚げや餃子などが評価されている。1991 年 6 月 7 日の記事には、「あきレストラン」は日本人オーナーとしては最も古い日本食レストランと紹介されたのである (資料 1)。

　かつての日本人集住地であったパウエル街がスラム化したため、1998 年に「あきレストラン」はバンクーバー随一の繁華街であるロブソン通りへ移転した。これによって、地域住民を顧客とするものの、夏季の日本人観光客も対象とするようになった。地下の店に入ると右手には寿司・焼物カウンター、フロアにはテーブルとイスが配され、振り返ると畳敷きの小部屋があった。マネージャーは中国系、ヘルパーはワーキング・ホリデーで来加した日本人だった。女性は接客、男性は調理補助と「バス・パーソン (Bath Person)」と呼ばれる食器回収をおもに任っていた。その呼称は、バスタブのような大型箱に食器を入れて回収することによる。

　バンクーバーでは、増加する日本人観光客を顧客とする「ジャパレス」は増え続け、経営者たちは飲食店組合の設立を企画した。東京の築地市場から新鮮な食材を安価で安定的に大量輸入することが、主たる目的であった。それに対し、各店の独自性が失われることを危惧した武内は、組合設立に反対した。

　2010 年のバンクーバー・オリンピックの開催を契機に、バンクーバーでは都心部の再開発が進められた。古いビルのテナントであった「あきレストラン」も移転を余儀なくされた。「自分の店ではしゃべりづらいよ」と言って、近隣の中国料理店で缶ビールを空けながら武内のライフヒストリーを聞いてから、すでに 20 年が経った。2011 年に武内は惜しまれつつ逝去し、「あきレストラン」の経営権は中国系へ譲与された。しかし、現在も伝統あるレストランの名前は引き継がれている。

【参考文献】

市川隆（1996）『正攻法の着想―金井紀年のビジネス理念と食の日米史―』三五館

河原典史（2021）「第二次世界大戦前のバンクーバーにおける日本人ガーディナーの展開―庭を掃くかな伯耆人―」立命館文学 672、941-926

中山訊四郎（1922）『加奈陀同胞発展大鑑　附録』、佐々木敏二（1995）『カナダ移民史資料　第 3 巻』不二出版

Nathan Fong（2008）Chef Tojo:Sushi and sensibility, *NUVO*.（https://nuvomagazine.com/magazine/spring-2008/chef-tojo）

Japan Media inc タウンページプラス（http://japanmediainc.com/tpwest/about_townpage.php）（2021 年 5 月 20 日閲覧）

ブラジル・トメアスー移住地の 食文化と俳句

半澤典子

1　トメアスー入植地の建設史

　日本人がブラジル・アマゾン地域に入植する契機は、1923 年のパラー州政府から田付七太大使への懇請にあった。1925 年、日本政府は州政府とアカラ川流域 50 万 ha の無償提供を約束し、1928 年に設立された南米拓殖株式会社 (以下、南拓) は、アカラ川支流域の開拓事業とその関連業を営むようになった。翌年 9 月 22 日、第 1 回南拓移民 43 家族と単独青年 9 名の合計 189 名がトメアスーに入植した。この事業にはマラリアをはじめとする熱帯病研究の医師や、栽培可能な熱帯作物の研究と試作を担当する農業技師なども参加していた。その試行錯誤のなかから、永年作物としてカカオと胡椒が選択された。さらに自給自足生活への対応も考慮し、短期作物として米、豆やタバコなどのほか、大根、トマト、ナスやキュウリなどの換金可能作物も栽培された。入植者たちは南拓から配給されたカカオや胡椒を植栽し、日本から持参した野菜の種子を配耕地に播き、生活必需品は会社の売店で調達された。

　しかし、第二次世界大戦が勃発すると、日本人はブラジルの敵国人扱いを受けて同入植地に幽閉され、所有地はブラジル政府によって没収された。戦後になると土地は再取得され、開拓事業は再開した。1952 年 10 月、日本政府とブラジル政府との間に「移住及植民に関する協定」が締結され、翌年 8 月にはトメアスー移住地に 25 家族 129 名が入植した。さらに、1960 年のトメアスー開拓 31 周年を契

機に州政府より 3 万 ha の地権が得られ、1962 年 10 月には第 2 トメアスー入植地が建設された。

2　俳句会の誕生と「胡椒」

　第二次世界大戦による東南アジアの胡椒栽培が壊滅状態になったことに起因して、1960 年代のトメアスーでは胡椒を主幹作物とする営農が軌道に乗り出した。同地には戦前からの日本人移民だけでなく、パラー州の州都ベレンに置かれていた日本国領事館の関係者や南拓関係職員などの一部も、開拓民や関連事業員として留まり、文化活動にも貢献するようになっていた。例えば、戦前にベレン領事館員としてジュート栽培移民の導入に尽力した静岡県出身の大嶽はじめは、ベレンでブラジル物産関連事業者となり、1962 年のベレン・アララ句会発足に貢献した。また、南拓社員として同地に駐在していた北海道出身の藤橋耕春は、独立して胡椒栽培を始めていた。彼は戦後間もない 1945 年 9 月から 28 年間、アカラ産業組合幹事や理事として活躍し、1960 年 7 月には戦後移住者の吉丸丘南によるトメアスー大河句会の結成にも尽力した。

　長崎県出身の吉丸は、25 歳頃から俳句を嗜んでいた。戦後、失業した彼は、1955 年に家族 7 人とともにトメアスーに移住した。胡椒栽培と養鶏業を営むかたわら彼は、藤橋らの支援により大河句会を起ち上げた。同句会は 1966 年に俳誌『花胡椒』を創刊し、1960 年代に 4 号まで発刊するほど盛会であった (図1)。

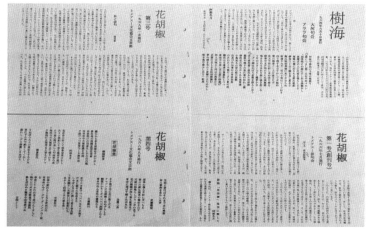

図1　1960年代のトメアスー移住地俳句会誌 (樹海、花胡椒)

　胡椒栽培を基幹とした経営の確立は、移住者に定着と生活の安定をもたらした。移住者の心の安寧と精神的余裕が日本の短歌、俳句や詩などの短詩系文学、特に17文字で花鳥諷詠を吟ずる俳句を愛好する風潮を醸成したともいえる。それは投句者の多くが生活情景である「花胡椒」や「胡椒捥ぐ」といった胡椒を季語とした俳句を詠んでいることからもわかる。

　　　大地今胡椒の花を咲かせけり　　　　横倉牧民『花胡椒』1966年創刊号

　この句には、基幹作物である胡椒が雨季入りにあたる1月に黄緑色の小花を密集させた房状の花穂を垂らし、耕地を覆い尽くしているという移住地の象徴的風景が詠まれている。実をつける7月には胡椒捥ぎの作業が待っていることも暗示しており、この栽培を通した移住者の充足感が表出されている。

3　食材と食文化

　移住者たちは原始林の伐採後、胡椒の単作だけでなくバナナ、椰子やカカオなど、有用樹の樹間に日本食の食材となる陸稲、サツマイモ、カボチャ、大豆、トマト、ナス、葱や大根などを栽培する混植農業を導入した。また、自給食物の確保以外に、商品作物を大消費地であるベレンに供給する試みも始めていた。

　　　青嵐背丈の稲穂もてあそぶ　　　　黒澤一馬『花胡椒』1966年創刊号

　この句には、背丈ほどに成長した稲穂が、強風に煽られている情景から、嵐への脅威と稲の不作を心配する移住者の不安感が表出されている。

　　　妻の畑大根太り葱太り　　　　佐藤寒月『大河句会』1960年創刊号

　この句からは、トメアスーでも移住者たちの努力で、日本からの種を蒔いて葱や大根が栽培されていたことがわかる。妻が手塩に駆けた大根や葱は立派に育ち、安心して食べられるようになった。日本食材が自給できるようになった喜びと妻への感謝の念が表出されている。
　さらに、農作物以外でも日本人は、狩猟や家禽類を飼育して食材の増加を試みていた。特に、採卵だけでなく糞が有機質肥料となるため、鶏は飼育された。以下の

句からは、養鶏業が軌道に乗りつつあった当時の移住者の安堵感が伝わってくる。

　　　秋雛の百羽欠けずに育ちけり　　　横倉牧民『大河句会』1960 年創刊号

　新入植者の増加にともない蕪、人参、筍、蜜柑や西瓜など、さまざまな作物が栽培されるようになった。そればかりでなく、味噌、醤油、豆腐、うどん、竹輪などの加工食品も作られ、自給のみならず商品化も可能となった。その結果、日本食材が豊かになり、食事スタイルは日本食へと傾倒した。

　　　遠来の友喜ばす冷奴　　　　　　村井香木『花胡椒』1966 年創刊号

　暑いなか、はるばるやって来た友人に、収穫した大豆で手作りの木綿豆腐がふるまわれた。友人が予期せぬ歓待に驚いている様子に、吟者も満足している光景が目に浮かぶ。これは、一時の涼を冷奴でもてなした友情溢れる句である。

　　　羹を練りて墾家の遅日かな　　　吉丸丘南『大河句会』1960 年創刊号

　日足が伸びて夕餉になっても明るい。養鶏家の吉丸は、羹を練り上げパットノックピーという鶏肉汁を作ったようだ。何気ない移住者の生活の様子が詠われている。

4　現地の動植物食材と俳句

　日本食材の代用品として、現地の動植物も活用された。青い未熟なマモン（パパイヤ）は、味噌汁の具材や漬物として使用された。また、小粒で房状になるププニャという椰子の実は、茹でると栗のような食感となるため、子供たちのおやつに重宝がられた。開拓当初の山焼きで得られたタツー（アルマジロ）や子ネズミ（ハット）などは、動物蛋白を摂取することができる貴重な食料であった。さらに、汽水域の泥の中に生息する蟹（カランゲージョ）は、泥臭いものの小型で茹でやすいために、移住者には格好の食物となっていた。

　　　夕涼しレモンを添えし蟹の味　　　茂木安太郎『花胡椒』1966 年創刊号

　この句からは、捕獲したカランゲージョに庭先から捥ぎってきたレモンを絞って

ふりかけると泥臭さが薄れ、その味が一段と良くなることを知った移住者の食材を活かす工夫が伝わってくる。時には、鯰の一種のタマタ（カスクード、アカリ）という川魚も味噌汁の具、煮付けや焼き魚として利用された。

　　　タマタ買ふニグロは大きな手掴みで　　山本清歩『大河句会』1960年

　除草剤を使用する前には、移住地内を流れるアカラミリン川でもタマタは容易に捕獲できたが、次第に市場や露店で購入するようになった。黒人（ニグロ）の露店でタマタを買った時、原始林に自生している幅広の草の葉に手掴みでタマタを包んでくれた彼のごく自然で大胆な行為に、吟者は驚きと文化の違いを感じたようだ。タマタは体全体が固い殻で覆われていたので、移住者たちは鎧魚と呼んでいた。
　開拓生活に慣れてくると、移住者は現地人を介してアマゾン地方のマンジョカ料理を知った。その料理とは、毒性の強いマンジョカ（木薯）を擦り下ろして水に曝し、その搾り汁を煮溶かしたツクピーや、沈殿物を乾燥させた澱粉（ファリーニャ　ジマンジョカ）を利用するものであった（**写真1**）。

　　　梅雨曇りタカカの熱き捧げすう　　山本清歩『大河句会』1960年創刊号

　タカカは、ツクピーにジャンブー（キク科植物）、ニンニク、胡椒と干しエビなど移住地界隈で手に入る食材を煮込んだ温かくて辛い汁である。このような汁物をクイアの椀に注いで戴くのだ（**写真2**）。

写真1　マンジョカを持つ筆者
［出典］1995年撮影

写真2　クイアの椀

[出典] 2007年、筆者撮影

　クイアは円形のウリ科植物で、乾燥させて二つに割り、椀として使用した。この句からは、移住者たちが気候順応と労働の厳しさから次第にタカカ汁に慣れ、日常生活に取り込んでいたことが理解できる。

　このように、1960年代のトメアスー移住地の日本人の食文化は、日本食を基本としながらも徐々にブラジル食材を導入した食事へと変化していったことが、俳句からも読み取れるのである。

【参考文献】

河野銀生ほか (1964)『アマゾン俳句集 樹海』パウリスタ美術印刷株式会社

加藤三浪ほか (1966)『花胡椒 (創刊号)』トメアスー俳句会

アマゾン日本人移住 60 年記念史委員会編 (1994)『アマゾン日本人移住 60 年記念史』汎アマゾニア日伯協会

原田清子ほか (2004)『アマゾン季寄せ』ベレンニッケイ印刷所

トメアスー開拓 70 周年祭典委員会記念誌委員会 (2009)『アマゾンの自然と調和して―トメアスー開拓 70 周年記念誌―』トメアスー文化協会

半澤典子 (2018)「ブラジル移民知識人香山六郎の言動―移民俳句と日本語新聞を通して―」河原典史・木下昭編『移民が紡ぐ日本―交錯する文化のはざまで―』文理閣、55-77

ブラジルに消えゆく
「うた」のエスノグラフィー

―日系移民短歌にみる食文化―

金 本 伊津子

1 「うた」のエスノグラフィー

　日本人移民がブラジルに持ち込んだ「うた」の一つに、短歌がある。短歌の持つ
5・7・5・7・7という日本人に耳慣れた語調と、31 音という適切な長さが移住
生活の日々の思いを記録する表現のフレームワークとなった。そして、短歌は各地
の日系コロニア（コミュニティ）で、多数の同人誌が発行されるまでに発展する歴史
を持つ「うた」となった。1938 年には短歌専門誌『椰子樹』**(図 1)** が創刊され、
各地の同人誌、日系新聞の短歌欄、日系団体会員誌の短歌欄や私費出版による歌集
などに掲載された作品を含めると、現在にいたるまでに幾十万首にのぼるであろう
短歌作品がブラジルに生れては消えていった。

　日系移民が創作する一首一首の移民短歌には、詠み手がブラジルにおける日常生
活のなかで心を揺さぶられたことが簡潔に記述、そして解釈されており、日系移民
の人生そのものが描かれている。このなかから清谷益次は 121 首を選定し、日系
移民史に準拠して 15 のテーマにカテゴリー化している。　そこからは、①移民の
労苦、②移民の挫折、③郷愁（思郷・望郷）、④子弟の教育とブラジル化への恐れ、
⑤日本移民排斥の風潮（日本語学校閉鎖・邦字新聞発禁）、⑥戦争（前・中・後）、⑦ "勝
ち組" 短歌、⑧ "異種婚" と混血の子孫、⑨出稼ぎ、⑩日系社会の将来への不安、
⑪肉親・親類・縁者の間に醸すもの、⑫恥辱の想い、⑬移民としての「老」の歌、
⑭哀歌、⑮日本人とは、など日系移民の人生のテーゼを伺うことができる。文芸作
品としての評価は別として、移民短歌には日系移民史を構成する重要な歴史的証言

が含まれている。

　また、この「うた」の総体は、文化人類学者がフィールドで経験したことや想起したことの一つ一つを記録として残すフィールドノートに似ている。日本からの移民という視点から構成されてきた膨大な言葉の集合体に分け入ってみると、日系移民が共有する文化的シーン、慣習や価値観が見えてくる。

　例えば、「食料の豊かな国に住み古りてなお日本食恋しと思う」、「アマゾンにてNHKの番組の日本食をば貪りて見る」や「ブラジルに住みて七十年いまになほ正月となれば雑煮を食ぶる」などには、ブラジルに長年住んでもなお日本食を欲するという共通体験が簡潔に表現されている。さらに「久々に相合ううから（親族）なごやかにシュラスコ匂いとび交う会話」、「喜寿祝いに又来ると固く指切りしシュラスコ匂う庭を出で来ぬ」には、ブラジルの肉料理・シュラスコというバーベキューのような食のスタイルに、日系人特有の強い家族の絆が自ずと現れてくる。

　生成される分類のカテゴリーとしては、例として取り上げた「食」に加えて、「生」・「老」・「病」・「死」・「家族」・「世代」・「言葉」・「望郷」・「（ブラジル人を意味する）外人」・「永住」・「出稼ぎ」や「ニッケイ」など、日本とブラジルの間の文化的葛藤のテーマが浮かび上がってくる。つまり、移民短歌を崇高な文学性を持つ詩歌と捉えるより、日系移民が共感・共有できる「日系移民の日常性」を包摂する「うた」と捉えた方が相応しい。

図1　『椰子樹』の表紙

2　「うた」にみる日系食文化の見える化

　ここでは「食」に注目して、QDAソフト（Nvivo 12 Plus）を使用した内容分析という手法を使った。そして、移民短歌における食文化の「見える化」を試みたい。まず、1997年から筆者がブラジルで実施したフィールドワークにおいて収集した『椰子樹』（発行：椰子樹社、出版地：サンパウロ）の298〜339号、および特集号数巻に掲載されている短歌34,252首のデジタル化を行った。そのなかから食に関する語句、例えば「味噌汁」・「佃煮」・「紫蘇の香」・「シュシュ（ブラジルの野菜）」・「シュラスコ」・「かゆ」などを含む2,116首（全体の約6％）を抽出し、類義語などを整理した「食のカテゴリー」の質的データを分析した。**表1**は、作品例から解析作業の過程を示したものである。

　「食のカテゴリー」の頻出単語のうち、上位500語のワードクラウドを使って「見える化」したものが**図2**である。ワードクラウド上にある文字の大きさは頻出度に比例しており、それの高い言葉ほど中央に、関連性の高い言葉がその近くに配置される。

　図2においては「コーヒー」が最頻出カテゴリーで、「柿」、「りんご」、「(朝餉・昼餉・夕餉を含む)食事」、「味噌」、「餅」、「(日本)酒」、「(日本)茶」、「マンジョカ(芋)」、「ジャポチカバ（濃紺色の果実が幹に直接実る樹木）」と続いている。「うた」

表1　移民短歌におけるカテゴリーの生成過程

作品 (2,116首)	→	抽出語 (2,325語)	→	食のカテゴリー (上位500語)
わが作る味噌汁じっとみてをりて 「もう覚えた」と金髪の嫁		味噌汁		味噌汁
佃煮を作る過程の紫蘇の香を ブラジル娘は異臭と言う		佃煮 紫蘇の香		佃煮 紫蘇
味のないシュシュの旨さをやっと知り 遅ればせにも永住決める		シュシュ		シュシュ
父の日に家族集まりシュラスコす 故郷に在す父語りつつ		シュラスコ		シュラスコ
日本人のみが知りいるかゆの味 この味を知れば本当の病人か		かゆの味		粥
街にみる林檎に梨に富有柿みな 日系努力の実りなり		林檎 梨 富有柿		りんご 梨 柿

［出典］筆者作成

のなかでは、日本特有の食文化である「(梅干し用) 紫蘇」、「(正月用) 鏡餅・雑煮」などは日本を象徴するものとして、ブラジル特有の「カフェ」、「フェジョン (ブラジルの豆料理)」、「マンゴ、ゴヤバ (ブラジルの野菜・果物)」はブラジルを象徴するものとして表現されている。このワードクラウドからは、日本的食文化とブラジル

図2　食文化のワードクラウド

［出典］筆者作成

図3　日本的食文化のワードクラウド

［出典］筆者作成

図4　ブラジル的食文化のワードクラウド
［出典］筆者作成

的食文化が、日常生活のなかで融合せず、分立しながら混在していることがわかる。

　さらに、日本的な食文化に関わる食のカテゴリーだけを抽出して、頻出上位 200 カテゴリーのワードクラウド (**図3**) と、ブラジル的食文化に関わるカテゴリーによるワードクラウド (**図4**) を作成した。日本的食文化を示す前者では、「(フジ) りんご」、「(富有) 柿」が頻出ワードとして注目される。これらの果物は、日系移民によってブラジルに導入された果物で、ブラジル社会において彼らが成し得た偉大な業績の一つと考えられている。これらの果物の開発と普及は、日本からブラジルに移住した日系人の人生であるとなぞらえることができよう。彼らの誇りそのものである。

　不思議なことに、日本の代表的な調味料である「醤油」を詠った「うた」は皆無であった。調味料として「味噌 (12 位)」、味噌を使った料理「味噌汁 (21 位)」が「うた」に頻出しているが、自家製の梅干の製造工程が年間のカレンダーに組み込まれていたように、ブラジルの大豆を使って自家製の味噌の製造が生活の中心にあったと考えられる。

　図4 においては、日系人が生産者と生活者として関わっている「コーヒー」が最頻出カテゴリーとなっている。その周縁に、ブラジルの豊かな風土を表す多様な果物や野菜が配置されている。この図は、さながら日系人がフェイラ (市場) で日常の買物をしているかのような風景である。

3　衰微する「うた」文化

　文化は変容するものである。この文化の移り変わりは、家族間の絆が強い日系大家族の日常生活の大きな発見として「うた」に詠み込まれる。

　　日本食毎日食して楽しみつつ日伯両語混ぜて住みおり

　　日本語を話せぬ二世も梅ぼしやおにぎりを好みほほばりている

　　一世とは家族の中に一人なりお雑煮食べつつ思う孤独よ

　上記の「うた」には、食文化は味覚をとおして次世代に継承されているが、世代間のコミュニケーションのツールである日本語は、うまく家族内で継承されていないことが示唆されている。例えば一世は、二・三世が話すブラジル・ポルトガル語を聞いて理解できたとしても、彼らが理解するブラジル・ポルトガル語で返事をすることに困難を感じる者が多い。また二・三世のなかには、一世の話す日本語を聞いて理解できても、一世が理解する日本語で返答することに困難を感じる者が多い。このコミュニケーション・スキルの掛け違いは、日本語に依存する一世特有の「孤独」を生み出している。

　移民短歌は、戦前の移住者である一世が中心となって発展してきた。現在に至っては一世の高齢化が進み、日本からの後継の移住者も皆無であるため、二・三世の日本語による短歌作者を育てることは言葉が大きな壁となって極めて難しい。日常生活を言葉で記述する「うた」文化の衰微は、避けられない状況にある。

　一方、家族との毎日の食事や結婚式、葬式や法事などの儀式、そして日系コロニアにおける新年会や老人会、祭り、盆踊りや移民式典などの年中行事において梅干しやおにぎりなどの日本食が共食されており、言葉ではなく、食の記憶として二・三世などにも受け継がれている。新しい世代においては「うた」ではなく、SNS上の食の写真や映像が、その代役となる日も近いであろう。

【参考文献】

清谷益次 (1998)「証言としての移民短歌―ブラジル日系人の百二十一首とその周辺―」梶山美那江編『積乱雲　梶山秀之－その軌跡と周辺』季節社、696-767

三田千代子 (2010)「それはグローバルな旅の結果―ブラジルの栽培作物の変化と日本移民―」立教大学ラテン・アメリカ研究所報39、51-60

第6章

異郷に生きる
ムスリム・ディアスポラ

―イスラームの食生活から見たアフガン移民の暮らし―

桐原　翠

1　はじめに

　本章では、母国を離れて移住先で生活するムスリム（イスラーム教徒）がどのように生存基盤を構築しているのかについて考察したい。特に、イスラーム諸国や欧州で生存基盤を構築しているアフガン人に着目し、地域研究の観点から「食」に焦点を当て、ムスリムとして食すことのできるイスラーム食、つまりハラール食品をめぐる諸問題に検討を加える。さらに、持続型生存基盤論[1]に基づき、熱帯乾燥域である中東地域において形成されてきたイスラーム文明や、そこで発展してきた人々の移動とそれにともなう生存基盤の実態を考察する[2]。

　グローバル化の進展にともない、人々の移動が活発化してきた現在では、旅行、留学、労働を目的とした移動や、移民、難民、ディアスポラなど様々な移動の形態が確認できる。これらの移動は、自発的な移動と強制的な移動に大別され、後者に関しては、現在も戦争や紛争でやむをえず大量に国外へ

逃れる人々が数多く存在する。難民に関していえば、世界の難民の相当数が
中東・北アフリカ地域を発生源とし、中東・北アフリカ地域における難民発
生国の上位3か国はシリア、アフガニスタン[3]と南スーダンになっている[4]。
特に本章で扱うアフガニスタンでは、約40年にわたって内戦や紛争が続き、
その影響で現在も人々が国外へ流出している状況にある。そして、アフガニ
スタンから逃れたアフガン人[5]は世界中に散らばり、生存基盤を構築してい
る。

　現代イスラーム世界において、イスラーム法（ムスリムが守るべき法規定の
体系）でいう「ハラール（合法）」に適合した「ハラール食」に注目が集まる
契機となったのは、1970年代のイスラーム復興運動が生まれて以降である。
イスラーム復興運動とは、「イスラーム覚醒が社会レベルで、集団的に実践
される」現象を指す[6]。さらに、この現象は福祉、経済、法制や政治と様々
な分野に及んでおり、その現状が「食」のハラール性を重視する状況を促進
させたともいえるだろう。加えて、「国民料理」（national cuisines）という概念
は、国民国家の形成過程に生み出されてきた産物の1つとされるが、本章で
取り扱うイスラーム食／ハラール食品には、「国民料理」といった境界を超
えた広がりがある[7]。ハラールな料理はイスラームの食事規定に基づいてお
り、その越境性が強く作用している。

　本章は以下の内容から構成される。まず、「2. ムスリムが求めるイスラー
ム食」では、イスラーム食についての概要を述べる。続く「3. ハラール認
証の誕生」では、近年、世界中で注目を集めているハラール食品の形成につ
いて、国際的に先導的な役割を果たしてきたマレーシアを中心に概観する。
現代イスラーム世界では、ムスリムが大多数を占める国と、ムスリムと非ム
スリムが共存関係にある国があり、この両地域ではムスリムの生活環境が異
なる。特に「食」の文脈において、この点が明確に表出される。製造主体を
みると、ムスリムが大多数の国ではほとんどの場合、ムスリムが主体となり
食品製造、加工などを進めている。その一方で非ムスリムも多い国では、ム
スリムが関与しつつも非ムスリムが製造者となる可能性が十分に考えられ
る。その点もふまえて、非ムスリムとの共存関係にある国の1つであるマ
レーシアに焦点を当て、イスラーム食／ハラール食品が生じた背景を検討し

ていきたい。続く「4. 移住の異郷で生活するアフガン人」では、イスラーム諸国と非イスラーム諸国で暮らすアフガン・ディアスポラの事例を取り上げ、彼らの生存の一側面について検討する。最後に、各節における考察と分析をふまえ、本章全体の結論を述べる。

2　ムスリムが求めるイスラーム食

2.1　「イスラーム食」とは

　本章で扱うイスラーム食（当人たちからは「ハラール食品」と呼ばれる）は、宗教的な戒律に合致し、ムスリムが移住先の異郷の地において生存基盤を構築していくうえで、彼らのアイデンティティや母国の文化などを具現化できる物の1つだと考えられる。付言すれば、「食」のほか、「衣」に該当する衣服や装飾品などもアイデンティティや文化を可視化できる物の1つであり、「ハラール衣服」という概念もある。さらに、イスラーム食とは、彼らの生活において調理されたり消費されたりする食品を広く捉えるものであり、彼らの生活圏内において流通している原材料や食肉などの食料品から料理までを指している。このイスラーム食は、ムスリムの生存を担保する役割を持つ一方で、非イスラーム諸国とイスラームとの関わりがよく表れる事柄である。

　イスラーム食／ハラール食は、現在、イスラーム圏内に留まらず世界中で広く知られている。ハラール食品が取引されている市場規模は2018年で2,540億ドル[8]にも上り、非イスラーム圏に拠点を置く企業の多くもハラール食品産業に参入し、世界展開してきた。その状況をみても、世界全体でイスラーム食に関心が集まっていることは明らかである。その関心はグローバル化の進展とともに世界各地に広がり、現代まで続いている。

　歴史を遡れば、ムスリムは古くから宗教的な巡礼や交易などを目的として移動してきた。そのなかでも、遊牧民の移動はイスラーム文明を形成していくうえで重要な役割を担ってきた[9]。西アジア地域から北アフリカ地域の遊牧民は、ヒツジ、ヤギやラクダを主たる家畜としてきた[10]。これらの家畜が存在してきた一方で、イスラームでは豚肉を食べることが禁止されている。なぜ、豚肉が禁じられたのかについては、いろいろな議論が存在する。欧米

の研究では、当時の歴史的・宗教的背景から説明されることが多く、イスラーム圏の研究では医学的・衛生的に有害であるという説明が多い。はっきりしていることは、豚肉が聖典クルアーン（コーラン）で禁止されているために、ムスリムはそれを自明の禁止事項と考えていることである。クルアーンでは禁止の理由が説明されておらず、各種の説も解釈の域を出ない。筆者の立場は、クルアーンに禁止と記されている以上、ムスリムにとって豚肉を食べることは禁止であり、それを前提に調査をするというものである。むしろ大事なことは、それがムスリムの生活や異国での生存基盤にどのような影響を与えているかを理解する点にある。

2.2　「ハラール」と生存基盤

　ハラール（〔ア [11]〕ḥalāl）とは、イスラーム法の用語の一つであり、「合法」「許可」を意味している [12]。そして、ハラールの対極にある禁止を示すのがハラーム（〔ア〕ḥarām [13]）である。アフガニスタン出身の著名なイスラーム法学者であるムハンマド・ハーシム・カマーリーによると、「ハラームは、クルアーンまたはハディースの明確な根拠によって禁じられている行為、目的、行動のことである」 [14] と定義されている。このイスラーム法の規定は、歴史のなかでムスリム法学者たちの解釈の営為を経て、定式化されて現在に至っている。さらに、現代においてハラールに関する細則が体系的に形成された背景には、イスラームがアラビア半島から急速に世界中へ拡大していく過程で受けた様々な文化的・地理的な影響が指摘されている [15]。

　そして、近年では「ハラール」や「ハラル [16]」がイスラーム世界の内外で大きな注目を集め、「ハラール食品」や「ハラール産業」の語も知られるようになっている。ハラールが拡大していく背景には、イスラームの性質が大きく関係している。そもそも、イスラームにおける戒律・規則は、ムスリムの生活のなかに溶け込んでおり、国境を越えてもその働きは変わらない [17]。それには、イスラームが民族宗教ではなく、世界宗教であることも少なからず関係している。この戒律・規則の一つに「ハラール」が存在しているのである。

　一般的に、ムスリムは豚肉食や飲酒を避ける、ということだけを強調するのは一面的な見方となる。もちろん、イスラームでは豚肉や酒類の飲食を禁

止しており、避けるべきものであることは確かである。その一方で、豚肉以外にも陸上や水中で生息する動物のなかに食すことを禁止される動物が存在する。マレーシアでは、過去半世紀ほどの間に、これらの食に関する規定が制度化され、加えて食事規定の明文化が積極的に行われてきた。

　クルアーンに示されている飲食や摂取を禁じているものは、主として聖典クルアーンでの規定に従って挙げられる[18]。死肉、流れ出た血、豚の肉、と畜の際にアッラー以外の御名が唱えられたもの、毒性があるもの[19]、猛獣[20]、猛禽類[21]やアルコールなどが明確に禁じられており、それ以外はハラールとされる。ここに挙げた物は、ムスリム全体における共通の理解として禁止されている。ただし、ライオンやトラなどの猛獣、家畜のロバなどは、法学派により多少の差異がみられる[22]。

　「ハラール産業」とは、「ハラール」というイスラーム法用語と食品産業などの産業を結びつけた概念である。筆者は、ハラール産業が1970年代以降のイスラーム復興を背景としながら、近代的な食品産業と結びつき登場した点を重視している。イスラーム法自体はイスラームが誕生した時代以降にずっと存在しているが、当時はハラール食品やハラール産業といった概念も実体も存在していなかった。現代では規格に依拠して製造され認証されていることが重要となるが、これも20世紀後半に広がった動きである。ハラール産業を経済活動の一環として捉えている筆者は、ハラール食品が世界中で認知されていく過程に、ビジネスの要素が多く含まれていること、それも商業を重視するイスラームの一側面であることを重視している。

2.3　アフガン・ディアスポラの持つ宗教的・文化的生存基盤

　アフガニスタンにおいて、民族に関する国内の諸問題に加え重要な課題となっているのは、長期にわたって続いてきた内戦や紛争に起因する人々の国外流出である。国外への流出者は難民、移民やディアスポラ[23]として表すことができるが、これらの用語の境界線は必ずしも明確ではない[24]。ディアスポラとは、離散先で生計を立てる一方で、「ふるさと」への帰属意識を持つ者として、分析概念の拡大が生じてきた[25]。さらに、ディアスポラとされる人々には、自発的ではなく強制的に逃れざるをえなかったという現状があ

る。本章ではその点をふまえ、母国を逃れたアフガン人を「ディアスポラ」として扱う。

　アフガン人の流出先の多様性は、世代や経済的な状況と流出した時期が相関している。それに加えて、アフガニスタンの多民族国家という性格が大きく関係する。アフガニスタンには数多くの民族が共存し、言語や慣習は民族ごとに異なる。民族内におけるアイデンティティや文化の結束力は高く、アフガン人であること以前に、個別の民族集団への帰属が優先される傾向にある。そのことを証するように、歴史的にみても特定の民族を優先した国家建設の構想が掲げられてきたり、憲法や法律のほかに民族内における独自の規範と慣習が存在してきたりした。

　この民族ごとの結束力の高さは、離散先での生活にも表れている。国内で生じた紛争などを理由に海外に逃れたアフガン人は、しばしば離散先で民族や出身地を中心としたグループを形成してきた。例えば、1973 年の共和革命の政変にともない廃位されたザーヒル・シャーは、イタリアのローマにおいて亡命生活を余儀なくされた。その拠点は、後にローマ・グループとして発展する [26]。そのほかに、パシュトゥーン人（〔パ〕Pashtūn）[27] のディアスポラは特にパキスタン、イランやイギリスに多く、ハザラ人 [28] はトルコやインドネシアに多いとされる [29]。

　民族の側面に加え、アフガン人のアイデンティティを形成するなかで重要とされるのは、イスラームを信仰している点である。彼らにとって宗教的・文化的共通性は個別の民族的アイデンティティとならんで、ムスリムであることに還元されると考えられる。次節では、ハラール食品の制度化に先駆的な役割を果たしてきたマレーシアに着目して、ハラール食品の扱いについて説明する。

3　ハラール認証の誕生

3.1　ハラール認証の変遷

　アフガン人の多くは、長期的な戦乱を理由として離散を余儀なくされた。先に述べたように、アフガン人の離散先は世界各地である。現在では、世界

各地のスーパーマーケットや市場、商店などで、比較的容易に商品としてのハラール食を手に入れることができるようになった。そのため、ムスリムとして、アフガン人としての宗教的・文化的生存基盤を「食」の側面から保つことが可能となってきた。

　その背景には、国家全体（連邦）の宗教をイスラームと定めるマレーシアが、イスラームの概念・法規定として古くからイスラーム圏に広く存在してきた「ハラール」を近代的な産業に当てはめ、「ハラール食品」やその認証、認証規準の制定に取り組んできた影響がある。その意味では、今日におけるハラールの概念やそれに関わる運用については、マレーシアの役割が非常に大きい。そこで、本節ではマレーシアの動きを中心に、現代におけるハラールの意義を考えてみたい。

　ハラール食品に関する規格の明文化にマレーシアが着手し始めたのは、1975年のことであった。1972年に出された取引表示法（Trade Descriptions Act）では、一般的な取引に関する事項が定められ、別に「ハラール」に関する使用細則が1975年に発布された（表1）。1975年に発布された2つの法令では、当時の状況などをふまえ「ハラール」用語の使用が記された[30]。さらに、取引の際の食品や製品には、「ハラール」とわかるラベルやタグを付けることが規定された[31]。

　現在使用されているマレーシア・スタンダードは、多民族国家の性格を持つマレーシアにおいて、ムスリムが食の安全性を求める動きのなかから発展して制定された。1981年にマハティール政権（1981～2003年）が発足し、ハラール食品に関する規格の明文化が大多数の国家当局、大学、民間組織により実現した[32]。

　2000年に、ハラール食品や生産や管理に関する規格「マレーシア・スタンダード」が発表された。これは、東南アジアのマレーシアが先駆的に発表したものである。加工食品に限らず、この規格に従い製造された製品は、化粧品や医薬品などすべてハラールとなる。この規格を明文化したマレーシアでは、ブミプトラ（〔マ〕Bumiputra[33]）、中華系、インド系やその他、外国籍から現在の人口が構成されている[34]。宗教はイスラーム、キリスト教、仏教、儒教、ヒンドゥー教やその他から構成される。そのため、マレーシアでは、

表1　「ハラール」用語とその取引の表示方法（1975年）

ハラールの規定		取引表示の方法	
①	消費することをシャリーア（イスラーム法）により禁止されているもの、そして、シャリーアに従いと畜されていない動物の部分や物質から構成されず、また、含まれていないこと	①	「取引表示に関する行政命令（食品の表示について）1975」の命令に従ってハラールであると定められたすべての食品は、ラベル、タグ、またはハラールな食品であることを示す他の形式のマークで示されていない限り、供給されない
②	シャリーアにおいて不純であると考えられるものは何も含まれていないこと	②	家禽を含むすべての未調理の肉および内臓は、その肉もしくは内臓が冷蔵または冷凍されたことを示すラベル、タグまたはその他のマークで示されない限り、供給されない
③	シャリーアにおいて不純とされる機器を使用して準備、処理、製造されていないこと		
④	準備や処理、保管の過程で、上記の①②または③を満たすことができない食品と近接する、もしくはまたはそれに準じてシャリーアにより不純であると考えられるものと接触または近接していないこと		

1975年取引に関する行政命令（ハラールの表示についてと食品の表示について）
［出典］［P. U. (A). 1975］、［Ministry of Trade Industry (Malaysia) 1975］より筆者作成。

ムスリムが非イスラームな状況に触れる機会が多く存在する。さらに、民族により言語も異なるため、相互に表記を理解することは容易ではなかった。つまり、メニューなどにおける表記の問題が指摘できる。というのも、国内の表記は英語に統一されているわけではなく、マレー語、中国語やタミル語など様々な表記が存在する。現在では、国内におけるメニュー表示に、英語が広く用いられるようになっているが、マレー語、中国語やタミル語などの言語のみでメニュー表示がなされると、何の食材が使用されているのか判断ができない場合も少なくない。このような状況から、国民の多数を占めるムスリムの食に対して、不安が生じることもある。

現在では、2000年に策定された規格から3度の改定を経て、2019年のものが使用されている。また、これらハラールの規格は、宗教儀礼的かつ食品

科学的な側面とが合わさって作成されている³⁵⁾。アブドゥッラ政権（2003～
2009年）に移ると、積極的に「ハラール産業」育成が打ち出され、マレーシ
アはハラール産業を国家の発展のための戦略産業に位置づけ、海外の市場に
も積極的に進出していった。世界的なイスラーム復興の流れとイスラーム世
界の経済発展によって、ハラール産業の市場規模は急速に拡大した。その背
景には、アブドゥッラが2004年に開会を宣言したマレーシア・国際ハラー
ル見本市（Malaysia International Halal Showcase）がある。これは、年1回クア
ラルンプールで開かれ、2019年で16回目の開催となった。この見本市では
ハラール食品・製品を取り扱う企業やそれに類する製品を取り扱う企業が集
い、取引や宣伝の場として活用されてきた。さらに、マレーシア国内の企業
に留まらず、世界中の企業の参加が確認できる。見本市によりハラール産業
は、世界的に拡大したのである。

　現在のマレーシア国内において、イスラームに関する事項に対し中枢的な
役割を担っているのが、首相府直轄の組織のマレーシア・イスラーム開発局
（〔マ〕Jabatan Kemajuan Islam Malaysia: JAKIM／〔英〕Department of Islamic Devel-
opment Malaysia）である。JAKIMな
どがハラールの策定に関わり、ハ
ラール認証が取得される。さらに、
製品がハラールの認証を取得した場
合、その製品にはハラール認証ロゴ
が付与され、これがハラールである
ことを表す重要な役割を担う。マ
レーシア国内では、JAKIM発行の
ハラール認証ロゴが、絶対的信頼を
得ている（写真1）。

　ミネラルウォーターにまで認証が
付与されるなど、イスラームは制約
の多い宗教と思われることがある。
ハラールか否かということに加え、
このハラール認証は、適切な梱包が

**写真1　ハラール認証が付与されたミ
　　　　ネラルウォーター**
　"V"の文字の下にハラール認証ロゴが
　示されている。
　　［出典］2015年8月30日、筆者撮影

なされているか、そして適切な流通がなされているかという点にまでおよび、製品のハラール性を示している。そのことをふまえると、日本での農林水産物や畜産物、およびその加工品の品質を保証する規格と比較が試みられよう。

3.2　ハラール食品の需要

　現在では、先述したハラール認証規格に従って適切に処理や流通などが行われた製品の需要が世界的な高まりをみせている。具体的には、マレーシアとアラブ首長国連邦がイスラーム協力機構 (OIC) [36] の加盟国内におけるグローバルイスラーム経済指標 (GIEI) をリードしていることから、東南アジアから中東地域に至るイスラーム諸国全域にわたってハラール製品の取引が盛んとなっている。それに加え、近年では非イスラーム圏に本社を置く企業のハラール事業への参入と、その発展が目覚ましい。特に、ファストフード店などがその代表例である。世界的に有名なネスレ、マクドナルド、スターバックス・コーヒー、ケンタッキーフライドチキンやコカコーラなどの企業がハラール認証を取得し、イスラーム諸国での販売を行っている。さらに、現在のマレーシア国内において、スーパーマーケットに並ぶ商品のほとんどに、JAKIM 発行のハラール認証ロゴが確認できる。また、レストランや飲食店の入口付近には、ハラール認証取得を示す証書が掲げられている場合や、いくつかの店舗に至っては提供している料理や飲料のメニューにハラール認証ロゴを示していることもある。

　ハラール食品の需要に関して、マレーシア、シンガポールやオーストラリア地域を対象としてムスリムが食肉を購入する際、何を重視して食品の購入を選択するか、消費者の購買選好の優先順位をまとめた研究がある [37]。それは、「ハラール肉製品の価格」、「ハラールのロゴと認証書の表示」、「個別の冷蔵／冷蔵庫／陳列スペース」、「農場から小売業者までの 100% ハラールサプライチェーンと物流の観察」、「肉屋／食料品／スーパーマーケットの清潔さ」の 5 つの観点から、購買選好の優先順位を決めるというものである [38]。シンガポールとマレーシアにおいては、ハラール認証ロゴと認証の表示が購入の優先的な決め手となっている。オーストラリアにおいては、マーケット

の清潔さに次いで認証ロゴの表示が重要である。ハラール認証ロゴが、食品を購入する際の1つの指針となっており、ハラール食品の需要は高いと考えられる。

　さらに、移動に関する観点からみると、機内食の発達も目を見張るものがある。1970年代のジャンボジェット機の導入は、人々の移動手段の幅を拡大させてきた[39]。さらに、この影響として、サウディアラビアへの巡礼者増加にも波及したことは言うまでもなく、機内食にハラール食品が導入される状況が生じてきた。

　機内で食事を提供するフライトケータリング業界が誕生し、各国でケータリングサービスが開始されてきた。そのなかには、マレーシア航空やアラブ首長国連邦のドバイを拠点とするエミレーツ航空なども含まれる。例えば、マレーシア航空の機内食を提供している企業として有名なのは、ブラヒムズグループ（Brahim's Group）である。「フライトケータリング＆キャビンホールディングス（Flight Catering & Cabin Holdings）」部門を設けて展開してきたこの企業は、現在マレーシアにおいてレトルト食品を製造していることでよく知られている。1986年にデウィナ・フード・産業（Dewina Food Industries Sdn. Bhd.）を創業した後、この企業はブラヒムというネームバリューを活かし、東南アジアにおけるレトルト食品の拡大を図った。ブラヒムズグループは機内食専用の企業ではなく、レストラン展開やレトルトパウチの販売も行っている。そのため、このグループが食品の製造・加工、販売、梱包、保管や輸出など、マレーシア・スタンダードの規格に則った一連の手続きを行っている。

　このように、マレーシア国内のレストラン、飲食店、スーパーマーケットを始め、機内食の提供に至るまでハラール食品産業の展開は拡大しており、国内外問わずハラール食品の需要は大きいといえる。次節では、ここまで見てきたハラール食品が各地域でどのように生存基盤の構築に影響を与えているのか、アフガン人の生存基盤を事例として確認していきたい。その際に、国内の大多数をムスリムが占め、アフガン人の移住先の一つとして焦点の当たることの多いアラブ首長国連邦のドバイ首長国と、ムスリムが少数派とされるイギリスにおけるアフガン人を取り上げたい。

4　移住の異郷で生活するアフガン人

4.1　ドバイにおけるアフガン人

　中東地域に位置するアラブ首長国連邦のアブダビやドバイなどは産油地として有名で、なかでも近代的な建物の多いドバイは、大きな成長を遂げている印象を与える。さらに、ムスリムが大多数を占めるイスラーム諸国では、国内に十分ハラール産業があると思われるかもしれない。しかし、このドバイでは人口の7割強がインド、パキスタン、フィリピン、バングラディシュやスリランカからの移民であることから、生産者が必ずしもムスリムとは限らない。このような状況のなかで、ムスリムであるアフガン人がどのように生存基盤を構築しているのかみていきたい。

　ドバイにおけるアフガン人は移民労働者として移住し、いわゆるブルーカラーに従事している者がほとんどである。また、2017年に筆者が確認しただけで、ドバイには“AFGHAN”という文字を看板に掲げるレストランが約40店舗あった。特に、ドバイのデイラ地区を歩くと“AFGHAN”という文字を掲げた店舗が容易に確認でき、どこの店舗も賑わいをみせていた。例えば、**写真2**はデイラ地区のアフガニスタン・レストランであるが、レストランの外観には「ハラール」の文字は見当たらず、メニューにおいてもハラールの記載は存在しない。しか

し、店舗の看板からこの店舗は、アフガン料理の取り扱いもしくは取り扱っているであろうことが確認できる。その一方で、純粋にアフガン人シェフがアフガン料理を提供する店舗なのか、もしくはアフガン料理を含むペルシャ料理なのか、

**写真2　ドバイ・デイラ地区における
　　　　　アフガニスタン料理店**
看板には“AFGHAN”の文字が確認できる。
［出典］2017年3月11日、筆者撮影

店舗の外観や看板からは判断が難しい。しかし、店内の様子からアフガン人を始めとしたムスリム客が多いことがわかる。

　この店舗を訪れている人々について、ムスリム客が多いことの根拠を整理した。まずは、店舗の看板にAFGHAN、あるいはアラビア文字での「アフガーン」「アフガニスタン」などの表記が確認できる (写真2)。顧客は「アフガン人＝ムスリム」という現代イスラーム世界における共通認識、つまり宗教的な共通項により、この店舗の食品がイスラーム食であることを把握できる。そのことから、実際に顧客のなかには、アフガン人以外のアフリカ系ムスリムなどの存在も推察される。次に、アフガン人に馴染みのあるマークや色などで表し、アフガン人同士の文化的共通性を重視していることである。アフガニスタンの国旗を模した装飾などを積極的に取り入れたこの店舗は、アフガン料理を取り扱かっている。なかには、看板にアフガンの表記が見られない店舗もあるが、その場合にはアフガニスタン出身者ならではの地名などが用いられる傾向にある。さらに、シェフがアフガニスタン出身 40) であるこの店舗は、アフガンの文化的共通性を重要視していると考えられる。

4.2　イギリスにおけるアフガン人

　現在、約337万人のムスリムが生活する非イスラーム国のイギリスには、アフガニスタン出身者も一定程度存在する。イギリスにおけるアフガン人は、年代により母国を逃れた理由が多少異なる。1980年代に逃れて来たアフガン人には学生や政治家が多く、1990年代になるとそのほとんどが難民となる。2000年代になると、2001年9月に起きた同時多発テロに伴って生じた紛争による人々がほ

写真3　ロンドンにおける食料品や日用品を取り扱う店舗
写真左上には、アラビア文字が確認できる。
［出典］2019年12月10日、筆者撮影

とんどであった。

　イギリスのアフガニスタン料理店の店舗でも、"AFGHAN" の表記は重要視されているようで、アフガンであることがハラール性を担保している。加えて、ロンドンのムスリムコミュニティ付近には、ハラールな肉製品を取り扱う精肉店、食料品や日用品を取り扱う店舗（写真3）の存在が目立った。精肉店の店内には、ハラール認証取得を示す証書が確認でき、精肉店の店主もムスリムであった。ハラール認証取得のヘアーカラーリング剤などが確認できる日用品や食材の多くはイスラーム圏、例えばレバノン、トルコやマレーシアなどからの輸入品である。さらに、店舗によって出身地域の多様性がみられ、イラン出身の店主が営んでいる場合もあれば、アフガニスタン出身で戦乱から逃れてきた青年が働く精肉店なども存在する。そして、顧客の出身地域と店主の出身地域とには、少なからず相関関係があるようであった。

　非イスラーム諸国において、自国のムスリムコミュニティを維持していくために、購入の際にはハラール認証を取得した店舗や食品を選択する場合も多くみられる。それは、非イスラームなモノとの接触が多い環境にあることが一番の理由として考えられる。その一方で、アフガンコミュニティ圏内にある店舗やムスリムコミュニティ内で販売されたものは、ハラール認証が付いていなくとも購入を選択する様子がみられる。それは、コミュニティにおいて各店舗に関する情報が共有されているからであろう。イギリスにおけるアフガン人は、宗教的共通性を根拠にイスラーム諸国であるマレーシアが主導して形成されたハラール産業による食品や製品を取り入れ、生存基盤を構築しているのである。

5　おわりに

　本章では、地域研究の観点からアフガン・ディアスポラの生存について、特に「食」の文脈からアフガン・ディアスポラの生存基盤がどのように構築されているのか考察した。

　まず、アフガン・ディアスポラは、自身の宗教と文化の双方を用いて、移住先の異郷の地で生存基盤を構築してきた。そして、その際イスラームとい

う宗教的共通性が重要な役割を果たしている。加えて、ハラール産業の制度化に先駆的な役割を果たしてきたイスラーム諸国の1つであるマレーシアが形成した「ハラール」が世界中に拡大するにつれ、この産業の概念が強化されてきた。アフガン人はその概念を受益しながら、ハラール性を宗教的な共通性の1つの現れとして、生存基盤の構築に活かしてきたと考えられる。さらに、離散後にアフガン人がどのように生存基盤を確保するかという点を、「食」の観点から捉えると、宗教的・文化的な共通性を重要視するアフガン・ディアスポラの姿が明らかとなった。

　本章では、イスラーム圏および非イスラーム圏に移住したアフガン・ディアスポラの宗教的な生存基盤の問題と、近年イスラーム世界全体に隆盛しているハラール産業の実態を合わせて論じた。それによって、アフガン・ディアスポラ研究、およびアフガニスタン研究に新たな視点を提供できたと考える。

※本稿は、2017〜2020年度科研費・特別研究員奨励費「イスラーム・コスモポリタニズムとグローバル経済：ハラール食品実践の世界展開」（課題番号 17J07708）の研究成果の一部である。

【注】
1）本章で用いる生存基盤という用語は、杉原薫らが提唱した「持続型生存基盤論」に基づいている（杉原ほか 2012）。地球規模の広い視野で人類の生存基盤を考えるには、地球圏、生命圏、人間圏から構成されている「生存圏」全体に注目する必要があるというのが、その基本的な考え方である。これまで、温帯地域で生まれた経済発展の仕組みが近代的な世界を作ってきたが、持続型生存基盤論では、熱帯地域にも適合的な発展パラダイムへの転換を志す。
2）熱帯乾燥域における生存基盤に関する研究として佐藤麻理絵（2018）『現代中東の難民とその生存基盤──難民ホスト国ヨルダンの都市・イスラーム・NGO』ナカニシヤ出版がある。本稿では、持続型生存基盤論に関する視座を上述の杉原ほか（2012）と佐藤（2018）に基づくものとする。
3）アフガニスタンは周囲をパキスタン、イラン、トルクメニスタン、ウズベキスタン、タジキスタンそして中国の6か国に囲まれた内陸国であり、その地理的特徴から「文明の十字路」や「シルクロードの要衝」として古くから栄えてきた国であり、多民族国家の性質を持つ。
4）UNHCR. (2020). "Global Trends: Forced Displacement in 2019." p. 3. Retrieved August 6,

2020, from https://www.unhcr.org/5ee200e37.pdf

5）アフガニスタンは、パシュトゥーンを含む14の民族（アフガニスタン憲法第4条には、「パシュトゥーン、タジク、ハザラ、ウズベク、トルコマン、バルーチ、パシャイー、ヌーリスターニー、アイマーク、アラブ、キルギス、ギジルバーシュ、グージャル、ブラーフウィーとその他の民族から構成される」（〔パ／ダ〕Dawlat Intiqālī Islāmī Afghānistān. (2004). *Da Afghanistan Asāsī Qānūn／Qānūn-i Asāsī-i Afghānistān*. Kabul: Dawlat Intiqālī Islāmī Afghānistān.〔邦訳は、登利谷正人訳〈2005〉「アフガニスタン新憲法翻訳」鈴木均編『ハンドブック現代アフガニスタン』明石書店、224-270頁〕）とその他の民族から構成されている多民族国家である。9・11事件の後のアフガニスタン戦争でターリバーン政権が崩壊したのち、2004年1月に新憲法の発布がなされた。この新憲法第4条において、これまで不明瞭であった「アフガン人」について定義がなされた。「アフガニスタンの国は、アフガニスタン国籍を持つ人々から構成される。…アフガン人（アフガーン）という語は、アフガニスタンの国民の全てに適用される」（〔パ／ダ〕Dawlat Intiqālī Islāmī Afghānistān. (2004). *Da Afghanistan Asāsī Qānūn／Qānūn-i Asāsī-i Afghānistān*. Kabul: Dawlat Intiqālī Islāmī Afghānistān.〔邦訳は、登利谷正人訳〈2005〉「アフガニスタン新憲法翻訳」鈴木均編『ハンドブック現代アフガニスタン』明石書店、224-270頁〕）。それまで、「アフガン人」の呼称は、主にパシュトゥーン人を指すと考えられてきたが、これ以降は国民全体を指すものとなった。

6）小杉泰（1994）『現代中東とイスラーム政治』昭和堂、146頁。

7）Armanios, Febe and Boğaç Ergene. (2018). *Halal Food: A History*. New York: Oxford University Press, p. 212.

8）Dinar Standard. (2019). "State of the Global Islamic Economy Report 2019/2020." p. 4. Retrieved July 19, 2020, from http://www.siicex.gob.pe/siicex/documentosportal/alertas/documento/doc/661967144radC8C6E.pdf

9）小杉泰（2011）『イスラーム文明と国家の形成』京都大学学術出版会。

10）松井健（2001）『遊牧という文化――移動の生活戦略』吉川弘文館、19-24頁。

11）本稿で用いるローマ字転写およびカタカナ表記については、大塚和夫・小杉泰・小松久男・東長靖・羽田正・山内昌之編（2002）『岩波イスラーム事典』岩波書店に従う。英語以外の言語に転写した場合には、その言語名を〔　〕によって記す：〔ア〕：アラビア語、〔パ〕：パシュトー語、〔ダ〕：ダリー語、〔マ〕：マレー語。

12）小杉泰（2019）「イスラーム法における『ハラール』規定をめぐる考察――『ハラール／ハラーム』の2分法と法規定の『5範疇』の相関性を中心に」『イスラーム世界研究』12、183頁。

13）近年、ハラームを意味する用語として、ノン・ハラール（non halal）などの言葉が用いられることもある。

14）Kamali, Mohammad Hashim. (2013). *The Parameters of Halal and Haram in Shariah and the Halal Industry*. Kuala Lumpur: International Institute of Advanced Islamic Studies and London: The International Institute of Islamic Thought, p. 14.

15）Armanios, Febe and Boğaç Ergene. (2018). *Halal Food: A History*. New York: Oxford

University Press, p. 31.

16）「ハラール」や「ハラーム」の発音は、アラビア語由来のものであり、「ハラル」や「ハラム」の発音は発音の際に長母音を重要視していないマレー圏に由来する場合が多い（小杉泰〈2019〉「ハラール食品とは何か──イスラーム法とグローバル化」井坂理穂・山根聡編『食から描くインド──近現代の社会変容とアイデンティティ』春風社、342頁）。本稿では、アラビア語の発音にのっとり、「ハラール／ハラーム」を用いる。

17）小杉泰（2016）『イスラームを読む──クルアーンと生きるムスリムたち』大修館書店。

18）クルアーン 食卓章3節参照。

19）植物や蛇、サソリ、有毒な魚なども含まれる。

20）ライオン、トラなどの猛獣や犬などがある。

21）タカ、ワシなどを含む。

22）マレーシアの場合は、シャーフィイー学派が主流である。シャーフィイー学派とは、「スンナ派四正統法学派の1つ」である（柳橋博之〈2002〉「シャーフィイー学派」大塚和夫・小杉泰・小松久男・東長靖・羽田正・山内昌之編『岩波イスラーム辞典』岩波書店、459頁）。

23）ディアスポラ（diaspora）という用語は、「ギリシャ語のディアスペイロ（dia-speir-o）という語を起源とし、異なる様々な方向に（dia）、種をまき散らす（speir-o）ということを意味している」用語である。（戴エイカ〈2014〉「越境をどうとらえるか──ディアスポラの視点」『Peace and Culture』6〈1〉、139頁）

24）例えば、佐藤麻理絵（2018）『現代中東の難民とその生存基盤──難民ホスト国ヨルダンの都市・イスラーム・NGO』ナカニシヤ出版、24-25頁。

25）ロジャーズ・ブルーベイカー（赤尾光春訳）（2009）「『ディアスポラ』のディアスポラ」赤尾光春・早尾貴紀編『ディアスポラから世界を読む──離散を架橋するために』明石書店、382-386頁。また、ロビン・コーエン（駒井洋訳）（2012）「ディアスポラ研究の四段階」『新版 グローバル・ディアスポラ』明石書店、23-58頁を参照。

26）前田耕作・山根聡（2002）『アフガニスタン史』河出書房新社、160頁。前田・山根［2002: 160］で示されたローマ・グループのほかに、アフガン人が形成する著名なグループとして、キプロス・グループ（イランの支援を受けた亡命グループ）が確認できる。ただし、ローマ・グループやキプロス・グループなどは、アフガニスタンの歴史において移民や離散グループとしての性質以上に、2001年に行われた「ボン合意」などを始めとしたアフガニスタンの政治に強く結びつき言及されている（e.g. Chandra, Vishal. (2006). "Warlords, Drugs and the 'War on Terror' in Afghanistan: The Paradoxes." Strategic Analysis 30(1), 64-92.）。

27）アフガニスタンにおける民族のなかでも、大多数の割合を占めている民族（遠藤義雄〈2002〉「パシュトゥーン」大塚和夫・小杉泰・小松久男・東長靖・羽田正・山内昌之編『岩波イスラーム辞典』岩波書店、757頁）。

28）「アフガニスタン中央部ハザラジャートと呼ばれる山岳地方に居住している民族」（遠藤義雄〈2002〉「ハザラ」大塚和夫・小杉泰・小松久男・東長靖・羽田正・山内昌之編『岩波イスラーム辞典』岩波書店、752頁）。

29）さらに、いずれの民族集団も数多く存在する国として、アメリカ、カナダやオースト
ラリアなども挙げられる。オーストラリアとアフガニスタンは歴史的に見てもつながり
が深く、かつてアフガニスタンからオーストラリアへ運搬用のラクダを大量に移入した
という経緯がある（State Library of Western Australia. (n.d.). "Afghan Cameleers." Retrieved
July 31, 2021, from https://slwa.wa.gov.au/exhibitions/s/migration/page/afghan）。その
ため、古くからアフガニスタンのコミュニティがオーストラリア、特にその南部に形成
されていた。これらは一例に過ぎないが、アフガン人の移動が民族レベルで行われてい
ると言える。とはいえ、宗教・宗派や教育レベルなどの様々な要因が重なりあっている
ため、単純に民族や部族、血統に重きを置いた移動として捉えられない（Monsutti
2008）。

30）Ministry of Trade Industry (Malaysia). (1975). "Trade Description (Use of Expression
Halal) Order 1975." Retrieved October 30, 2019, from https://www.wipo.int/edocs/
lexdocs/laws/en/my/my027en.pdf

31）P. U. (A). (1975). Trade Descriptions (Marking of Food) Order 1975. Retrieved Septem-
ber 3, 2019, from https://www.wipo.int/edocs/lexdocs/laws/en/my/my028en.pdf

32）Armanios, Febe and Boğaç Ergene. (2018). *Halal Food: A History*. New York: Oxford
University Press.

33）ブミプトラとは、「"土地の子"を意味するマレー語の民族概念」であり、現代のマレー
シアにおいて、マレー人およびマレーシア半島・サバ州・サラワク州の先住民族のこと
を指す（左右田直規〈2002〉「ブミプトラ」大塚和夫・小杉泰・小松久男・東長靖・羽田正・
山内昌之編『岩波イスラーム辞典』岩波書店、854頁）。また、「マレー人」とは、連邦憲
法において「マレー語を日常的に話し、イスラームを信仰し、マレーの慣習に従ってい
る者のうち、一定の居住条件を満たす者」（左右田直規〈2002〉「マレー人」大塚和夫・小
杉泰・小松久男・東長靖・羽田正・山内昌之編『岩波イスラーム辞典』岩波書店、938頁）
と定められている。

34）Department of Statistics Malaysia, Official Portal. (n.d.). Retrieved August 14, 2020,
from https://www.dosm.gov.my/v1/index.php?r=column/ctwoByCat&parent_
id=115&menu_id=L0pheU43NWJwRWVSZklWdzQ4TlhUUT09

35）Armanios, Febe and Boğaç Ergene. (2018). *Halal Food: A History*. New York: Oxford
University Press, p. 164.

36）イスラーム協力機構（Organization of Islamic Cooperation：OIC）イスラーム諸国によ
り構成される国際機構のこと。

37）Alqudsi, Syed Ghazaly. (2014). "Awareness and Demand for 100% Halal Supply Chain
Meat Products." *Procedia-Social and Behavioral Sciences* 130, 167-178.

38）Alqudsi, Syed Ghazaly. (2014). "Awareness and Demand for 100% Halal Supply Chain
Meat Products." *Procedia-Social and Behavioral Sciences* 130, 172.

39）泉正史（2006）「観光と空港輸送」『国際交通安全学会誌』31（3）、226-235。

40）筆者の聞き取り調査から確認。

【参考文献】

泉正史 (2006)「観光と空港輸送」『国際交通安全学会誌』31 (3)、226-235

遠藤義雄 (2002)「ハザラ」大塚和夫・小杉泰・小松久男・東長靖・羽田正・山内昌之編『岩波イスラーム辞典』岩波書店、752頁

──── (2002)「パシュトゥーン」大塚和夫・小杉泰・小松久男・東長靖・羽田正・山内昌之編『岩波イスラーム辞典』岩波書店、757頁

大塚和夫・小杉泰・小松久男・東長靖・羽田正・山内昌之編 (2002)『岩波イスラーム事典』、岩波書店 .

小杉泰 (1994)『現代中東とイスラーム政治』昭和堂

──── (2011)『イスラーム文明と国家の形成』京都大学学術出版会

──── (2016)『イスラームを読む──クルアーンと生きるムスリムたち』大修館書店

──── (2019)「イスラーム法における『ハラール』規定をめぐる考察──『ハラール／ハラーム』の2分法と法規定の『5範疇』の相関性を中心に」『イスラーム世界研究』12、170-188

──── (2019)「ハラール食品とは何か──イスラーム法とグローバル化」井堀理穂・山根聡編『食から描くインド──近現代の社会変容とアイデンティティ』春風社、341-371

佐藤麻理絵 (2018)『現代中東の難民とその生存基盤──難民ホスト国ヨルダンの都市・イスラーム・NGO』ナカニシヤ出版

杉原薫・脇村孝平・藤田幸一・田辺明生編 (2012)『歴史の中の熱帯生存圏──温帯パラダイムを超えて』京都大学学術出版会

左右田直規 (2002)「ブミプトラ」大塚和夫・小杉泰・小松久男・東長靖・羽田正・山内昌之編『岩波イスラーム辞典』岩波書店、854頁

──── (2002)「マレー人」大塚和夫・小杉泰・小松久男・東長靖・羽田正・山内昌之編『岩波イスラーム辞典』、岩波書店、938頁

戴エイカ (2014)「越境をどうとらえるか──ディアスポラの視点」『Peace and Culture』6 (1)、139-148

前田耕作・山根聡 (2002)『アフガニスタン史』河出書房新社

松井健 (2001)『遊牧という文化：移動の生活戦略』吉川弘文館

柳橋博之 (2002)「シャーフィイー学派」大塚和夫・小杉泰・小松久男・東長靖・羽田正・山内昌之編『岩波イスラーム辞典』岩波書店、459頁

ロジャーズ・ブルーベイカー (赤尾光春訳) (2009)「『ディアスポラ』のディアスポラ」赤尾光春・早尾貴紀編『ディアスポラから世界を読む──離散を架橋するために』明石書店、375-400

ロビン・コーエン (駒井洋訳) (2012)『新版 グローバル・ディアスポラ』明石書店

Armanios, Febe and Boğaç Ergene. (2018). *Halal Food: A History.* New York: Oxford University Press.

Alqudsi, Syed Ghazaly. (2014). "Awareness and Demand for 100% Halal Supply Chain Meat Products." *Procedia-Social and Behavioral Sciences* 130, 167-178.

Chandra, Vishal. (2006). "Warlords, Drugs and the 'War on Terror' in Afghanistan: The Paradoxes." Strategic Analysis 30(1), 64-92. Retrieved August 14, 2020, from https://www.idsa.in/system/files/strategicanalysis_vhandra_0306.pdf

Department of Statistics Malaysia, Official Portal. (n.d.). Retrieved August 14, 2020, from https://www.dosm.gov.my/v1/index.php?r=column/ctwoByCat&parent_id=115&menu_id=L0pheU43NWJwRWVSZklWdzQ4TlhUUT09

Dinar Standard. (2019). "State of the Global Islamic Economy Report 2019/2020." Retrieved July 19, 2020, from http://www.siicex.gob.pe/siicex/documentosportal/alertas/documento/doc/661967144radC8C6E.pdf

Dawlat Intiqālī Islāmī Afghānistān. (2004). *Da Afghanistan Asāsī Qānūn/Qānūn-i Asāsī-i Afghānistān.* Kabul: Dawlat Intiqālī Islāmī Afghānistān,（邦訳は、登利谷正人訳〈2005〉「アフガニスタン新憲法翻訳」鈴木均編『ハンドブック現代アフガニスタン』明石書店、224-270）

Kamali, Mohammad Hashim. (2013). *The Parameters of Halal and Haram in Shariah and the Halal Industry.* Kuala Lumpur: International Institute of Advanced Islamic Studies and London: The International Institute of Islamic Thought.

Ministry of Trade Industry (Malaysia). (1975). "Trade Description (Use of Expression Halal) Order 1975." Retrieved October 30, 2019, from https://www.wipo.int/edocs/lexdocs/laws/en/my/my027en.pdf

Monsutti, Alessandro. (2008). "Afghan Migratory Strategies and The Three Solutions to the Refugee Problem." Refugee Survey Quarterly 27(1), 58-73.

P. U. (A). (1975). Trade Descriptions (Marking of Food) Order 1975. Retrieved September 3, 2019, from https://www.wipo.int/edocs/lexdocs/laws/en/my/my028en.pdf

State Library of Western Australia. (n.d.). "Afghan Cameleers." Retrieved July 31, 2021, from https://slwa.wa.gov.au/exhibitions/s/migration/page/afghan

UNHCR. (2020). "Global Trends: Forced Displacement in 2019.", p. 3. Retrieved August 6, 2020, from https://www.unhcr.org/5ee200e37.pdf

交流を育むカフヴェとチャイ
―アメリカで受け継がれるトルコの飲物―

志賀 恭子

1　在米トルコ人のカフヴェとチャイ

　家族団欒（だんらん）や客人のもてなしの際、トルコ人は必ずカフヴェ (Kahve) というコーヒーかチャイ (Çay) という濃い紅茶、時には両方を食膳に出す。この習慣は、アメリカに移住したトルコ人やその家族、すなわち在米トルコ人にも受け継がれている。

　在米トルコ人の家庭や職場を訪問すると、まるでトルコにいるかの様に、カフヴェやチャイでもてなされることが頻繁にある。カフヴェやチャイで、在米トルコ人は喉の渇きを潤しながら、情報交換や噂話をする。そうしながら、彼らは同郷者や地域の人々とつながりを築き、絆を強め、ネットワークを広げる。それが文化交流になったり、はたまた商談に至ったりもする。カフヴェとチャイは会話を含めた一連の時間を指す習慣、と捉えたほうがいいかもしれない。初めてカフヴェとチャイを目にする人は、その見た目と香りで「おや？」と思って興味をそそられるかもしれない。

　本稿では、カフヴェとチャイを紹介しつつ、彼らによってそれらがどのように愛飲されているのかを述べたい。

2　魅惑のトルコの飲み物の作り方

　家庭や職場、および社交場でカフヴェやチャイを飲むことは、トルコ人の日常的な習慣である。まず、日本の市場で見かけないその飲み物について紹介したい。

　カフヴェは、カフヴェ・フンジャヌ (*Kahve Fıncanı*) と呼ばれるデミタスカップのような小さいカップ＆ソーサーで提供される **(写真1)**。一見、濃縮されたエスプレッソ・コーヒーのようだが、カップの底にカフヴェの粉が沈殿している。そのため、その粉が口の中に入らないように啜りながら、飲み手は上澄み液を少しずつ舌の上でゆっくりと味わい喉に滑らせる。そうすると、口には芳醇な香りと深みのある味わいが広がるが、砂を飲んでいるようなザラザラした舌触りが残る。この口当たりは、ジェブゼ (*Cevze*) という銅製の小さな鍋でサラサラに細かく挽いたカフヴェの粉と水を何度も煮立てて混ぜ合わせ、濾過せずにカップに注がれるためである **(写真2)**。底の広いジェブゼは、横からみると台形である。およそ45度の傾斜で約20cmの柄のついている形態は、まるで柄杓のようである。コンロの前に立ちながら調理者は、ジェブゼの取手をずっと持ったまま、それを火にあてては離し、離しては火に戻すことを繰り返す。柄杓型の構造のおかげで、カフヴェを作る人の手は火に当たらない。

　日本語でコーヒーを作ることは、「注ぐ」というニュアンスをもつ「淹れる」という動詞で表される。それに対し、トルコ語の場合は"カフヴェ　ヤプマック (*kahve yapmak* コーヒーを作る)"あるいは"カフヴェ　ピシルメック (*kahve*

写真1　カウヴェ・フンジャヌ（左手前）**とロクム**（右手前）

左手前のカフヴェ・フンジャヌは、客人用で、オスマン朝のデザインである。カフヴェは、バラ水やレモンで味と香り付けされたサイコロ状のロクム（右手前）と呼ばれる菓子と共に出されることが多い。

［出典］2016年2月13日、筆者撮影

写真2　カフヴェをつくる女性

この女性は、ジェブゼからカフヴェをスプーンで丁寧にすくいながら、カップにカフヴェを注いでいる。

［出典］2014年10月9日、筆者撮影

piṣirmek)"という。ピシルメックには、「料理を作る」や「調理する」という意味がある。ジェブゼを火にあてることを繰り返す作り手の姿を見ると、まさに「調理する」という言葉が当てはまる。作り手によって惜しみなく手間隙かけて用意されるカフヴェは、何杯もお替わりをする飲物ではない。長時間、飲み手は一杯のカフヴェで一口ずつ啜りながら喋り続けるのである。

　一方、トルコのチャイはミルクを入れないストレートティーだが、イングリッシュ・ティーよりも濃く、赤みがかっている。チャイは、私たちに馴染みのあるコップやイングリッシュ・ティーのカップ＆ソーサーに注がれることはない。決まってそれは、チャイバルダック (*Çay Bardak*) と呼ばれる耐熱ガラスコップに注がれる。しかも、その形態はトルコの国花であるチューリップの形に由来している (**写真3**)。透明のガラスコップに注がれた赤色のチャイは、光り輝く美しさを放つだけではなく、トルコ文化を色濃く感じさせる。

　真夏の暑い日でも真冬の寒いときでも、チャイは、チャイダンルック (*Çaydan-lık*) と呼ばれる二段式のやかんで作られ常に熱い状態で運ばれてくる (**写真4**)。上段のやかんは茶の濃縮液を作るためで、下段のやかんは水を沸騰させるためにある。チャイの作り方は、まず茶葉を上段のやかんに入れて、それを乗せたまま下段のやかんで水を沸騰させる。次に、下段のやかんの水が沸騰すると、上段の茶葉にその熱湯が注がれ、上下段のやかんを合わせて火がかけられる。そうすると、沸騰

写真3　チャイバルダックに注がれるチャイ
手づくりの軽食や菓子とともに。
［出典］2016年9月13日、筆者撮影

**写真4　二段式のやかん・チャイ
ダンルック**
これでチャイが作られる。
［出典］2021年8月1日、Zehra Nur
Karaoğlu 撮影

している下段のやかんの蒸気によって、上段で茶の濃縮液が作られる。飲む時には、飲み手の好みの濃度に合わせて、その濃縮液と熱湯がチャイバルダックに注がれる。

　チャイは朝食、休息や客人の訪問から夕食に至るまで、絶え間なく出される。チャイは1人につき何杯も飲まれるので、茶液が不足すれば下段の湯を、それもなくなれば水が継ぎ足され、チャイダンルックは弱火で長時間温め続けられている。家父長的な在米トルコ人宅では、女性がカフヴェやチャイの用意を担っていることが多い。そのため、カフヴェと違ってチャイダンルックの効率的な構造は、女性たちの手間をかけずに、常に熱いチャイを何杯でも給仕できるように作られている。チャイの飲み手は、火傷しそうなくらい熱いチャイを啜りながら喋り、一緒に飲む人たちと親交を温めるのである。

3　海を渡るカフヴェとチャイ

　在米トルコ人宅を訪問すると、台所のガス台にチャイダンルックが置かれたままの光景が目に入る。この様子は、トルコにおける台所の日常的な風景そのものである。チャイダンルックには嵩があるので、使用しない時でもガス台の上に置かれたままである。一方、小さいジェブゼは、使用しない時には戸棚などに片付けられている。1〜2年の短期滞在では、チャイダンルックやジェブゼは不要だと思うトルコ人もいるが、やはり必要だと思うようになり入手する人も多い。

　在米トルコ人にとって必需品のそれらは、どこで入手されるのであろうか。アメリカ各地にあるトルコの輸入食料品店でカフヴェの粉やチャイの葉だけではなく、チャイダンルック、ジェブゼ、カフヴェ・フンジャヌやチャイバルダックなどが揃う。最近では、インターネットでトルコの食品や物品を容易に早く購入することもできる。

　しかし、初めてアメリカに住むトルコ人や、トルコへ帰郷してアメリカに戻ってきた彼らのスーツケースの中から、衣服の隙間にカフヴェの粉やチャイの茶葉、カフヴェとチャイの一式が敷き詰められていることが多い。それらが直接トルコから持ち込まれる理由は、トルコでは品揃えが豊富であり、その価格も安いからである。

4　心をつなぐ飲み物

　カフヴェとチャイは、コミュニケーションを活性させるのに役立つ。その役割は、一般的なコーヒー、紅茶や日本茶では代用できない。カフヴェやチャイには決まった作法がないため、気軽に飲むことができる。コーヒーなのにザラザラしたカフヴェの不思議な口当たりや、チューリップ型のチャイバルダックに注がれたチャイは、一口啜るだけで飲み手をトルコ文化に誘う。茶道のように静かに飲むのではなく、会話をするためにカフヴェとチャイがある。両方とも啜りながら飲むものなので、次の一口まで時間がかかり、その間に自然と会話が弾むようになっている。さらに、それらは酒ではないので、敬虔にイスラームを実践しているムスリムと、イスラームの決まりごとに縛られていないムスリムとの境界線を取り払って一緒に飲むことができる。同じ家族内でイスラームの実践度が異なる人たちがいても、時間をかけて飲むカフヴェとチャイは、彼らが団欒する時に最適である。

　トルコにルーツを持たない客人にとっては、カフヴェやチャイを作る過程を見たり、飲んだりすることが異文化体験になる。実際、各地の在米トルコ人たちが結成している様々な組織で、"Turkish Coffee Night" というカフヴェを体験する行事が開催されている。それは、カフヴェを一緒に作って飲む機会を通して、在米トル

写真5　テーブルに並べられた持ち寄りの軽食とチャイ

［出典］2016 年 3 月 24 日、筆者撮影

コ人と地域の人々との交流を深めることが狙いである。

　在米トルコ人のなかには、頻繁に同郷者と会って母国の言葉で話し、その生活文化を続けている人がいる。たとえば、そのような主婦たちは、昼間に集まって現地のトルコ文化の行事に参加し、家族のためにトルコ料理や菓子を作る。以下は、トルコ文化を地域の人たちに伝える行事があった前日のことである。その行事で提供する料理を作り終えるやいなや、彼女たちはすぐさま調理道具を片付けて、チャイダンルックでチャイを作り、持ち寄りの菓子を広げて話を始めた **(写真5)**。その場での話題は、現地校での子どもの教育から噂話などに至るまで幅が広い。

　一方、男性も、カフヴェやチャイが用意されると長時間話し込む。それらを一緒に飲みながら、若者は年上の男性に向かって「アーベイ (ağbey)！」と呼んでいるのが聞こえる。親しみを込めた「お兄さん」という意味の「アーベイ」と呼べば呼ぶほど、彼らの絆は深まっていく。そうすると、カフヴェやチャイを飲んでいる最中に、共同経営の話が持ち上がる場合もある。または、それらを飲みながらイスラームに覚醒していく人もいる。一杯のカフヴェやチャイから、新たな人生が始まる場面もあるのだ。

　他にも、カフヴェとチャイは現地にいても母国の家にいるようなくつろぎを与えてくれる。トルコから渡米訪問している客人がいれば、その飲物が必ず出される。若者たちであれば、カフヴェを飲んだ後にカップをひっくり返して、底に沈んだ粉の形によって占いをすることもある。こうして、伝統的な飲物を楽しみながら過ごす時間は長時間におよび、様々な様子を呈する。

　在米トルコ人がカフヴェやチャイを誰かと飲むことは、相手が同郷者、地域の人やアメリカを訪れている母国の人などいかなる人であっても、その人との関係を深め、ネットワークを広げる行為である。いずれにしても、一口と一口の間に長い時間が流れ、自然と会話も続く。トルコでは "Gönül dost ister, kahve bahane (友ギョニュル ドスト イステル カフヴェ バ ハ ネ 人がほしければ、トルコ・コーヒーはそのきっかけになる)" という表現がある。この言葉が示しているように、カフヴェとチャイは、在米トルコ人にとって人間関係を築く媒介役であり、コミュニケーションの活性剤なのである。

【参考文献】
小澤卓也 (2012)『コーヒーのグローバル・ヒストリー—赤いダイヤか、黒い悪魔か—』ミネルヴァ書房
鈴木董 (2003)『世界の食文化—⑨ トルコ—』農山漁村文化協会、264-280
マーク・ペンダーグラスト (樋口幸子訳) (2002)『コーヒーの歴史』河出書房新社

敵国人に何を食べさせるのか？

―日本占領下フィリピンにおける連合国人抑留―

木　下　　昭

1　はじめに

　1941年の日本軍による真珠湾攻撃は、アメリカ統治下にあったフィリピンに移住していた日本人たちをアメリカ本土の日本人たちと類似した運命に導いた。「敵国人」となった彼らはトラックに詰め込まれて運ばれ、学校や病院、監獄などに強制的に集団収容された。例えば、東南アジア最大規模の約1.8万人の日本人社会が存在したダバオでは、1つの教室に80名を越える人々が押し込められたり、運動場に仮設されたベニヤ板の小屋に寝泊まりすることが強いられたりした。食事は1日に2食で、豆と米を混ぜたものが配給され、腹もちはよくなかったようだ。またフィリピン人の監視員が、校舎の裏で日本人にパンを売ることもあった。一方、首都マニラの収容所の食事は場所によって異なっていたようで、1日2食の「握り飯とカン詰め、湯茶の配給」であったと述べた収容者もいれば、「朝食には、薄い砂糖水にも等しいものだったが、コーヒーにパン二片、夜昼（夜食）はフィリピン米に魚かコンビーフの缶詰を汁にといたもの、それにクズ湯に乾ブドウを入れたデザートといった献立」と記したものもいた。後者の場合、クリスマス前日にはリンゴ一個を添えたちょっとした肉の「ご馳走」も出されたという。

　このような生活が10日間ほど続いたが、まもなく日本軍がフィリピンからアメリカ軍を駆逐して日本人を解放すると、今度は当地にいたアメリカ人を中心とする連合国市民が収容所に送られて「抑留者」となった。彼らの扱いは、一般に知られている連合軍捕虜への非人道的な処遇とは異なっていた。抑留者の状況を象徴する

のが、彼らの食料事情である。フィリピンの経済状況と戦局が変転するなかで、収容所の内情はめまぐるしく変化している。

2　太平洋戦争開戦前のフィリピン情勢

現在の「フィリピン」という枠組みが設定されたのは、16世紀半ばにスペインの統治下に置かれてからである。その支配は約300年続いたが、1896年におけるフィリピン革命の勃発、1898年から始まったアメリカ＝スペイン戦争を経て、同年末にアメリカへ領有権が委譲された。

独立を宣言した革命政府を崩壊させたアメリカは、フィリピン支配の名目である「恩恵的同化」を掲げて教員や官僚を赴任させ、文明化という名のアメリカ化を推進した。そして、紆余曲折はあったが1934年には来たる1946年の独立付与が決定された。以後、権限のフィリピン側への委譲が進み、これにともないフィリピン在住のアメリカ人には、帰国するものもいれば、フィリピンでの定住を選ぶものもいた。

3　敵国民間人の抑留と処遇方針

日米開戦とともにフィリピンにも日本軍が侵攻し、1942年1月2日の首都マニラ無血占領に代表されるように、日本軍は各地を支配下においた。抑留業務はその直後から始まり、マニラでは公館員や聖職者など一部の例外を除く連合国出身者たちは、中心部にあったサント・トマス大学に集められ、多くはアメリカ軍によるマニラ解放まで拘留された。組織の統廃合や日本側との抑留者交換などによって、収容人数は適宜変化したが、約3,000人から4,500人が居住していた。1942年5月5日付けの俘虜情報局『俘虜月報』第3号によると、アメリカ人2,272人、イギリス人917人、オランダ人28人などが収容されていたことがわかる。抑留者の職業は多様で、事業経営者や農場主、技術者や船員、職人、ウエイター、主婦、売春婦などがいた。サント・トマス大学はアジア最古のカトリック系大学だが、子どもを含む抑留者はその校舎や体育館、そして急ごしらえの小屋で生活した。

この敵国出身の民間人への処遇について、日本軍の実務的指針としては、1942年7月6日に陸軍省俘虜管理部長から占領各地の参謀長宛に出された通達「占領地二於ケル抑留者ノ取扱二関スル参考」から、その中核がみいだせる。そこでは、「敵国人抑留者ヲ強制労役二服セシムルコトハ我海外同胞モ亦相互的二強制労役二

服セシメラレ」という言葉にあるように、連合国人への処遇が海外の日本人たちの扱いに反映されることが意識されていた。

4　サント・トマス大学での食事

　サント・トマス大学における日本側の抑留は、①マニラ陥落後の憲兵隊管理期、② 1942 年 2 月 26 日以降の文民所長期、③ 1944 年 1 月 6 日以降の軍直轄期、以上の三期に分類することができる。

　民間人を収容する事前の準備がなく、また負担を避けたかった日本側の彼らに対する管理の方針は、監視下に置きつつも基本的に収容者の自治に委ねるというものであった。したがって、当初は憲兵隊からの求めに応じる形で、抑留者自身で指導的役割を担う中央（あるいは執行）委員会が設立された。この下に健康衛生や食料、教育などの担当分野別の委員会が置かれ、実務を担った。

　こうした収容所の管理制度のもとで、日本側が米や野菜といった主要な食材の提供は行うことはあったが、食事の準備は基本的に抑留者の自己責任に委ねられた。この場合、彼らが頼ったのは、自らの資産ないし外部からの支援であった。上記の指導部は手元の財産、あるいは外部から送られてきた資金を集め、担当の委員会が肉や果物などを購入し、手持ちのない抑留者にも提供する食事を 4 か所で準備した。外部からの支援で重要であったのは、これらの食堂を支えたアメリカ赤十字に加えて、友人や知人たちであった。抑留当初から多くのフィリピン人、ないし中立国出身の家族や同僚、使用人たちが差し入れを持ってサント・トマス大学に押し寄せ、日本側もこれを黙認した。これによって、肉類や野菜・果物、あるいはケーキやパイなどの菓子類を得ることができた。加えて、構内には日本人やフィリピン人の商人が出入りする売店があり、金銭的に余裕のあるものは、個人的な使用目的でコーヒーやバター、マーガリン、卵や肉類などを手に入れた。このように、自分の食事を個別に用意できる人もいたのである。

　こうして始まった抑留生活は、1942 年 2 月に収容所の管轄が憲兵隊から軍政部総務部渉外課に移り、約 2 年間の文民所長期に入る。渉外課では所長の鶴見良三や課長の小滝彬をはじめ、外務省出身者が中核となっていた。この制度の変更後まもなく、これまで食料支援してきたアメリカ赤十字フィリピン支部の消滅を受けて、日本当局から生活費が支給されるようになった。このことでもわかるように、次第に抑留者自身による食料調達が困難になるにつれ、日本側が手をさしのべざるを得ない局面が増えていった。

　この時期に民間の日本人として、現場を見たのが作家の吉川英治である。1942年8月、吉川は海軍軍令部の嘱託として南洋各地を周遊する過程で、サント・トマス大学を訪れた時、夕食の配給に出くわした。この頃には、上記の4か所の食堂に並ぶ収容者の数は全体の3分の2に膨らんでいた。吉川は食事の中身について、「子鶏の丸揚が乗つてゐる。野菜と何かのマカロニが添へてある。ポテト、カレー、飯、それとスープである。例外なくどれにも同じ物が乗つてゐる……毎夕この程度の食事は公平に全敵国人に与へられてゐると見てまちがひあるまい」と述べている。吉川が見たのは、おそらく主に日曜日などに出されていた特別な夕食だったと思われる。通常の夕食は肉と野菜のシチューと果物といった、より質素な献立であった。しかし、目の前で抑留者の食事を見た吉川は、「わたくしは内地の同胞が現下の困苦と粗食に克己してゐるすがたを思ひうかべながら、一応は、余りに彼等へたいして過ぎたる恩恵ではなからうかなどと考へた。今日、米国や濠州に抑留されてゐるわが同胞に彼等がどんな無情な仕打をしてゐるかを思ひあはせると、すこし腹が立つのである」と記している。彼のなかには、「贅沢は敵だ」という言葉が響く日本の状況に加えて、「米、英、濠などの敵国が、抑留日本人にたいしての扱ひは実に苛烈」という思いがあったからである。

写真1　『写真週報』1942年230号（一部）
子どもに食事を与える父親や食堂前に並ぶ人々が取り上げられている。

　こうした見解は、当時日本でメディアによって広められていた。例えば、この収容所を取り上げた『同盟グラフ』や『写真週報』といったプロパガンダ写真誌は、「バラックに収容されて」「言ふに絶へざる非道の待遇」を受けている日本人の状況を念頭に、「美しい大学に収容されて」「生活を楽しむ笑顔」の連合国人たちを視覚化している(**写真1**)。このような情報の影響を、吉川のような人達も受けていたのだろう。

　フィリピンの敵国人抑留者と海外で強制収容された日本人とを結びつけるのは、外交交渉でも同様である。この地での自国民に対する日本の非人道的行為へのアメリカからの抗議に対して、日本政府はアメリカ本土の日本人の状況を取り上げ、逆抗議を展開している。

　1943年の後半になると、フィリピン国内の物価が上昇し、一般市民の食料不足が顕在化するようになり、必需品を手に入れることが困難になってゆく。例えば、軍部・軍属でも牛肉の入手が困難になったため、抑留者への手配は中止になった。ところが、この結果として半月もたたないうちに、肉類の欠乏が原因と思われる病人が続出し、肉類提供の要望が出た。これを受けて、渉外課課長の小滝が日本軍参謀部と交渉し、代用品として水牛の肉を確保したことが当時の部下の回顧録で述べられている。そのときの逸話として小滝は、「やっとこれで国際的に日本国の名誉も保てるはずである」と述べたという。ここには、国際的な視線を意識する外交官としての発想がみられ、当然ながら収容された日本人の存在も念頭にあったのだろう。

　時の経過とともに、フィリピン全土での食料事情は厳しさを増した。肉類はもちろん牛乳や卵、トマトやタマネギなどの野菜も入手困難になり、収容者たちは大学の敷地で食料となる植物の栽培に精を出さざるを得なくなった。

5　おわりに

　1944年1月、戦局が悪化するなかで収容所は軍の直轄下におかれ、防諜政策が厳しくなった。この結果、日本軍は収容者と外界との接点を絶ち、差し入れや売店での販売など外部からの食料補給に代えて、自ら食料配給を始めた。同年9月のアメリカ軍によるマニラ空襲を経て戦局がさらに切迫すると、日本側による配給は減り、収容者が保持してきた備蓄も尽きてゆく。1945年1月半ばのメニューは、朝には白湯と杓子一杯の水っぽいマッシュ(トウモロコシ粉を水または牛乳で煮た粥)、昼には大豆のスープ一杯、夜にはカモテ(サツマイモ)と豆と米のシチューだっ

た。そして、さらに状況は深刻化し、多くの抑留者が栄養失調に陥り、最後には餓死者も出るに至った。日本軍が撤退し、アメリカ軍によって大学が解放されたのは、1945年2月5日であった。

　フィリピンにおける連合国民間人の抑留には、宗主国アメリカの影響力の排除を含めた軍事的必要性があった。しかし、そのうえで日本軍の彼らへの対応には保護的側面があり、その生活状況への一定の配慮があった。そこには、アメリカをはじめとする敵国で強制収容されていた在外同胞の存在がある。すなわち、日本の意図として自国民に対する報復を防止し、そして連合国側の「敵国人」の処遇との対比で、日本の対応の優越性を宣伝する目的があった。最後には破綻するとはいえ、海外の日本人の存在が、占領地における現場の政策に影響を一定程度与えていたのである。

【参考文献】

青木繁 (1954)「開戦前夜」、田村吉雄編『秘録大東亜戦史　5 比島・蘭印篇』富士書苑、31-46

岡崎熊雄 (1960)「フィリピン時代」小滝彬伝記刊行会編『小滝彬伝』124-126

吉川英治 (1943)『南方紀行』全国書房

内海愛子編 (1989)『俘虜取扱に関する諸外国からの抗議集』不二出版

内海愛子・永井均編 (1999)『東京裁判資料・俘虜情報局関係文書』現代史料出版

牧内正男 (1954)「マニラさまざま」、田村吉雄編『秘録大東亜戦史　5 比島・蘭印篇』富士書苑、24-30

永井均 (2006)「連合国民間人抑留者の戦争―日本占領下フィリピンの事例を中心に―」倉沢愛子他編『アジア・太平洋戦争 4 帝国の戦争経験』岩波書店、145-176

読谷村史編集委員会編 (2002)「二度の戦争に巻き込まれて」『読谷村史：第五巻資料編 4「戦時記録」上巻』インターネット版：読谷村役場 (https://www.yomitan.jp/sonsi/vol05a/chap02/sec05/cont00/docu165.htm、2020年12月12日閲覧)

内閣情報部 (1942)「マニラの敵国人収容所」『写真週報』230、8-9

同盟通信社 (1942)「比島敵国人の生活」『同盟グラフ』284、34-35

Frederic H. Stevens. *Santo Tomas Internment Camp, 1942-1945*. Stratford House. 1946.

家庭の味としてのフィリピン料理

永田貴聖

1　多様な文化と歴史が混在するフィリピン料理

　西洋中心主義的な視点からみると、「フィリピン」の歴史は 16 世紀前半にマゼラン (本名はポルトガル語で、フェルナン・デ・マガリャンイス、Fernão de Magalhães) 一行の率いるスペイン艦隊がセブ島南東部にあるマクタン島への到着にはじまると考えられている。後に、当時のスペイン皇太子・フェリペ二世 (Felipe II) にちなんで、この周辺の島嶼地域は「フィリピン諸島」と名づけられた。それまで多くの統治集団群と、南部にはいくつかのムスリム王国があったものの、統一国家や王朝は存在しなかった。スペインによる植民地支配のもと、現在の首都マニラは、同じスペイン領内にあったメキシコのアカプルコと結ぶガレオン貿易の拠点になった。そのため、フィリピンには多くのスペインやメキシコの文化が入り込んできた。スペイン、そして 19 世紀後半からはアメリカ合衆国による植民地支配が行われ、太平洋戦争中には日本がフィリピンを占領していた。また、スペイン到着以前から中国の沿岸地域と交易があったので、現在でも多くの中国からの影響がある。約 400 年にもおよぶ海外からの支配は、フィリピンの人びとの生活に多くの外来文化をもたらした。食材や料理のなかにも、外部から伝わったものが少なくない。

　現在のフィリピンの代表的な料理であり、日本の外国料理についての書籍や、最

近では WEB サイトのレシピでも紹介されているアドボ (adobo) は豚肉か鶏肉もしくは両方を合わせ、しょう油とココナッツ酢で煮込んだ料理である。肉を酢で漬け焼きしたスペイン料理のアドバード (adobado) を起源とするこの料理は、メキシコを経由してフィリピンに伝わったという。スペイン語で、「アドバル (adobar)」には「酢で漬けこむ」という意味がある。魚介類が豊富な地域では、豚や鶏ではなく、アドボにはイカなど魚介類が使われることもある。スペインからやってきたアドボは、フィリピン流に変化したのである。

　アドボ以外にも、多くのフィリピン料理が外来のものと考えられている。スペインを起源とする牛肉の煮込み料理であるカルデレータ (Kaldereta) や、中国からやってきたといわれている揚げ春巻きのルンピア・シャンハイ (Lumpia Shanghai)、麺かビーフンを使ったパンシット (Pancit) などがある。また、フィリピンには東南アジア地域全体に広がっている食材や調味料もある。魚醤はその一つであり、フィリピンではパティス (Patis) と呼ばれている。また、アミの塩辛であるバゴオン (Bagoong) は味噌のように調味料として、さらにサラダの味付けにも活用される。まだ熟していないグリーンマンゴーにつけ、ソースのように食べる場合もある。

　フィリピノ語で「混ぜこぜにする」という意味のデザートであるハロハロ (Halo-halo) は、かき氷にタピオカ、甘い煮豆やトウモロコシなどをトッピングしたデザートである。これは、1910 年代ごろにフィリピン北部に移住した日本人が営む甘味商店で提供されはじめたという。つまり、「フィリピン料理」そのものが外部から伝来したさまざまな要素を混ぜ合わせて創出されたものであり、今後も変化していくかもしれないのである。

2　海外への移民・出稼ぎ送り出しとフィリピン料理

　香港には、多くのフィリピン人女性が家事労働者として移住している。1980 年代以降、週末になると香港島のセントラル・パークにフィリピン人が集まり、持参したフィリピン料理を広げて、同胞たちと談笑しながら休日を過ごす光景がみられる。フィリピン人同士で故郷の料理を囲んで共有する時間と空間は、擬似的に故郷にいるかのような感覚になる。

　フィリピン政府機関である海外フィリピン人委員会 (Commission on Filipino Overseas) によると、1981 年から 2019 年においてフィリピンから移住や定住のため海外に渡航した人びとは約 250 万、渡航先の国・地域は 143 になる。フィリ

ピン人は多くの移住先において、フィリピン料理を食べることにより、疑似的な故郷を形成しているのだろう。また、移住過程において、無自覚に味覚が変化しているとすると、故郷の料理だと考えて食べているものの、それらの中身は必ずしも故郷のものではなく、現地で考えられた「フィリピンの味」なのかもしれない。

3　日本人とフィリピン人の国際結婚の増加と二世の誕生

　1980年代以降、多くのフィリピン人女性が芸能活動や、それに付随する接客業に従事するために来日した。彼女たちの一部は就労中に出会った日本人男性と結婚し、日本に定住するようになった。2021年12月現在、約28万人のフィリピン人が日本に在住し、そのうち約70％の19.6万人が女性である。現在、日本において日本人とフィリピン人とのカップルの間に生まれた二世たちは、10万人を超えているだろう。そして、このような二世たちの一部は、スポーツや芸能、学術、教育などの世界で活躍している。そして、これら人びとの多くは、母親の作る「フィリピン料理」や、フィリピンの影響を受けた料理を「家庭の味」と考える。

　二世には、父親が日本人・母親がフィリピン人のケースが圧倒的に多い。そして、その多くは日本生まれ・日本育ちである。ほとんどの家庭では、母親が日常の食事を準備している。そして、日本人の父親の嗜好が料理の味を左右する。フィリピン人の母親たちは日本人の父親が好む、もしくは食べることのできる「フィリピン的な料理」を準備する。二世にとって、これがおもな「フィリピン料理」なのである。また、父親が不在の時や母子家庭の食事では、母親の嗜好が反映される料理が食卓に並ぶ。このような状況での料理も、やはり二世にとっての「フィリピン料理」になる。

　「フィリピン料理」は、日本に移住したフィリピン人の母親から日本で生まれ育った次世代に引き継がれ、次世代の人びと自身が「フィリピン」ルーツであることを意識させるものである。

4　二世が語る家庭の味としての「フィリピン料理」

　日比二世が「フィリピン料理」をどのように記憶し、それらが記憶のなかでどのように意味づけされているのか、個人の経験と語りに注目する。そこで、母子家庭で育った20代男性・Oの経験を紹介する。彼の母親は、マニラ旧市街地付近のトンド出身である。几帳面な彼女は、料理が得意であった。2017年のインタビュー

当時、昼食の弁当や夕食を必ず自分で作るなど、Ｏも料理へのこだわりは強い。以下、Ｏの語りを記してみよう。

　　　母は日本的なものも作ります。あとはシニガン (Sinigang：木の実タマリンドンの酸味を使って、魚、エビなどの魚介類、もしくは肉類と野菜などを入れたフィリピンの代表的なスープ) や、カルデレータ (Kaldereta：レバーなどをベースとして、牛肉のブロックや鶏肉などを使った煮込み料理) なども作ります。ただし、うちは牛肉を使います。母は料理好きで、実際に技術もあると思います。母はマニラのトンド、祖母はマニラ北方のパンパンガ州出身です。パンパンガの人は料理がうまいと、フィリピンではよく言うらしいです。ただ、豚料理が多いようです。

　　　うちはカトリックからプロテスタントに改宗して、教会では豚肉を食べないので、豚は使わないですね。そこは、またちょっと他と違うかな。私が子どものころは、まだカトリックで、その時はわが家でも豚を食べていたので、私は食べます。母親はよい顔しないですが。ただ、改宗する前も母はあまり豚肉好きじゃなかったので、食卓に並ぶことはあまりなかったです。だから、アドボも基本は鶏肉でした。シニガンも牛肉でした。

　　　あと、母親は肉より魚と野菜が好きで、パクシウ (Paksiw、キスやサバ、または白身の魚にナス、ゴーヤ、青唐辛子、酢、などを入れて煮る料理) を作ります。母はよく作るのですが、僕はあんまり食べないです。

若いころのＯの食生活については、次のように語られた。

　　　高校生の時ぐらいまでは、私はスーパーで売っている味付け焼肉を、母親は魚系のものを食べていた感じです。言わば、食の２重生活ですかね (笑)。あと、給食がおいしい地域だったので、日本の味というのはその印象が強いですね。

Ｏは「フィリピンのもの」と「日本のもの」という食事の違いを理解していたのだろうか。

　　　物心ついた４～５歳から、フィリピン料理という認識はあったような気がします。母が他人に私の話をするとき、昔はフィリピン料理を食べなかった、特にバゴオンを嫌がった、という語りをよくします。実際にそうでしたね。ア

ドボやニラガ (Nilaga：豚肉か牛肉のブロックを使ったフィリピンの家庭でよく作
られる酸味がないスープ) などは口に合ったので、抵抗なく食べていました。し
かし、シニガンとか酸っぱい系はだめで、バゴオンとか生臭いようなものは小
さいときには苦手だったような。パティスもだめでしたね。酸っぱいもの、に
おいがきついもの、味がしょっぱいものはだめだったようです。

　一方、母親の作るフィリピン料理で好きだったものを尋ねると、次の回答が返っ
てきた。

　　やはりアドボですね。他の人が作ったアドボを食べると違和感があります
　ね。自分で作ろうと思っても、その味が出せないですね。母のものは汁が少な
　めで、使う部位はもも肉ではなくて、手羽元を使います。それは、まあ安いか
　らなんですけど。そして、玉ねぎとローリエを入れます (**写真1**)。ローリエが
　効いて、身が柔らかく、手羽元の軟骨の部分も食べられます。シニガンやニラ
　ガでも、母親は牛すじを使います。それをよく煮込んで、食べていました。普
　通は牛のブロックなのですが、やはり安いのでスジで作っていました。

　子どものころから母親のフィリピン料理を食べてきた O は、今では時々それを
作っている。日比二世にとって、フィリピン料理はすでに家庭の味になっているの

写真1　ローリエを入れたチキン・アドボ
[出典] 2015 年 4 月、O 撮影

である。

【参考文献】

原田瑠美（1994）『フィリピン家庭料理入門』農山漁村文化協会

Lisa Law. *Home cooking: Filipino women and geographies of the senses in Hong Kong.* Ecumene, 8(3), 264-282. 2001

永田貴聖（2015）「味の根っこ アドボ〜フィリピンの歴史がつまった料理」『月刊みんぱく』39-10、14-15

永田貴聖（2016）「日比二世10万人時代─二つのルーツを活かす」大野拓司・鈴木伸隆・日下渉編『フィリピンを知るための64章』明石書店、370-374

Nicole Constable. *Maid to Order in Hong Kong: An Ethnography of Filipina Workers*, Cornell University Press. 1997

李　　裕淑

コラム

在日コリアンにみる
チェサ（祭祀）とチェス（祭需）

1　在日コリアンとチェサ

　第二次世界大戦が終結した1945年、日本には約250万人のコリアンがいた。日本による植民地統治の終了によって、在日コリアンの多くは祖国への帰国を望んだ。しかし、その後の朝鮮半島の分断や朝鮮戦争の勃発による国土の荒廃、それにともなう社会の不安定化などもあり、すでに日本国内で生活基盤を築いてきた彼らの多くは帰国を断念した。その結果、約70万人がそのまま日本に留まった。植民地期に偏見と民族差別によって、住居、職業や教育など極めて不利な立場に追いやられた彼らは、生き延びるために集住し、相互扶助の関係を維持してきた。その際、強力な凝集力を発揮したのが亡国の悲哀の記憶や愛郷心、そして朝鮮半島の伝統的な習俗、とりわけ儒教祭祀の継続であった。

　特に在日一世は、自らが生まれ育った文化や慣習、そして祖国への帰属意識が強く、チェサ（祭祀）を大切にした。自らの出自とアイデンティティを再確認できるこの祭祀は、民族文化や伝統の確認と伝承、さらには相互扶助の基盤となるものであった。それゆえに、彼らはチェサの供物であるチェス（祭需：祭祀のときに供える食べ物や飲み物）を入念に準備し、子孫が一堂に会して祖先を祀る儀礼を厳粛に執り行った。

　しかし、日本での居住が長びくにつれて世代交代も進んだ。日本生まれの後続世代は、祖国での居住経験もなく民族文化や伝統の素養も乏しいこともあって、チェサを行わない家庭も増えてきた。しかし、そのような一般的な趨勢にも関わらず、

チェサを多様な形態で維持している人々がいる。

　チェサにあたっては、儀礼様式やその順序も大切だが、それ以上に祭壇のチェス
が重要である。チェスによって、民族の伝統的な料理が在日コリアンの家庭で継承
されてきたという側面すらある。家庭によって多少の違いはあっても、朝鮮半島の
伝統的なチェスが供えられ、チェササン（祭祀床：祭祀を行うために飲食物を並べた
膳）が調えられてきた。在日コリアンは、チェサを日本語で法事と呼ぶことが多い。
日本の法事と同じように祖霊を祀る儀式ではあるが、チェサは儒教に基づく祭祀で
あり、仏教的な法事とは世界観も儀礼方式も異なる。

　儒教では、人間は精神（魂）と肉体（魄）から成りたっていると考える。儒教の死生
観では、生きている間は魂と魄が共存し、死ぬと両者は分裂する。ただし、子孫（男
系血族）が祭祀をすることによって、死者の魂と魄は現世に戻り再生できるという。

2　チェサの意義

　チェサには、亡くなった人が「祖先」の地位を獲得する通過儀礼という意味もあ
る。また、子孫たちが定期的に祖先の魂魄を再生して、祖霊が生きていた時と同じ
ように飲食で接待して見送ることで、祖先と子孫との相互疎通が図られる。祖先に
孝を尽くす在日コリアンは、いずれ自らが祖霊となって祀られることを期待する。
つまり、チェサは血族の永続的な繁栄という願望の所産でもある。朝鮮半島では、
祖先の供養を行えば、その霊が子孫を守護してくれると信じられてきた。とりわけ、
異郷での不安定な生活を強いられがちな在日コリアンにとって、チェサは心の支え
となっていた。チェサの準備全般について担当を余儀なくされた女性にとって、
チェスの出来栄えが「嫁」としての評価に直結するという事情もあった。それと同
時に、家族の安寧を願った彼女たちは、素材に気を配り、調理にも心を込めて供物
を準備してきた。

　このように、チェサは亡くなった祖先を敬う孝の体現であり、在日一・二世たち
は、祖先だけでなく自分自身や子孫のためにもチェサを行うという認識を持ってい
た。また、チェサは情報交換の場であり、ネットワークの維持・拡大の機能も果た
していた。したがって、職や住居などの斡旋なども含む在日コリアン社会の経済や
社会活動の円滑油としても、チェサは不可欠なものであった。

3　チェスの変容

　チェサを行うには、祖霊に供える料理が不可欠である。それらは格式に則り、誠意を込めて準備される。おもな供物として、酒、棗（なつめ）、栗、干し柿、梨、リンゴ、クルミ、油菓、茶食（落雁）、強精（おこし）、干し魚、メンタイ、鱈やスルメがある。さらに、ナムル（和え物）にした蕨（わらび）、トラジ（桔梗の根）やホウレンソウなども供えられ、甘酒、肉や魚のスープ、肉の串焼き、魚と肉と野菜のチョン（煎：材料を薄く切って小麦粉と鶏卵を付けて油で焼いたもの）、豆腐の焼き物、焼き魚、麺、米飯、汁、米粉やもち米で作った餅なども供えられる。そしてそれぞれには、願望が託されている。例えば、たわわに実る棗には大きな種子があるので子孫繁栄、さらに5〜7月の開花後、8月〜10月には早くも結実するので、婚期が遅れても早くに子どもが授かるといった願いが込められている。また、栗は大きく育っても根には植えたときの鬼皮が付いているので、祖先を忘れないという意味で供えられる。

　一方、鬼神（死者の霊）を追い払う力があるとされる桃は供えられない。他に、鰻のように鱗のない魚は、他の魚より生臭いので供えない。そして、韓国料理に欠かせないニンニク、胡椒、唐辛子や葱などの香辛料も、香りが強くて鬼神が嫌がるという理由で使われない。料理は淡泊が理想とされているが、実際にはナムルやチョンなどの調理には、胡麻油が大量に使われるので、慣れない人にはそれらの香りが強く感じられるだろう。

　チェスのチンソル（陳設：チェスを格式に従って並べること）には、朱子家礼に則った規則がある。チェササンの後ろに立てられた屏風を基準にして、屏風側を北、手前を南とする。そして、「紅東白西」となるように、リンゴなど赤色のものは東側、色の薄いものほど西側に供えられる。また、「家東山西」となるように、家で採れた野菜は東側・山で採れた山菜は西側、「魚東肉西」となるように、魚は東側・肉は西側に供えられる決まりがある。しかしながら、「チェサは家家礼（カガレ）」とも言われるように、家々で引き継がれてきた伝統があり、それに即して実施されている。在日コリアンも、日本という異国の環境に合わせて家庭ごとに様々な変容を遂げてきたのである。

4　チェササンの実例

　チェサには忌祭、節忌（茶礼）や墓祭（時祭）などがある。現在では忌祭（故人の亡

写真1　節祀のチェササン

祭主は慶尚北道出身の在日コリアン一世。
［出典］2013年9月21日、奈良県北葛城郡にて筆者撮影

くなった前日の零時を過ぎて行うチェサ）、年始祭（旧正月の朝に行うチェサ）と節祀の秋夕（チュソク）（旧暦の8月15日の朝に行うチェサ）だけを行う家が多くなっている。

写真1は、伝統的なチェサの様式に則ったチェササンである。手前一列目の左端から奇数個で盛られた果物や菓子、二列目には五種のナムルがみえる。そして、三列目左端から串刺し牛肉、焼きニシン、焼きイシモチや蒸し豚が供えられている。チェサを始める前には紙榜（チバン：故人の位牌を紙に記したもの、魂魄がやどる神位）の前に大根、スルメ、昆布、豆腐、牛肉を入れたスープと米飯が供えられる。チェサに使用されている食器は韓国で製造された木製である。伝統に則って、棗と栗、そして調理された料理も儒教の陰陽五行説にもとづいて五種・五色となるよう供えられている。

　祭主は韓国の民族衣装であるパジチョゴリを着用して、伝統的なチェサになるように努める。ただし、実施日については、会社勤務の息子たちの都合に合わせて旧暦の秋夕の朝ではなく、秋夕に近い土曜日の午後に行われている。本来なら、年始祭は旧正月に行うが、新暦の正月に行う家が多い。新暦の正月は日本の祝日で家族が集まりやすいからである。

　写真2に写るチェササンは屏風を置く側から撮っているので、手前にスプーンと箸6組が韓国式に縦に置かれている。韓国ではスプーンを使って米飯とスープを食し、箸でおかずを食べるので、スプーンと箸は必ずセットで並べられる。ミョンジョル（名節：民族的な祝祭日）とも呼ばれる年始祭と節祀では、その家で祀って

写真2　年始祭（茶礼）のチェス
祭主は済州島出身の在日コリアン2世。祭需が見えやすいよう
神主（シンジュ：位牌・霊牌）を置く側から撮影。
［出典］2014年1月1日に滋賀県高島市にて祭主が撮影

いる祖霊の数の米飯とスープが供えられる。

　この写真には、チェササンの手前の一列目左端から焼鯛、串焼き牛肉、鶏の唐揚げ、ナムル三種、煮物とバナナ、二列目左端から鉢物、照明用のローソク、黒豆の煮物とイチゴが写っている。そして、三列目左端から焼いたイシモチ、ゆで蛸、ゆで卵の花形切、天ぷら、個包装の菓子とミカン・リンゴの皿盛りが供えられている。祖霊が香りを嗅ぎやすくなるように、リンゴの上部が切り落とされている。チェサに参加する子どもたちの好みに合わせて、蒸し鶏やチョンの代わりに唐揚げや天ぷら、また日本のおせち料理に欠かせない数の子も供えられている。祭主の話では、自分たちが好きなワインなども供えるという。

　写真3のチェササンは在日コリアン1世の祭主が高齢なため、以前のように大阪市鶴橋のコリアンタウンまで行って韓国食材を揃えることが難しくなった。そのため、チェスは近所で買い求められる食材で代用され、供物の数も減らすなどの簡素化がみられる。膳の手前一列目には五種類の果物、二列目左端から韓国餅の代用としてどら焼き、焼き鳥、ナムル三種、焼肉や最中が置かれている。そして、三列目左端から蒸し豚の代用として焼き豚、チョンの代用としてだし巻き卵、干し甘鯛の焼きものが供えられている。チェサの始まる前に、肉とワカメで作ったスープと米飯が供えられる。スプーンと箸は日本式に横向きに置かれている。以前は午後11時ごろにチェサを始めていたが、現在では8時過ぎに行われている。

　チェサは子孫の一族が集まる特別な場であり、たとえ異国にあっても在日コリア

写真3　命日の前日の深夜に行われる忌祭祀でのチェス
祭主は済州島出身の在日コリアン1世。
［出典］2020年9月9日、兵庫県西宮市にて筆者撮影

ンにとっては、子孫に祖先を認識させ、自分たちのアイデンティティを確認する場
であった。一族が集まり、祖霊にご馳走を召し上がって頂いたあとで、参会者はそ
の供物のお相伴に預かる。供物には福が宿り、食すると幸せになると信じられてき
た。その会食は飲福（ウンボク）と呼ばれ、これも大切な儀礼である。しかし現在で
は、参会者の都合によりチェサの実施時間が繰り上げられ、飲福は省略され、供物
を分けて各人の家に持ち帰るケースが増えている。チェササンの形態もどれも同じ
ように見えるが、実際には自分たちの生活環境に合わせて家庭ごとで変化してい
る。今後は、このような傾向が進むと思われる。儒教的な世界観を次世代に継承し
てゆくことは、さらに困難になっていくと危惧される。

【参考文献】
加地伸行（1994）『沈黙の宗教─儒教』ちくまライブラリー99、筑摩書房
成和会編（1987）『目で見る韓国の産礼・婚礼・還暦・祭礼』国書刊行会
崔吉城著、重松真由美訳（1992）『韓国の祖先崇拝』御茶の水書房
朴禮緒（2000）『同胞冠婚葬祭マニュアル』朝鮮新報社
水野直樹・文京洙（2015）『在日朝鮮人　歴史と現在』岩波新書
한국의 맛 연구회 지음（2007）『제사와 차례』동아일보사（韓国の味研究会〈2007〉『祭祀と茶礼』
　　東亜日報社）
송연주편역（2010）『우리가 꼭 알아야 할 관혼상제』신라출판사（ソンヨンジュ編〈2010〉『私た
　　ちが必ず知らなくてはならない冠婚葬祭』新羅出版社）

あとがき
―移民の「食」から「衣・住」へ―

　本書は、立命館大学国際言語文化研究所（言文研）における 2017〜21 年度
の重点研究「文化の移動と紛争的インターフェース」のひとつである「在外
日本人・日系人の生業」（2019〜21 年度は「在外日本人・日系人の生活と生業」）
と、それに連携したマイグレーション研究会の共同研究をまとめたものであ
る。言文研とマイグレーション研究会との連携によって世に問う書は、河原
典史・日比嘉高編著『メディア―移民をつなぐ、移民がつなぐ―』（クロスカ
ルチャー出版、2016）、河原典史・木下昭編著『移民が紡ぐ日本―交錯する文
化のはざまで―』（文理閣、2018）に続いて 3 冊目となる。長年にわたる言文
研と研究会との歴史は、この 2 冊の「あとがき」をお読みいただきたい。こ
こでは、本書の刊行に至る経緯を振り返ってみよう。

　2015 年 2 月 5 日、同志社大学今出川キャンパスで開催されたマイグレー
ション研究会の実行委員会において、次年度以降に立ち上げる共同研究の
テーマが話題になった。そのとき、テーマの選定にあたって、様々な研究分
野の会員が参加できるようにすべきとの意見が出された。そして、『メディ
ア』が刊行され、次の『移民が紡ぐ日本』の編集作業がはじまった 2016 年
5 月 14 日、キャンパスプラザ京都で開催された実行委員会において、次の
テーマとして「難民」、「引き揚げ者」、「帰米」、「移民の老い」、「ファミリー
ヒストリー」や「強制収容所」などがあがった。さらに、官約移民 100 周年
を迎えたハワイ移民について、現地のハワイでの合宿調査という妙案も飛び
出した。

　そのようななか、委員会終了後の懇親会で、マイグレーション研究会会長
の坂口満宏先生（京都女子大学）との雑談のなかで、「移民の衣食住」が話題
になった。それは多くの会員、そして読者にも興味のある身近なテーマであ
るため、共同研究のテーマにふさわしいのでは、と意見が一致した。さらに、
研究会の共同研究として最初に出版されたマイグレーション研究会編『来日

留学生の体験—北米・アジア出身者の1930年代—』（不二出版、2012）と、
それに続く『エスニシティを問いなおす—理論と変容—』（関西学院大学出版
会、2012）から参加し、『メディア』と『移民が紡ぐ』の2冊の編著者として
関わった河原には思うところがあった。

　関西を中心とする若手研究者の多いマイグレーション研究会では、その前
身である日系文化研究会の伝統を継承し、若手会員の成長をうながし、彼・
彼女らの研究成果を公表する工夫が施されてきた。前述したように研究会
は、これまで4〜5年毎に共同研究テーマを設けて単行本を発刊してきた。
しかし、会員各自の研究があるなか別のテーマ、なかには遠く離れたテーマ
において本格的に参加する共同研究は、ややハードルが高いようにも思われ
た。そこで、研究会での発表後に論文だけではなく、コラムでの寄稿という、
いい意味で気楽に参加してもらいたいと考えたのである。

　このような準備期間を経て、2017年3月5日に海外移住と文化の交流セ
ンター（神戸市）において開催された研究会で、共同研究テーマが正式に「移
民の衣食住」に決定した。そして、共同研究への参加者の募集が開始され、
同年12月の例会から個別研究の発表が順次行われたのである。それを整理
すると、2017年度12月例会（京都女子大学）において和泉真澄・尾上貴行、
2018年度10月例会（同志社大学）では松本ユキ、2018年度12月例会（阪南大
学）では徳永悠・永田貴聖、そして2020年度7月例会（オンライン開催）にお
いて桐原翠・大原関一浩が研究成果を発表した。各研究会では、有意義な質
疑応答が繰り返されたことは、言うまでもない。

　例会での報告を経て、これまでと同じように各執筆者は学会誌への投稿へ
移った。勤務校の紀要への投稿もあったが、その最大の受け皿は長年にわ
たって協力関係にある立命館大学国際言語文化研究所の紀要『立命館言語文
化研究』の特集号であった。本書に収められた論文・コラムの初出一覧は、
以下の通りである（本書での掲載順）。

　　大原関一浩「醤油と日本人移民—ハワイ・北米の場合—」、立命館言語
　　　　文化研究 32-3、1-18、2020
　　Dei TAKAKO "The Chicago Shoyu Story-Shinsaku Nagano and the Japa-

nese Entrepreneurs", Discover Nikkei, Japanese American National Museum, Los Angeles, 2020

和泉真澄「日系アメリカ人戦時収容所における食と支配」、立命館言語文化研究 32-1、113-129、2020

尾上貴行「戦時下のアメリカ抑留所における食事─「危険な敵性外国人」として収容された日系人たちの食環境─」、立命館言語文化研究 32-3、19-34、2020

松本ユキ「日系アメリカ人と「食」をめぐる言説─2016 年アメリカ西海岸での調査をもとに─」、渾沌（近畿大学総合文化研究科紀要）16、49-74、2019

桐原　翠「ムスリムの生存基盤としてのイスラーム食＝ハラール食─宗教的・文化的生存基盤から見たアフガン・ディアスポラ─」、立命館言語文化研究 32-3、35-47、2020

　紀要や学会誌などでの掲載によって、より精錬された論文・コラムのほか、改めて本書への寄稿が募られた。その結果、最終的に論文 6 本・コラム 18 本が本書に収められた。編者の 1 人である河原のように複数のコラムの提供もあり、本書への執筆者は 22 名もの大所帯になった。前述したように、より多くの会員からの参加が共同研究の目的の 1 つでもあったなか、2021 年 10 月現在におけるマイグレーション研究会の全会員 98 名のうち、2 割強の会員が論文・コラムで参加したのである。この参加率は、一般的な学会・研究会と比べて誇るべき活動の実態であろう。

　本書の工夫として、章・コラムを左右見開き 2 頁に収めるようにした。当然のことながら、多くの読者に本書を手に取ってもらいたいが、大学をはじめとする「授業」の教材として活用するにあたってコピーを取る際の利便性を考慮した。収められた論文・コラムを読んだあと、本書の再読、さらに移民・移住や食文化の研究に興味をもつ読者の獲得を期待したい。

　『移民の衣食住』と題したように、本書は「衣食住」のうち "食" に特化している。前述の通り、2016 年当時における研究会の活動は「衣食住」のなかで "食" に限定するものではなかった。研究会では他のテーマに関する発

表もあり、第2弾として"住"をめぐる研究成果について刊行の準備を進めている。最終的には"衣"の特集をもって、『移民の衣食住』シリーズの完結をめざしたい。

　最後になりましたが、本書の出版は2021年度・立命館大学言語文化研究所の出版助成を活用しました。前著『移民が紡ぐ日本』に続いて出版をお引き受けいただいた図書出版文理閣の黒川美富子代表と山下信編集長をはじめとする同社の皆様、そして日々の研究活動を支えて下さる立命館大学国際言語文化研究所の皆様に深く感謝申し上げます。

2021年12月17日

コロナ禍の収束を願う京都にて

河 原 典 史

Migration of Clothing, Food and Housing

Editors KAWAHARA Norifumi and OHARAZEKI Kazuhiro

CONTENTS

274

【著者紹介（執筆順・*編著）】

大原関一浩（おおはらぜき　かずひろ）*

歴史学、アメリカ社会文化研究

西南学院大学国際文化学部准教授

主要論文：「併合後のハワイにおける性管理―性管理体制の成立と準州・連邦政府による日本人売買春の摘発―」（国際文化論集、34-2、2020）、「1910年代のハワイにおける性管理―日本人売買春の衰退と管理売春廃止をめぐる議論を中心に―」（国際文化論集、35-2、2021）、「20世紀転換期オーストラリアにおける日本人売買春―合衆国の事例との比較から―」（国際文化論集、36-1、2021）

デイ多佳子（でい　たかこ）

シカゴ日系移民史研究

independent researcher（アメリカ・イリノイ州在住）

主要論文：*Japanese Christians in Chicago Series: Rev. Misaki Shimazu and JYMCI*, Discover Nikkei, Japanese American National Museum, Los Angeles, 2021.、*Toyokichi Iyenaga: Japanese Publicist in Chicago*, Discover Nikkei, Japanese American National Museum, Los Angeles, 2021.、*Unexpected Sites of WWII: 4800 South Ellis Avenue in Chicago*, Densho Encyclopedia, Seattle, 2021.

徳永　悠（とくなが　ゆう）

アメリカ移民史

京都大学大学院地球環境学堂、人間・環境学研究科准教授

主要論文："Japanese Internment as an Agricultural Labor Crisis: Wartime Debates over Food Security versus Military Necessity," *Southern California Quarterly*, 101-1, Spring 2019.、「排日から排墨へ――九二〇年代カリフォルニア州における人種化経験の連鎖―」（田辺明生・竹沢泰子・成田龍一編『環太平洋地域の移動と人種―統治から管理へ、遭遇から連帯へ―』京都大学学術出版会、2020）、"Japanese Farmers, Mexican Workers, and the Making of Transpacific Borderlands," *Pacific Historical Review*, 89-2, Spring 2020.

須田　満（すだ　みつる）

比較文学・比較文化、食文化研究

公益財団法人翁久允財団代理事

主要著書・論文：『翁久允年譜1887-1973』第三版（逸見久美共編、大空社出版、2020）、和食文化国民会議監修『和食手帖』（共著・思文閣出版、2018）、「翁久允〈安孫子久太郎翁と私〉―自筆原稿の翻刻と解説」（群峰、6、2021）

駒込　希（こまごめ　のぞみ）

アメリカ研究、移民研究

早稲田大学人間総合研究センター招聘研究員

主要論文：「在米ユダヤ人と日系人の戦後補償運動―市民的自由法の成立過程を手がかりに―」（比較文化研究、123、2016）、「カリフォルニア州のユダヤ人と日本人学童隔離事件―20世紀初頭のユダヤ系新聞を手がかりに―」（移民研究年報、23、2017）、「20世紀前半のカリフォルニア州のユダヤ人と日系人―日系新聞を手がかりに―」（移民研究年報、27、2021）

河原典史（かわはら　のりふみ）*

歴史地理学、近代漁業史研究

立命館大学文学部教授

主要著書：『カナダ日本人漁業移民の見た風景―前川家「古写真」コレクション―』（三人社、2013）、『カナダ日本人移民の子供たち―東宮殿下御渡欧記念・邦人児童写真帖―』（三人社、2017）、『カナダにおける日本人水産移民の歴史地理学研究』（古今書院、2021）

和泉真澄 (いずみ　ますみ)

日系アメリカ人・日系カナダ人文化史研究

同志社大学グローバル地域文化学部教授

主要著書：『日系アメリカ人強制収容と緊急拘禁法—人種・治安・自由をめぐる記憶と葛藤—』(明石書店、2009)、『日系カナダ人の移動と運動—知られざる日本人の越境生活史—』(小鳥遊書房、2020)、The Vancouver Asahi Connection: (Re-) engagement of the Families of Returnees/Deportees in Japanese Canadian History. in Cathy J. Schlund-Vials, Guy Beauregard, and Hsiu-chuan Lee (eds.), *The Subject(s) of Human Rights: Crises, Violations, and Asian American Critique*, Temple University Press, 2019.

尾上貴行 (おのうえ　たかゆき)

日系移民史、日系新宗教研究

天理大学おやさと研究所専任講師

主要著書・論文：『天理教北米伝道と日系移民—異文化適応とトランスナショナルな視点から見た歴史と展開—』(天理大学附属おやさと研究所、2021)、「アメリカ本土へ渡った『戦争花嫁』の異文化適応とアイデンティティ—『日米間の草の根親善大使』言説についての一考察—」(アメリカス研究、21、2016)、Shōzen Nakayama's 1933 North American Mission Tour and Japanese Immigrant Communities, *Tenri Journal of Religion* 49, 2021.

野崎京子 (のざき　きょうこ)

日系アメリカ研究

京都産業大学文化学部名誉教授

主要論文：「日系アメリカ人作家が描く日本—虚構の中の現実—」(*AALA Journal*, 22, 2016)、「公文書との出会いと記憶の再生—ストーリーを生み出す歴史文書—」(植木照代・山本秀行・村山瑞穂編『アジア系アメリカ文学を学ぶ人のために』世界思想社、2011)、「日系中南米人 (JLA) 補償に問われる「正義」—ミチ・ウェグリンの活動に端を発して—」(マイグレーション研究会編『エスニシティを問いなおす—理論と変容—』関西学院大学出版会、2012)

飯田耕二郎 (いいだ　こうじろう)

歴史地理学

元　大阪商業大学総合経営学部教授

主要著書：『ハワイ日系人の歴史地理』(ナカニシヤ出版、2003)、『ホノルル日系人の歴史地理』(ナカニシヤ出版、2013)、『移民の魁傑・星名謙一郎の生涯—ハワイ・テキサス・ブラジル—』(不二出版、2017)

秋山かおり (あきやま　かおり)

ハワイ日系人史、ハワイ近現代史

日本学術振興会特別研究員、ＰＤ (沖縄大学)

主要著書・論文：『ハワイ日系人の強制収容史—太平洋戦争と抑留所の変遷—』(彩流社、2020)、「ハワイの捕虜収容所を訪ねた日系・沖縄系移民—文化交渉の一形態—」(移民研究、27、2021)、「沖縄人捕虜の移動からみるハワイ準州捕虜収容所史—ホノウリウリからサンドアイランドへ—」(アメリカス研究、23、2018)。

鈴木　啓 (すずき　けい)

ハワイ日系移民史研究

Independent Researcher (アメリカ・ハワイ州在住)

主要著書：『ハワイ報知百年史』(ハワイ報知社、2013)、『ハワイ日系社会ものがたり—ある帰米二世ジャーナリストの証言—』(白水繁彦共編、御茶の水書房、2016)、『ハワイの日本語新聞雑誌事典 1892-2000』(マイレボックス LLC、2017)

松本ユキ（まつもと　ゆき）

アメリカ文学、アジア系アメリカ研究

近畿大学文芸学部准教授

主要論文：「境界を超えるアジア系アメリカ文学—Edith Eaton/Sui Sin Far の三つの短編を中心に」（文学・芸術・文化、30-2、2019）、Melodramatic Conventions in Asian American Films: Race, Gender, and Sexuality in *Saving Face, Readings in Language Studies* 8, 2020.、「食と飢えについて語る—『ブック・オブ・ソルト』における亡命者たちの物語」（渾沌、18、2021）

桧原美恵（ひはら　みえ）

アメリカ文学（日系アメリカ・日系カナダ文学）

元　京都女子大学文学部教授

主要論文：「自己実現の道を断たれて—ヒサエ・ヤマモトの描く日系一世の女性たち」（日本マラマッド協会編『アメリカのアンチドリーマーたち』、北星堂、1995）、「『帰郷』物語に見る日系アメリカ人のアイデンティティ—『日系人』であることを巡って」（松本昇・広瀬佳司・吉田美津・桧原美恵・吉岡志津世編『越境・周縁・ディアスポラ—三つのアメリカ文学』南雲堂フェニックス、2005）、「日系アメリカ文学（戦後…本土）—表象としての「マンザナール」をめぐって」（植木照代監修『アジア系アメリカ文学を学ぶ人のために』世界思想社、2011）

松永千紗（まつなが　ちさ）

文化人類学、博物館研究

サンノゼ日系アメリカ人博物館解説員・資料調査員

主要論文：「ドーセント・ツアーのエスノグラフィ—サンノゼ日系アメリカ人博物館における『フォーラムとしての博物館』をめぐって—」（総研大文化科学研究、15、2019）、「シリコンバレーの首都と日本人町のくらし」（人権と部落問題、72-4、2020）

半澤典子（はんざわ　のりこ）

日本近現代史、ブラジル移民史研究

JICA緒方貞子平和開発研究所プロジェクト研究分担者

主要論文：「ブラジル・ノロエステ地方における日本語新聞の果した役割」（立命館言語文化研究、26-4、2015）、「コーヒー干害低利資金貸付問題と移民政策—1920-30年代のブラジル・サンパウロ州を中心に—」（移民研究年報、23、2017）、「ブラジル移民知識人香山六郎の言動—移民俳句と日本語新聞を通して—」（河原典史・木下昭編『移民が紡ぐ日本—交錯する文化のはざまで—』文理閣、2018）

金本伊津子（かなもと　いつこ）

文化人類学　異文化間コミュニケーション論

桃山学院大学大学院経営学研究科教授

主要論文：「異文化の歩き方・学び方・描き方」（石井敏・久米昭元編『異文化コミュニケーション研究法—テーマの着想から論文の書き方まで—』有斐閣、2008）、「ブラジル日系社会のアイデンティティとウェルビーイング」（鈴木七美他編『高齢者のウェルビーイングとライフデザインの協働』お茶の水書房、2010）、The Role of Active Aging in the Well-being of Elderly Japanese in Brazil. Suzuki, Nanami(ed.) in *The Anthropology of Aging and Well-being: Searching for the Space and Time to Cultivate Life Together, Senri Ethnological Studies* 80(97-108). Osaka: National Museum of Ethnology, 2013.

桐原　翠（きりはら　みどり）

地域研究、イスラーム世界論

日本学術振興会特別研究員、PD（立命館大学）

主要著書・論文：『現代イスラーム世界の食事規定とハラール産業の国際化―マレーシアの発想と牽引力―』（ナカニシヤ出版、2022）、Muhammad Hakimi Mohd Shafiai dan Midori Kirihara eds. *Pemikiran Semula Tamadun Insani dari Sudut Ekonomi Islam: Kes Standard Halal di Malaysia Pasca Moden. Kyoto Series of Islamic Economic Studies* 4, 2021.、Halal Certification as a Modern Application of Shariah Morality: An Analysis of Malaysian Halal Standard. *Kyoto Bulletin of Islamic Area Studies* 14, 2021.

志賀恭子（しが　きょうこ）

グローバル社会研究

同志社大学大学院グローバルスタディーズ研究科博士後期課程

主要論文：「ニューヨークにおける日本人女性の移住と文化変容」（移民研究年報、20、2014）、「ムスリムタウンを歩く―9.11とボストンテロを経験したアメリカ東海岸の日常―」（内藤正典編著『イスラーム世界の挫折と再生―「アラブの春」を読み解く―』明石書店、2014）、「ボストンにおけるアメリカ市民の日本観―日本文化への関心から異文化の架け橋へ」（河原典史・木下昭編『移民が紡ぐ日本―交錯する文化のはざまで―』文理閣、2018）

木下　昭（きのした　あきら）

社会学・移民研究、日本語教育研究

同志社大学グローバル地域文化学部嘱託講師

主要著書：『エスニック学生組織に見る「祖国」―フィリピン系アメリカ人のナショナリズムと文化―』（不二出版、2009）、「日本語教育のトランスナショナル化―ダバオ日系社会の変遷と植民地主義―」（蘭信三編著『帝国以後の人の移動―ポストコロニアリズムとグローバリズムの交錯点―』勉誠出版、2013）、河原典史・木下昭共編著『移民が紡ぐ日本―交錯する文化のはざまで―』（河原典史共編著、文理閣、2018）

永田貴聖（ながた　あつまさ）

文化人類学、移民研究

宮城学院女子大学現代ビジネス学部准教授

主要著作・論文：『トランスナショナル・フィリピン人の民族誌』（ナカニシヤ出版、2011）「2つのトランスナショナル―フィリピン人移民研究からの視点」（移民研究年報、26、2020）、「韓国済州市におけるフィリピン人移民の社会関係に関する事例研究」（多民族社会における宗教と文化、24、2021）

李　裕淑（イ　ユスク）

比較文明論、在日コリアン研究

京都大学国際高等教育院非常勤講師

主要論文：「在日コリアン社会のチェサの文化変容―儒教的チェサと仏壇との併祀（へいし）―」（立命館言語文化研究28-3、2017）、「在日コリアン女性とチェサ（祭祀）」在日朝鮮人史研究48、2018）、「在日コリアン社会でのチェサの変容と継承問題の考察―在日コリアン女性の聞き取りを通して―」（円仏教思想と宗教文化、77、2018）

編者紹介

河 原 典 史 （立命館大学文学部教授）

大原関 一 浩 （西南学院大学国際文化学部准教授）

移民の衣食住 I 海を渡って何を食べるのか

2022年3月25日　第1刷発行

編　者	河原典史・大原関一浩
発行者	黒川美富子
発行所	図書出版　文理閣
	京都市下京区七条河原町西南角 〒600-8146
	電話 (075) 351-7553　FAX (075) 351-7560
	http://www.bunrikaku.com
印　刷	新日本プロセス株式会社

ISBN978-4-89259-905-7